互联网+新形态通识教育系列丛书
创新型素质教育“十四五”精品教材

U0815047

大学生职业生涯规划与就业指导

微课版

主　编◎刘　珍
副主编◎贾舒清　娄　聪　李慧敏　武　静　解　艳

哈爾濱工程大學出版社
Harbin Engineering University Press

内 容 简 介

本书紧扣当代大学生在职业生涯规划与就业过程中的关键节点，为大学生提供全面且深入的指引，引导大学生明晰自身兴趣、性格、能力与价值观，精准锚定职业方向。本书共八个项目，包括自我评估、职业生涯决策与目标、职业生涯规划与实施、职业素养与能力提升、就业形势分析、就业资料准备、求职技巧提升及就业保障与就业发展。

本书既可作为大学生就业指导课程的教材，也可供对书中内容感兴趣、有需要的社会人士参考阅读。

图书在版编目（CIP）数据

大学生职业生涯规划与就业指导 ： 微课版 / 刘珍主编. -- 哈尔滨 : 哈尔滨工程大学出版社, 2025. 6.
ISBN 978-7-5661-4793-6

Ⅰ. G647.38

中国国家版本馆 CIP 数据核字第 2025EW4183 号

大学生职业生涯规划与就业指导（微课版）

DAXUESHENG ZHIYE SHENGYA GUIHUA YU JIUYE ZHIDAO（WEIKE BAN）

选题策划 张林峰
责任编辑 苏 莉

出版发行 哈尔滨工程大学出版社
社　　址 哈尔滨市南岗区南通大街 145 号
邮政编码 150001
电　　话 0451-82519989
经　　销 新华书店
印　　刷 三河市中晟雅豪印务有限公司
开　　本 787 mm×1 092 mm　1/16
印　　张 13
字　　数 333 千字
版　　次 2025 年 6 月第 1 版
印　　次 2025 年 6 月第 1 次印刷
书　　号 ISBN 978-7-5661-4793-6
定　　价 49.80 元

http://www.hrbeupress.com
E-mail:heupress@hrbeu.edu.cn

前　言

党的二十大报告中强调，“育人的根本在于立德。全面贯彻党的教育方针，落实立德树人根本任务，培养德智体美劳全面发展的社会主义建设者和接班人”。报告中的内容为我国新时代的教育事业指明了清晰且坚定的方向，也为我们提供了思想指引和行动指南。

我国经济发展正经历着深刻的结构性变革，产业升级与转型的步伐不断加快。人工智能、大数据、云计算等蓬勃兴起，催生出一系列新兴职业和业态，为大学生就业带来了前所未有的机遇。

青年强，则国家强。当代中国青年生逢其时，施展才干的舞台无比广阔，实现梦想的前景无比光明。大学是人生的综合转型阶段，也是角色多元化的时期，更是能力不断迭代更新的关键时期，尤其对于职业生涯规划而言，它承载着极其重要的意义。

本书结合新时代大学生的思想特征和发展需求，引导他们深入认识自我、全面认知世界，尽早确立清晰的职业生涯发展目标，以实现自主性、独特性和高质量发展。本书特点如下。

（1）系统性分析。本书强调职业生涯规划的逻辑框架，涵盖自我认知、目标设定、行业分析、技能提升等全流程，注重理论体系与实践方法的结合。

（2）实用性技能。本书提供具有可操作性的工具（如职业测评、简历模板、面试技巧）和案例分析，帮助读者将理论转化为具体行动。

（3）互动性设计。本书涵盖测试题、练习题、实践活动等模块，鼓励学生主动参与（如职业生涯规划书撰写、求职信撰写），而非单向被动接受知识。

本书由刘珍担任主编，由贾舒清、娄聪、李慧敏、武静、解艳担任副主编。本书的相关资料和售后服务可以通过扫描封底的微信二维码或访问 www.bjzzwh.com 获取。

在编写过程中，编者参考了大量资料，在此向相关人员表示感谢。由于编者水平有限，书中不足之处在所难免，恳请读者批评指正，并提出宝贵意见。

编　者

目录

CONTENTS

项目一

自我评估

项目导读

系统化的职业生涯规划是一个自内而外的过程。在进行职业规划时，首先需要对自己有清晰的认识，充分了解自己的性格特点、兴趣爱好、价值观和职业能力等，进而对职业自我进行评估。大学生在学习知识的同时，更要注重培养各方面的能力，更全面地认识自己，不断地成长、成熟。本项目主要介绍了自我评估的相关知识，只有了解了自己确定了自己的位置，才能明确自己未来的发展方向和行动目标。

学习目标

知识目标

- 了解性格与职业选择的关系。
- 熟悉兴趣与职业选择的关系。
- 掌握价值观与职业选择的关系。

技能目标

- 理解和掌握技能与职业发展的关系。
- 掌握常用职业测评工具的使用。

素质目标

- 增强学生自我认知，培养学生自我评估和反思的能力。
- 了解自己的优势和不足，树立学生自信心，培养学生各方面能力，为职业生涯规划奠定基础。

思政目标

- 帮助学生制定科学的职业规划，提升学生的思想觉悟。
- 引导学生形成正确的道德认识和思想认识，形成良好的价值观和行为选择。

案例导入

性格是一把能开启成功之门的钥匙

公元前126年，青年时期的司马迁怀着考察史迹的壮志，开始了游历生活。历经长江、湘江、沅江、淮水、泗水、黄河等流域，沿途考察名胜古迹，访问历史遗事，调查社会风俗。公元前108年，司马迁任职太史令，开始修撰《史记》。公元前99年，李陵败降匈奴，司马迁为其辩护，触怒汉武帝，获罪下狱，遭受宫刑。公元前96年，司马迁出狱，改任中书令，他发奋编写史书，亦欲“究天人之际，通古今之变，成一家之言”，终完成了中国第一部纪传体通史——《史记》。

回顾司马迁的生平，如果没有考古著述之志，没有顽强的性格和不屈不挠的毅力，没有10余年的艰苦努力，后世便没有“史家之绝唱，无韵之离骚”。

任务一　性格探索

人格是指一个人在遗传和环境的交互作用下，在行为、情感、思维和社会互动方面所展现出来的独特而稳定的特点，体现了个体所具有的典型而独特的心理品质，反映了一个人的个性、价值观和行为模式。在很大程度上，人格塑造了一个人在生活中的表现和与他人的互动方式，是能力、需要、动机、认知、兴趣、信念和价值观等方面的整合。

性格是从一个人对现实的稳定态度和习惯化的行为方式中表现出来的人格特征，受到社会因素和价值观的影响。性格是后天形成的，指个人的品行和具有道德评价色彩的心理品质，是人格的下位概念。性格有好坏之分，能最直接地反映出一个人的道德风貌。

如果一个人所从事的职业与他的性格相适应，工作起来就会得心应手、心情舒畅，容易取得成功。因为只有对职业本身充满兴趣和热爱，人才能经受职业生涯中的风风雨雨而不退却，直到成功。每个人都有自己独特的人格特征，每一种性格都有其优势和劣势，无论哪种性格，我们都应该接受，并按照性格去寻找适合自己的职业，如果找对了职业，那么每一种性格都能成功，并且职业生涯也是快乐的。同时，职场的表现与人格的特征有着密切的关系，良好的人格特征是人做好工作、发挥最大效能的前提。

一、性格理论分类

气质是表现在心理活动的强度、速度、灵活性与指向性等方面的一种稳定的心理特征。人的气质差异是先天形成的，受神经系统活动过程的特性所制约。孩子刚一落生时，最先表现出来的差异就是气质差异，有的孩子爱哭好动，有的孩子平稳安静。气质是与生俱来的，不易改变，无好坏之分，相当于人们日常生活中所说的脾气、秉性或性情。

（一）气质类型

古希腊医生希波克拉底认为人体含有四种基本的体液，每种体液对应一个特定的气质类型。在“体液说”的基础上，根据神经过程的特点，心理学家把人的气质分为四种类型，即胆汁质、多血质、黏液质和抑郁质。

1. 胆汁质

胆汁质的人反应速度快，情感和行为动作产生得迅速而且强烈，性情开朗、热情、坦率，但脾气暴躁，易冲动，好争论；精力旺盛，对工作充满热情，但自制力差，易失去耐心，办事粗心；意志坚强、果断勇敢，行动利落、敏捷，说话速度快且声音洪亮，灵活性欠佳。

2. 多血质

多血质的人反应速度快，情感和行为动作发生得很快，变化得也快，但较为温和；善于结交朋友，容易适应新的环境；语言具有感染力，充满朝气、为人热情，富有同情心；思维灵敏，善于调和各类关系，但注意力容易转移，意志力不强，浮躁，粗心。

3. 黏液质

黏液质的人反应性低，情感和行为动作进行得迟缓、稳定，缺乏灵活性；情感不易激动，不易发脾气，不易情感外露，为人持重，交际适度，注意力稳定；严格遵守既定的生活秩序和工作制度，工作细致，耐性好，自制力强，思维灵活性较差。

4. 抑郁质

抑郁质的人有较高的感受性，情感和行为动作进行得都相当缓慢；情感产生慢，情感体验深刻而持久，易多愁善感；往往富有想象力，观察敏锐，敏感性高，思维深刻；较孤僻，不善交往，胆小怕事、优柔寡断。

（二）气质类型与职业倾向

不同的气质类型适合的职业也各不相同。根据气质表现出来的性格特点，也可以为职业选择提供一定的参考，见表 1-1。

表 1-1　气质类型与职业倾向

分类	职业特点	典型职业
胆汁质	适合做反应迅速、动作有力、应激性强、危险性较大、难度较高而费力的工作，喜欢不断有新活动出现	导游、勘探工作者、推销员、节目主持人、外事接待人员、演员等
多血质	适合做社交性、文艺性、多样性、要求反应敏捷且均衡的工作	外交人员、管理人员、医生、律师、运动员、记者、演员、警察、服务员等
黏液质	适合做有条不紊、刻板平静、难度较高的工作	外科医生、法官、管理人员、出纳员、会计、教师、播音员等

（续表）

分类	职业特点	典型职业
抑郁质	适合做兢兢业业、持久细致的工作	技术员、打字员、检察员、化验员、机要秘书、保管员、编辑等

(三)大五人格

1. 大五人格的类型

人格的五因素模型(OCEAN)取自五个因素，即开放性(openness)、尽责性(conscientiousness)、外倾性(extraversion)、宜人性(agreeableness)、神经质(neuroticism)五个因素的首字母。人格的五因素模型，又被称为“人格的海洋”，在心理学、社会学、教育学和管理学等方面都显示了广泛的应用价值。

开放性：反映个体的认知风格，包括对新鲜事物的态度、对行为的积极探索和对经验的正确评价。开放性的六个子维度是：审美(aesthetics)、想象力(fantasy)、追求新鲜感(actions)、感受丰富(feelings)、价值观(values)、思辨能力(ideas)。

尽责性：反映个体如何控制、管理、约束自己，用来评估组织能力、持久力、控制能力、动机水平在目标指向行为中的作用。尽责性的六个子维度是：条理性(order)、能力(competence)、责任感(dutifulness)、自律(self-discipline)、审慎(deliberation)、追求成就(achievement striving)。

外倾性：反映个体心理活动的强度，表示人际互动的数量和密度、对刺激的需要以及获得愉悦的能力。外倾性的六个子维度是：活力(activity)、热情(warmth)、追求刺激(excitement seeking)、独断性(assertiveness)、积极情绪(positive emotions)、乐群性(gregariousness)。

宜人性：测量人际关系的维度，指人际互动的特征，这种互动涉及个人的人际喜好由同情到憎恨的一个连续区。宜人性的六个子维度是：坦诚(straightforwardness)、信任(trust)、利他(altruism)、顺从(compliance)、谦虚(modest)、富有同情心(tender-mindedness)。

神经质：反映个体情感调节过程，反映个体体验消极情绪的倾向和情绪不稳定性。神经质的六个子维度分别是：焦虑(anxiety)、愤怒和敌意(angry hostility)、抑郁(depression)、自我意识(self-consciousness)、冲动性(impulsiveness)、脆弱性(vulnerability)。

2. 大五人格与职业倾向

龙生九子，各有不同。每个人的性格各具特色，也正因为性格的不同，每个人在人际关系、学业发展、求职选择等各个方面都有不同于别人的表现。人格的五因素与职场的发展有着密不可分的关系，尽责性被视为预测工作绩效的最重要的人格特征，其他人格维度与工作绩效的关系受职业特征的影响。与此同时，每个人在人格五因素模型上表现出来的高低分倾向是不一样的，这为就业、择业也提供了重要的参考，见表1-2。

表 1-2　大五人格及其职业倾向

大五人格	高低分	职业特点	典型职业
开放性	高分	喜欢事物的新奇性、多样性、变化性，有求知欲、想象力和创造力，喜好新鲜的事物，倾向于从事艺术、研究和创造性工作	艺术家、研究员、音乐人、发明家、设计师、科研人员等
	低分	喜欢在简单和朴素的条件下思考	数据处理、财务管理、档案管理等
尽责性	高分	目标明确，做事有条不紊、能规划好目标、能持之以恒完成目标，值得信赖，工作刻苦，有组织能力、控制计划能力、时间管理能力	管理人员、会计、项目负责人、律师、监督审计、工程师、仪器制造等
	低分	做事没有规划、注意力不集中、难以被人信任，工作时往往疏忽大意和缺乏组织性	无特定职业类型
外倾性	高分	善于社交，喜好合作，为人热情。具有谈判、辩论的能力，在管理和团队领导方面表现出色，通常比较自信、处理事情十分果断	市场营销、团队管理、保险从业者、教育培训、公关人员、导游、主持人等
	低分	喜好独处，安静而专注，较为胆怯羞涩、沉默寡言，独自工作时表现更好	办公室人员、程序员、编辑、文案、剪辑、科研人员等
宜人性	高分	尊重他人，喜欢合作，为人热情，喜欢帮助他人，同时也依赖他人	信息咨询人员、社会工作者、心理咨询师、老师、护士、公共关系人员、市场营销人员等
	低分	尊重事实、判断客观性强，待人冷漠、有距离感甚至有敌对的情绪	科学家、评论家、军人等
神经质	高分	容易紧张、焦虑、情绪不稳定，容易对事物感到失望、缺乏安全感，对外界刺激表现出较高的敏感性	无特定职业类型
	低分	情绪稳定，能承受压力，心态较为平和，充满自信，认为身处在安全的环境之下	急诊医生、高空作业人员、军人、运动员、救援人员等

做事一丝不苟、认真负责的人更容易在事业上有所成就，而缺乏责任心的人，容易在职业选择上出现左右摇摆、怨天尤人、朝秦暮楚的情况，难以取得成就。情绪稳定性、抗压能力也是用人单位非常看重的人格特点，是大学生要着重培养的自身品质，不仅仅对职业选择和职场发展，更是对未来的生活、工作、家庭等诸多方面都有着重要的意义。

有的人选择的职业与性格特点不相适应，工作起来显得使不上劲，缺乏朝气；有的人选择的职业与性格特点相适应，工作起来劲头足，热情高而持久，甚至在从事一些比较艰苦的职业或工种的时候，也能苦中作乐，游刃有余。但是，性格特征差异不能决定一切，在进行职业选择的时候，在结合职业、行业、岗位要求的同时，既要看到自己的性格特点，更要有理想、有抱负，培养自己的高尚情操和良好品质。

二、MBTI 职业性格理论

MBTI（Myers-Briggs Type Indicator）人格理论的基础是著名心理学家卡尔·荣格先生对于心理类型的划分，后经美国学者 Katharine Cook Briggs 与 Isabel Briggs Myers 研究并加以发展。MBTI 是目前国际上较为广泛引用的人才甄别工具，主要应用于职业咨询、职业发展、岗位匹配、团队建设等方面。

MBTI 性格理论共有四个维度，分别是能量收集的方式、接收信息的方式、决策的方式和行动的方式。每个维度有两个方向，共计八个方面，八个方面两两组合，形成了十六种性格类型。

（一）MBTI 的四个维度

MBTI 性格理论共有四个维度，每个维度有两个方面来评估一个人的性格倾向，体现了个体人际交往的习惯、观察事物的角度、思考和处理问题的方式、决策的动机、工作的行事风格等方面的偏好。见表 1-3。

表 1-3　MBTI 的四个维度

能量收集的方式：你的注意力通常集中于何处？从何处获得活力和能量？E-I 维度	
外倾 Extroversion（E）：注意力和能量主要指向外部世界的人和事，从与人交往和行动中获得能量 ❖关注外部环境 ❖热情洋溢，生机勃勃 ❖善于表达，语速快，嗓门高 ❖易于被人了解，愿与人分享 ❖兴趣广泛，注意力容易分散 ❖喜好与人交往，善于表达 ❖先行动，后思考 ❖在工作和人际关系中都很积极主动	内倾 Introversion（I）：注意力和能量集中于自己的内心世界，从对思想、回忆和情感的反思中获得能量 ❖关注自己的内心世界 ❖冷静、谨慎、稳重 ❖不愿意主动表达，语速慢，语调平稳 ❖注重个人隐私，与少数人共享 ❖兴趣专注，注意力集中 ❖喜好独处，善于思考 ❖先思考，后行动 ❖当情境或事件对他们具有重要意义时会采取主动
接收信息的方式：你获得信息的方式是怎样的？S-N 维度	
感觉 Sensing（S）：用自己的五官来获取信息。喜欢收集实实在在的、确实已出现的信息。对于周围发生的事件观察入微，特别关注现实 ❖着眼于当前的实际情况 ❖关注真实的、实际存在的事物 ❖观察敏锐，善于把握细节 ❖目标具体，思维连贯 ❖喜欢从事实际性的工作 ❖以客观现实为依据	直觉 Intuition（N）：通过想象、无意识等超越感觉的方式来获取信息。喜欢观察事件的全貌，关注事实之间的关联。想要抓住事件的模式，特别善于看到新的可能性 ❖着眼于未来的可能 ❖关注事物背后的意义 ❖倾向于把握事件的全貌和整体 ❖目标宏观，思维跳跃 ❖喜欢从事创造性的工作 ❖习惯比喻、推理和暗示

（续表）

决策的方式：你做决定的方式是怎样的？T-F 维度	
思考 Thinking(T)：通过分析某一行动或选择的逻辑后果来做决定。会将自己从情境中分离出来，对事件的正反两方面进行客观地分析。从分析和确认事件中的错误并解决问题中获得活力。目标是要找到一个能应用于所有相似情境的标准 ❖行为冷静，公事公办 ❖运用因果推理，注重客观公平 ❖以逻辑的方式解决问题，追求客观标准 ❖爱讲道理，很少赞扬别人 ❖人际关系不敏感，不近人情 ❖公平意味着每个人都能得到平等的待遇	情感 Feeling(F)：从主观感受、道德判断、价值观倾向来做决定。喜欢考虑并试图理解别人的感受，出发然后在此基础上根据自己的价值判断做出决定。从对他人表示赞赏和支持中获得活力。目标是创造和谐的氛围，把每一个人都当作一个独特的个体来对待 ❖为人温和体贴，注重社交细节，富有同情心 ❖处事感性，注重个人感受和价值观 ❖倾向于主观判断和道德评判 ❖注重感受，习惯赞美他人 ❖避免争论和矛盾，心肠软 ❖公平意味着每个人都被作为独特的个体来对待
行动的方式：你是如何跟外部世界打交道的？J-P 维度	
判断 Judging(J)：喜欢将事情管理得井井有条，过有计划的、井然有序的生活。喜欢做出决定，完成后继续下面的工作。生活通常会比较有规划、有秩序，喜欢把事情敲定下来。照计划和日程安排办事 ❖有计划的，保守而谨慎 ❖喜欢组织管理自己的生活 ❖按部就班，遵守制度和规则 ❖喜欢确立目标，然后努力实现 ❖善于做决定	知觉 Perceiving(P)：喜欢灵活、自主的生活方式，更愿意去体验和理解生活而不是去控制它。详细的计划或最后决定会使他们感到被束缚。愿意对新的信息和选择保持开放的态度，足智多谋、善于调节自己的状态 ❖开放的、自发的、灵活的 ❖喜欢随意、自然的生活 ❖适应力强，常改变方向 ❖经常改变目标，偏向于新的体验 ❖做事拖拉，不做决定

以上四个维度，每个人都会有自己的倾向性，但并不是“非此即彼”的，只是更倾向于某种应对方式或表现。在现实生活中，每个维度的两个方面都会被用到，但其中的一个方面使用得更频繁、更舒适，就好像每个人都会用到左手和右手，习惯用左手的人是左撇子，习惯用右手的人是右撇子。

以上四种偏好加以组合，就形成了十六种性格类型，它反映了人们心理过程和行为方式上的特点，体现了人和人之间不同的心理特征，即性格差异。

（二）十六种 MBTI 性格类型及特征

人的性格非常复杂，MBTI 的各个维度之间会相互影响，因此，需要将四个维度结合起来，才能正确地了解一个人。在 MBTI 中，四个维度各取一个倾向正好组合成十六种性格类型，每一种性格类型倾向又都体现了不同的性格特征。见表 1-4。

表 1-4　MBTI 性格类型及其特征

名称	性格特征
ISTJ	沉静，认真；贯彻始终、得人信赖而取得成功。讲求实际，注重事实，能够合情合理地去决定应做的事情，而且坚定不移地把它完成，不会因外界事物而分散精神。以做事有次序、有条理为乐——不论在工作上、家庭上或者生活上重视传统和忠诚
ISFJ	沉静、友善、有责任感和谨慎。能坚定不移地承担责任，做事贯彻始终、不辞辛劳和准确无误。忠诚，替人着想，细心；往往记着他所重视的人的种种微小事情，关心别人的感受。努力创造一个有秩序、和谐的工作和家居环境。
INFJ	希望了解什么可以激发人们的推动力，对别人有洞察力。尽责，能够履行他们坚持的价值观念。有一个清晰的理念以谋取大众的最佳利益。能够有条理地、果断地去实践他们的理念
INTJ	具有有创意的头脑、有很大的冲劲去实践他们的理念和达到目标。能够很快地掌握事情发展的规律，从而想出长远的发展方向。一旦做出承诺，便会有条理地展开工作，直到完成为止。有怀疑精神，独立自主；无论为自己还是为他人，都有高水准的工作表现
ISTP	容忍、有弹性；是冷静的观察者，但当有问题出现，便迅速行动，找出可行的解决方法。能够分析哪些东西可以使事情进行顺利，能够从大量资料中找出实际问题的重心。很重视事件的前因后果，能够以理性的原则把事实组织起来，重视效率
ISFP	沉静，友善，敏感和仁慈。欣赏目前周遭所发生的事情。喜欢有自己的空间，在做事时又能把握自己的时间。忠于自己所重视的人。不喜欢争论和冲突，不会强迫别人接受自己的意见或价值观
INFP	理想主义者，忠于自己的价值观及自己所重视的人。外在的生活与内在的价值观配合。有好奇心，能够很快看到事情的可能与否，能够加速对理念的实践。试图了解别人、协助别人发展潜能。适应力强，有弹性；如果和他们的价值观没有抵触，往往能包容他人
INTP	对任何感兴趣的事物都要探索一个合理的解释。喜欢理论和抽象的事情，喜欢理念思维多于社交活动。沉静满足，有弹性，适应力强。在他们感兴趣的范畴内，有非凡的能力去专注而深入地解决问题。有怀疑精神，有时喜欢批评，常常善于分析
ESTP	有弹性，容忍；讲求实际，专注即时的效益。对理论和概论上的解释感到不耐烦，希望以积极的行动去解决问题专注于"此时此地"，喜欢主动与别人交往。喜欢物质享受的生活方式。能够通过实践达到最佳的学习效果
ESFP	外向，友善，包容。热爱生命、热爱人，爱物质享受。喜欢与别人共事。在工作上，能运用常识，注意现实的情况，使工作富趣味性。富灵活性、即兴性，易接受新朋友和适应新环境。与别人一起学习新技能可以达到最佳的学习效果
ENFP	热情而热心，富有想象力。认为生活充满很多可能性。能够很快地找出事件和资料之间的关联性，而且有信心依照他们所看到的模式去做。很需要别人的肯定，又乐于欣赏和支持别人。即兴而富于弹性，时常信赖自己的临场表现和流畅的语言表达
ENTP	思维敏捷，机灵，能激励他人，警觉性高，勇于发言。能随机应变地去应付新的和富有挑战性的问题。善于引出在概念上可能发生的问题，然后有策略地加以分析。善于洞察别人。对日常例行事务感到厌倦。甚少以相同方法处理同一事情，能够灵活地处理接二连三的新事务

（续表）

名称	性格特征
ESTJ	讲求实际，注重现实，注重事实。果断，能够很快做出实际可行的决定。能够安排和组织人员以完成工作，尽可能以最有效率的方法达到目的。能够注意日常例行工作的细节。有一条清晰的逻辑标准，会有系统地跟着去做，也想别人跟着去做。会以强硬态度去执行计划
ESFJ	有爱心、尽责，合作。渴望有和谐的环境，而且有决心营造这样的环境。喜欢与别人共事，能准确地、准时地完成工作。忠诚，即使在细微的事情上也能如此。能够注意别人在日常生活中的需要而努力回应他们。渴望别人赞赏他们和欣赏他们所做的贡献
ENFJ	温情，有同情心，反应敏捷和有责任感。高度关注别人的情绪、需要和动机。能够看到每个人的潜质，能帮助别人发挥自己的潜能。能够积极地协助他人和组织的成长。忠诚，对赞美和批评都能做出很快地回应。社交活跃，在一组人当中能够惠及别人，有启发人的领导才能
ENTJ	坦率，果断，乐于作为领导者。很容易看到不合逻辑和缺乏效率的程序和政策，从而开展和实施一个能够顾及全面的制度去解决一些组织上的问题。喜欢有长远的计划，喜欢有一套制定好的目标。往往是博学多闻的，喜欢追求知识，又能把知识传给别人。能够有力地提出自己的主张

（三）MBTI 性格类型及其职业倾向

知道 MBTI 性格类型，可以帮助大学生了解职业倾向。研究数据表明，S-N、T-F 两种维度的组合（ST、SF、NF、NT）与职业的选择更为相关（Hammer and Macdaid，1992）。

ST 型的人更关注通过实效和实际的方式应用详细资料，如商业领域。例如，一位 ST 型的心理咨询硕士将会成为心理测评和应用方面的专家。

SF 型的人喜欢通过实践的方式帮助别人，如健康护理和教育领域。例如，一位 SF 型的心理咨询硕士将关注自己的管理、督导技能，以发展和促进同事之间有效的工作关系。

NF 型的人希望通过在宗教、咨询、艺术等领域的工作来帮助人们。例如，一位 NF 型的心理咨询硕士将成为临床专家来帮助人们成长、发展，学习如何更好地了解自己和他人。

NT 型的人更关注理论框架，如科学、技术和管理，喜欢挑战。例如，一个 NT 型的心理学硕士将运用他的战略重点和管理技巧，成为人力资源领域的管理者。

具体来看，十六种 MBTI 性格类型分别体现了不同的性格特征，而不同的性格特征又对应了不同的职业倾向，见表 1-5。需要注意的是，每一种职业倾向描述的都是一种类别，列举的目的是让大学生知晓自己的性格类型，并能灵活地运用性格类型理论帮助自己进行职业生涯规划和工作类型的选择。

表 1-5 MBTI 十六种性格类型的职业倾向

ISTJ	ISFJ	INFJ	INTJ
◈管理者 ◈行政管理 ◈执法者 ◈会计 或者其他能够让他们可以利用自己的经验和对细节的注意完成任务的职业	◈教育 ◈健康护理(包括生理、心理) 或者其他能够让他们运用经验亲力亲为帮助别人的职业，这种帮助是协助或辅助性的	◈宗教 ◈咨询服务(包括个人、社会、心理等) ◈教学/教导 ◈艺术 或者其他能够促进人们情感、智力或精神发展的职业	◈科学或技术领域 ◈计算机 ◈法律 或者其他能够让他们运用智力创造和技术知识去构思、分析和完成任务的职业
ISTP	**ISFP**	**INFP**	**INTP**
◈熟练工种 ◈技术领域 ◈农业 ◈执法者 ◈军人 或者其他能够让他们动手操作、分析数据或事情的职业	◈健康护理(包括生理、心理) ◈商业 ◈执法者 或者其他能够让他们运用友善、专注于细节的相关服务的职业	◈咨询服务(包括个人、社会、心理等) ◈写作 ◈艺术 或者其他能够让他们运用创造和集中于他们的价值观的职业	◈科学或技术领域 或者其他能够让他们基于自己的专业技术知识独立、客观分析问题的职业
ESTP	**ESFP**	**ENFP**	**ENTP**
◈市场 ◈熟练工种 ◈商业 ◈执法者 ◈应用技术 或者其他能够让他们利用行动关注必要细节的职业	◈健康护理(包括生理、心理) ◈教学/教导 ◈教练 ◈儿童保育 ◈熟练工种 或者其他能够让他们利用外向的天性和热情去帮助那些有实际需要的人的职业	◈咨询服务(包括生理、心理)、教学/教导 ◈宗教 ◈艺术 或者其他能够让他们利用创造和交流去帮助促进他人成长的职业	◈科学 ◈管理者 ◈技术 ◈艺术 或者其他能够让他们有机会不断承担新挑战的工作
ESTJ	**ESFJ**	**ENFJ**	**ENTJ**
◈管理者 ◈行政管理 ◈执法者 或者其他能够让他们运用对事实的逻辑和组织完成任务的职业	◈教育 ◈健康护理(包括生理、心理) ◈宗教 或者其他能够让他们运用个人关怀为他人提供服务的职业	◈宗教 ◈艺术 ◈教学/教导 或者其他能够让他们帮助别人在情感、智力和精神上成长的职业	◈管理者 ◈领导者 或者其他能够让他们运用实际分析、战略计划和组织完成的职业

在运用MBTI性格类型的时候，应该注意，每种类型都是独特的，没有哪种是更好的或者更坏的。认识自己的性格类型，可以让大学生更好地了解自己，理解自己的行为、做事和思维特点，找到适合自己的职业类型。世界上没有百分之百适合某种性格的职业，也没有百分之百不适合某种性格的职业。同时，对不同性格特点的探索，还可以帮助我们理解他人为何与自己不同，从而更加尊重对方，在相处或合作时也可以取长补短，整合资源。当然，每个人也会随着与环境、与他人、与社会的互动不停地调整变化，职业性格可能也会因为行业、职业、岗位的特点产生一定的变化。

【性格探索活动】

360°评价是一种综合性的人力资源评估方法(图1-1)，它涵盖了从被评价者的上级、同级和下级等多个角度收集评价信息，旨在提供一个全面的视角来评估个人的行为表现和工作成果。

同样，360°评价也可用于大学生，是通过他人的反馈了解自己的一种非常好的方式。大学生在采用360°评价的时候(图1-2)，可以通过自我评价，以及师长、父母、同学、朋友的评价更全面、客观、多元化、多角度地了解自己的性格特点，减少主观偏见。

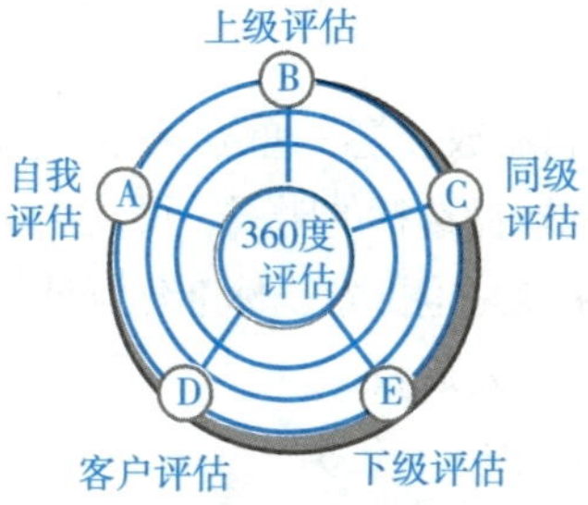

图1-1　人力资源评估方法

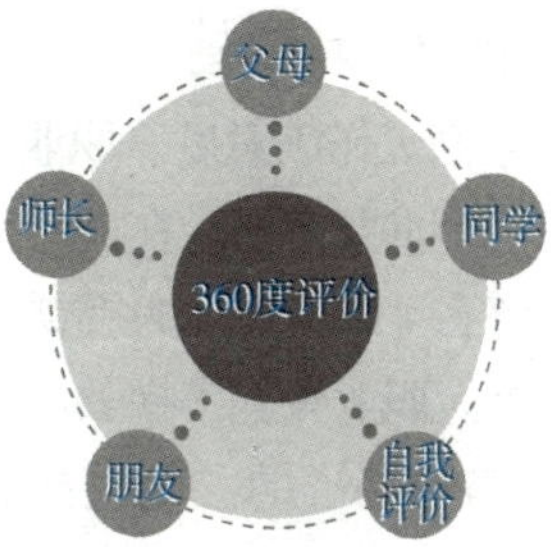

图1-2　360°评价

任务二　兴趣探索

爱因斯坦说过："兴趣是最好的老师。"这就是说一个人一旦对某事物有了浓厚的兴趣，就会主动去求知、去探索、去实践，并在求知、探索、实践中产生愉快的情绪和体验。

爱迪生几乎每天在实验室里工作十几小时，在那里吃饭、睡觉，但他丝毫不以为苦，他说："我的一生从未间断过一天的工作，我每天都其乐无穷。"爱迪生的发明，如灯泡、电话等，改变了人类的生活。

屈原小时侯不顾长辈的反对，不论刮风下雨，天寒地冻，都会躲到山洞里偷读《诗经》。经过整整三年，他熟读了《诗经》305篇，从这些民歌民谣中吸收了丰富的营养。

诺贝尔奖获得者、著名物理学家丁肇中说："兴趣比天才更重要。"在选择职业时，不仅需要知道自己有能力从事什么样的工作，而且需要知道自己对哪类工作感兴趣。只有将能力和兴趣结合起来考虑，才更有可能取得职业生涯的成功。

一、兴趣的概念

兴趣是指一个人力求认识某种事物或从事某种活动的心理倾向，它表现为人们对某件事物、某项活动的选择性态度和积极的情绪反应。兴趣不只是对事物的表面关心，任何一种兴趣都是由于获得这方面的知识或参与这种活动而使人体验到情绪上的满足所产生的。例如，一个人对文学感兴趣，就会经常阅读或者写作，并在这些活动中体会到愉悦和轻松。

兴趣会受到多方面因素的影响，比如家庭环境、父母职业、文化程度、社会文明、工作环境等，每个人都会对他感兴趣的事物给予优先关注和积极探索，并表现出心驰神往。例如，对美术感兴趣的人，对各种油画、美展、摄影作品都会认真观赏、评点，对好的作品进行收藏、模仿。

兴趣是与个人的认识和情感密切联系的。如果一个人对某事物没有认识就不会产生情感，因而也就不会对它产生兴趣。相反，认识越深刻，情感越丰富，兴趣也就越浓厚。兴趣是爱好的前提，爱好是兴趣的发展和行动。例如，对舞蹈感兴趣，起初可能是乐于欣赏舞蹈演出，然后发展到尝试学舞，后来甚至编舞、跳作品，对舞蹈由普通的兴趣变成了爱好。

兴趣是影响人们工作满意度、职业稳定性和职业成就感的重要因素，同时也是对职业自我进行探索的一个重要方面。在进行生涯规划和职业选择的时候，要将兴趣作为重要的考虑因素。通过了解霍兰德的职业兴趣类型理论，采取兴趣探索、标准化测试等方法，大学生可以探索和评估个人职业兴趣，探索职业方向，明确发展目标。

人的兴趣是多种多样的，但概括起来主要分为以下几类。

(1)按照兴趣的指向性，分为物质兴趣、精神兴趣。物质兴趣指对物质生活的追求，包括衣、食、住、行等方面；精神兴趣指对精神生活的追求，包括科学、艺术、文学等方面。

(2)按照兴趣的倾向性，分为直接兴趣和间接兴趣。直接兴趣指对事物或者活动本身感兴趣，比如热爱跳舞、绘画、运动的人，可以从参与这些活动本身获得愉悦和满足；间接兴趣则是由活动的目的引起的，受到外界因素的影响，比如学习外语本身是一件很枯燥的事情，然而较好的外语能力可以有更多的工作或者深造学习的机会，因此产生了学习的兴趣。

(3)按照兴趣持续时间的长短，分为短暂兴趣和稳定兴趣。短暂兴趣随着某种活动的产生而产生，又随着某种活动的结束而结束；稳定兴趣是一种长期的、稳定的兴趣。

(4)按照兴趣的作用，分为积极兴趣和消极兴趣。积极兴趣对人的发展起到积极的作用，消极兴趣反之。

二、兴趣与职业发展

职业微视频

(一)兴趣是职业选择的重要依据

在日常生活中，我们总是喜欢从事自己感兴趣的活动。在求职活动中，人们也倾向于从事自己感兴趣的职业，这是当今社会最具有典型性的择业观念。

当一个人对自己所从事的职业有着浓厚的兴趣时，即使工作再苦再累，他也会感到精神愉快，生活充满乐趣。相反，如果一个人从事了自己不喜欢的工作，他表现出来的就会是一种被动的、消极的、拖拉的工作态度，当然不会得到领导和同事们的赞扬，甚至会与他们产生工作上的矛盾，人际关系的紧张反过来会加剧他对工作的厌烦，导致每天都不快乐，这样的工作对他来说简直是一种惩罚，他的整个生活会因此失去绚丽的色彩。

兴趣影响着择业，影响着前途，甚至影响着人的整个人生。因而，对自己的兴趣有明确的认知，对兴趣类型有正确的评估，可以帮助人们进行积极、正确的职业选择。

（二）兴趣可以提高工作效率，充分发挥个人潜能

一个人对某一事物具有较浓厚的兴趣时，他对寻求该事物相关知识的欲望以及探索热情会被激发，促使他调动全身心的积极性，以饱满的情绪投入学习和工作之中。这时，他的智力和体力都能够进入最佳状态，从而最大限度地调动主观能动性和创造性，激发潜能，使自己的才华得以最大程度的发挥。

研究表明，如果一个人对某一工作有兴趣，他便能发挥其全部才能的80%～90%，枯燥的工作也会变得丰富多彩、趣味无穷，他能够长时间、高效率地工作，不易感到疲劳和厌倦。兴趣可以调动工作的动力，让自己在工作中保持敏锐的观察力、高度的注意力、活跃的思维和丰富的想象力，并全心全意地投入工作之中，从而促进自己能力的发挥，提高工作效率。相反，从事自己不感兴趣的工作，难以调动工作积极性，工作时表现被动，办事效率低，没有成就感。

（三）兴趣是保证职业稳定、职场成功的重要因素之一

我国著名的戏剧家曹禺在读中学前就热衷于看“文明戏”和京剧，也爱看地方戏和电影。他升入天津南开中学以后，成了南开新话剧团的演员。通过演戏实践，他对戏剧产生了更加浓厚的兴趣，虽然他父亲希望他学医，但他的兴趣却在戏剧上。中学毕业后，曹禺进入清华大学学习西方语言和文学，他的兴趣进一步发展，专门从事长篇小说和剧本创作。大学的最后一年，他写出了第一个剧本《雷雨》，并逐渐成长为我国著名的戏剧家。

西班牙网球名将纳达尔 5 岁开始练习网球，凭着一腔热爱和坚忍不拔的毅力，19 岁初登法网冠军，22 岁拿到北京奥运会男单冠军，22 度捧起大满贯赛事奖杯，成为男单网坛第二位金满贯选手，被誉为“红土之王”。纳达尔说：“在场上的每一分，我都是全力以赴。”纳达尔的经历，正体现了他曾经说过的一句话：“倘若缺乏热情，胜利将不可企及。”

职业兴趣是职业选择的起点，是职业成功的重要推动力，它能将一个人的潜能最大化调动起来，带来智慧、毅力和勇气，使他长期专注于某个目标，做出很大的努力，克服重重困难，从崎岖的小路攀登到事业的顶峰。古往今来，很多事业的成功者确定志向、选择职业都是从自己的兴趣出发的。

三、霍兰德职业兴趣理论

美国著名的职业指导专家，美国约翰斯·霍普金斯大学心理学教授约翰·霍兰德(John Holland)于1959年提出了具有广泛社会影响的职业兴趣理论。霍兰德认为人的人格类型、兴趣与职业密切相关，从事符合职业兴趣的工作，可以提高人们的工作积极性、工作满意度和成就感。

(一)职业兴趣的概念

职业兴趣指人们对某种职业活动具有比较稳定而持久的心理倾向。通俗地说，就是喜欢或不喜欢某一类型的职业，比如有人喜欢做研究，有人喜欢艺术，有人喜欢操作机械。根据美国心理学家霍兰德的研究，职业兴趣是一种人格类型的体现。每个人的人格类型不同，表现出的性格特点也不同，喜欢的工作内容和环境也不同。

在求职过程中，兴趣就像一根无形的指挥棒，每个人都会不自觉地受到它的影响。大家都希望能把自己的兴趣爱好与自己的职业生涯结合起来，即使工作辛苦，也总会保持心情愉悦，更容易获得事业上的成功。

但是，大部分的大学生尚并不清楚自己的职业兴趣所在。这时，通过职业兴趣探索就可以进一步加深大学生的自我认知，对职业规划有着重要的意义。

(二)职业兴趣的类型

霍兰德将大多数人的职业兴趣归纳为六种类型，即现实型(R)、研究型(I)、艺术型(A)、社会型(S)、企业型(E)和常规型(C)见表1-6。

表1-6　霍兰德职业兴趣类型

兴趣类型	喜欢的活动	职业环境特点	典型职业
现实型(realistic)	喜欢用工具、机器制造和修理东西，动手能力强，愿意从事实物性的工作、体力劳动，喜欢户外活动或操作机器，通常喜欢独立做事	喜欢使用工具、机器，能对物体、机器、工具、植物、动物等进行操作。擅长与“事物”打交道	工程师，园艺师，技术员，农牧人员，计算机编程人员，摄影师，机械操作、维修、安装人员，司机，测绘员，医生，兽医等
研究型(investigative)	喜欢探索和理解事物，喜欢分析和思考抽象的问题，喜欢阅读和讨论有关科学性的议题，求知欲强，喜欢独立工作，对未知问题的挑战充满兴趣	喜欢智力的、抽象的、分析的、独立的任务，具有分析研究问题、运用复杂和抽象的思考创造性地解决问题的能力，思维缜密，有一定写作能力	科研人员，化学、冶金、电子无线电、电视、飞机等方面的工程师或技术人员，飞机驾驶员，教师，计算机编程人员，医生，化学家，生物学家，心理学家等

（续表）

兴趣类型	喜欢的活动	职业环境特点	典型职业
艺术型（artistic）	有创造力，喜欢自我表达，具有一定的艺术才能。喜欢文学、艺术、音乐、表演等具有创造性、变化性的工作	喜欢以非传统的方式来表现自己，自由、开放，喜欢各类艺术创作工作	音乐、舞蹈、戏剧工作者，作家，文学、艺术评论员，建筑师，主持人，画家，书法家，摄影师，音乐家，家具、珠宝、房屋设计师等
社会型（social）	喜欢与人交往、合作，为人热情、善言谈，与人为善，助人为乐，愿意帮助别人解决问题，为他人提供服务	喜欢教导、医治、帮助、服务他人的工作，善于从事信息服务、咨询、培训、开发、教育类工作，愿意承担社会责任	教师，医护人员，各行业服务人员、心理咨询师，社会工作者，公关人员等
企业型（enterprising）	追求权力、权威和物质财富，具有领导才能。通过领导、劝说他人或推销自己的观点、产品达到个人或组织的目标。喜欢竞争、敢冒风险，有事业心	具备经营、管理、说服、监督和领导才能，以实现政治、社会及经济目的为工作目标，并具备相应的能力，敢于承担风险，以目标为导向	经理，企业家，政府官员，商人，部门和单位的领导者、管理者，项目经理，销售人员，营销管理人员，保险代理，律师等
常规型（conventional）	尊重权威和规章制度，喜欢固定的、有秩序的工作或活动，习惯接受他人的指挥和领导。善于对文字、数据和事物进行细致的系统处理	有组织、有计划、有条理，遵从指示，能按时完成工作并达到严格的标准。善于从事文字信息、数据处理的工作	会计、出纳、统计人员、文字编辑、办公室人员、秘书、图书管理员、审计人员、人事职员、计算机操作员等

个人的职业兴趣往往是多方面的，很少单一集中在某种类型上。每个人可能或多或少地具备所有六种兴趣，只是偏好程度不同，因此，为了比较全面地描绘个人的职业兴趣，通常用最强的三种兴趣的字母来表示一个人兴趣，这个代码就称为“霍兰德代码”（Holland Code）。这三个字母间的顺序表示了兴趣强弱程度的不同。例如，SAI 和 AIS 的人具有相同的兴趣，但他们对同一类型事务的兴趣强弱程度是不同的。

为了鉴别不同职业的代码，霍兰德及其同事做了一项非常庞大的研究并于 1996 年出版了《霍兰德职业代码字典》（*Holland Career Index*），为 12 000 多个工作提供了霍兰德代码。

需要注意的是，该职业索引是一份未经本土化的版本，因此职业名称和职业所对应的霍兰德代码可能与中国国情有偏差，在使用时仅作参考，主要是为了拓展大家对于职业的思路，不必拘泥于职业的代码。

（三）六种类型之间的关系

霍兰德提出了职业兴趣的六边形模型来解释六种职业兴趣类型之间的关系

（图1-3）。六边形的六个角分别代表霍兰德提出的六种兴趣类型，这六种类型之间具有内在的联系，它们按照彼此的相似性程度定位。相邻两个维度在各种特征上最接近，相关程度最高，而距离越远，两个维度之间的差异越大，相关程度越低。因而，每种类型与其他五种类型之间存在着三种相关关系。

（1）相邻关系，如 RI、IR、IA、AI、AS、SA、SE、ES、EC、CE、RC 及 CR。属于这种关系的两种类型的个体之间共同点较多，比如，现实型(R)和研究型(I)的人就都不太偏好人际交往，这两种职业环境中也都较少有机会与人接触。

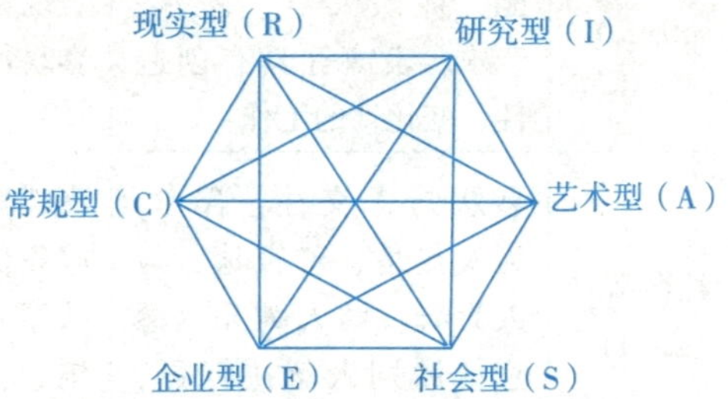

图1-3　霍兰德职业兴趣六边形模型

（2）相隔关系，如 RA、RE、IC、IS、AR、AE、SI、SC、EA、ER、CI 及 CS，属于这种关系的两种类型的个体之间共同点较相邻关系少。

（3）相对关系，在六边形上处于对角位置的类型之间即为相对关系，如 RS、IE、AC、SR、EI 及 CA。相对关系的人格类型共同点少，因此，一个人同时对处于相对关系的两种职业环境兴趣都很浓厚的情况较为少见。

六边形模型有助于人们更好地理解和进行职业选择。兴趣类型与职业类型的相关程度越高，人职匹配的程度越高，职业适应性越好，相反，兴趣类型与职业类型的相关程度越低，职业适应性就越差。

（四）职业兴趣与职业的匹配

霍兰德认为，个人兴趣类型和职业环境之间的匹配将增加个人的工作满意度、职业稳定性和成就感。因此，占主导地位的兴趣类型可以为人选择职业和工作环境提供方向。通过自我探索活动或测评工具得出自己的职业兴趣类型之后，就可以借之探索和理解适合自己的工作领域。

人们常常因为客观条件的限制而难以单纯地从事自己喜欢的工作。有不少大学生在选择专业时，由于缺乏对自我和专业的认知而未能选择与自己兴趣类型相匹配的专业，或者因为父母、老师的意见而选择了与自己兴趣类型截然相反的专业。事实上，能够转专业的学生毕竟是少数，许多大学生常常因此感到痛苦，有的同学希望通过考研改变自己的专业，有的同学在毕业后从事了与大学专业完全无关的工作。面对这种情况，如何恰当地根据霍兰德职业兴趣理论调整自己的就业领域和目标呢？

实际上，现实中的适配可以通过多种方式灵活地实现。首先，专业与职业并不是简单一一对应的关系，同一个专业其实有相当多的职业可以从事。因此，专业类型的不适配并不一定意味着职业类型的不适配。比如，一个法律专业的大学生，他的主导兴趣类型可能是社会型(S)，而法律专业常见的职业，比如律师，第一位的兴趣类型则是企业型(E)。这时候，专业与职业兴趣不完全匹配。但如果将未来的就业领域调整为“青少年法律援助”“弱势群体法律援助”之类的工作，则可以很好地将社会型的兴趣与专业知识相结合。

其次，专业类型可以与兴趣类型相结合，哪怕是相对的两种类型也是如此。比如，一个喜爱文学(艺术型A)的大学生，学习了计算机专业(实用型R)，可以考虑在毕业后去计算机专业领域的杂志社工作，这样就可以将自己艺术型的兴趣与实用型的专业结合起来，在一定程度上满足自己的兴趣。

再次，当我们倡导在职业选择上寻求个人兴趣与职业环境之间的适配时，“完全的”适配只是我们不断接近的一个理想目标。现实中，我们做不到百分之百的适配，但不必因此而放弃对个人兴趣的重视，我们也可以通过其他活动实现自己的兴趣，比如业余爱好、志愿活动、辅修专业等。

最后，即使一个人从事与自己的兴趣类型不适配的工作，也没必要沮丧。具体的工作千变万化，很难用简单的类型来划分。比如机械制造之类实用型的工作，也可以在其中加上社会型的元素，将它作为一项为客户提供满意服务的职业来从事，比如项目经理。由于从事某一职业的典型人群通常都趋向于特定的兴趣爱好，而一个与职业环境不太适配的人，则有可能成为这个群体中独树一帜的人。出现这样的情况，需要理解并能接受现实——在这个职业环境中可能会感到格格不入。

职业兴趣探索活动——兴趣岛

恭喜你！你获得了一次免费度假游的机会，有机会去下列六个岛屿中的一个。唯一要求是你必须在这个岛上待满至少半年的时间。请不要考虑其他因素，仅凭自己的兴趣，按照一、二、三的顺序挑出你最想前往的三个岛屿。

岛屿R：自然原始的岛屿。岛上保留有原始森林，自然生态保持得很好，有各种各样的野生动物。岛上居民生活状态还相当原始，他们以手工见长，自己种植花果蔬菜、修缮房屋、打造器物、制作工具，喜欢户外运动。

岛屿I：深思冥想的岛屿。岛上人迹较少，建筑物多处一隅，平畴绿野，适合夜观星空。岛上有多处天文馆、科技博览馆以及科学图书馆等。岛上居民喜好观察、学习、探究、分析，崇尚和追求真知，常有机会和来自各地的哲学家、科学家、心理学家等交换心得。

岛屿A：美丽浪漫的岛屿。岛上有很多美术馆、音乐厅，街头雕塑和街边艺人，弥漫着浓厚的艺术文化气息。当地的居民有很好的艺术、创新和直觉能力，他们保留了传统的舞蹈、音乐与绘画，许多文艺界的朋友都喜欢来这里找寻灵感。

岛屿S：友善亲切的岛屿。岛上居民个性温和、十分友善、乐于助人，整个社区像是密切互动的服务网络，人们重视互助合作，重视教育，关怀他人，充满人文气息。

岛屿E：显赫富庶的岛屿。岛上的居民善于经营企业和贸易，能言善道，以口才见长。岛上的经济高度发展，处处是高级饭店、俱乐部、高尔夫球场。来往者多是企业家、商人、政治家、律师等，曾数次在这里召开财富论坛和其他行业峰会。

岛屿C：现代、有序的岛屿。岛上建筑十分现代化，是进步的都市形态，以完善的户政管理、地政管理、金融管理见长。岛民个性冷静保守，处事有条不紊，善于组织规划，细心高效。

如果是在团体内做兴趣岛的活动，可以将房间分为6个区域，分别代表上述6个岛屿。按自己第一选择的岛屿就座。同一岛屿的人交流一下自己为什么选择这个岛屿，看看大家有什么共同的兴趣爱好并归纳为关键词。根据大家的交流给自己的小组命名并选取一个标志物，在大白纸上制作一张本小组的宣传图。每个小组请一位代表用两分钟时间展示自己小组的图，并在全班分享一下自己小组成员共同的特点。

(1)我最想前往的三个岛屿。

(2)我们的岛屿名称。

(3)岛屿标志物及其含义。

(4)岛屿关键词。

提示：这六个岛屿实际上代表着霍兰德提出的六种类型。做完这个活动后，你应当能得出自己最有兴趣的前三个类型，亦即你的霍兰德代码，并对六种类型的基本特征有所了解。

需要注意的是，这只是对你兴趣类型的一个初步判断。因为霍兰德理论比较复杂，初学者对霍兰德类型的掌握不深入，再加上社会期望和缺乏自我认识等原因，个人不易准确地判断自己的职业兴趣类型，因此最好通过职业兴趣测试来加以确认。

任务三　价值观探索

诺贝尔和平奖获得者特蕾莎修女，从12岁起，直到87岁去世，从不为自己，只为受苦受难的人活着，她心怀天下，一生致力于消除贫困，把一切都献给了穷人、病人、孤儿、难民、无家可归者和垂死者，使他们感受到尊重、关怀和爱。她用自己的大爱来医治人类因为自私、贪婪、冷漠给同胞带来的伤害。

鲁迅，一个被人民称为“民族魂”的人。他痛恨社会的痼疾，时事的多端，更“哀其不幸，怒其不争”于国人的愚昧和冷漠，毅然弃医从文，针砭时弊，求索真理。“我以我血荐轩辕”，他的文字愤世嫉俗，直击人心，他将手中之笔化为锋利的匕首，刺破社会的黑暗，为国民、为光明而战。

一、价值观的概念

价值观是我们在生活和工作中所看重的原则、标准或品质。它指向我们一生中最重要的东西，是个体行为背后的深层动机，对个体的职业选择和发展起到重要的激励、影响作用。因此，价值观在人们的生涯发展中往往起到极其重要的、决定性的作用，甚至可能超过了兴趣和性格对个人的影响。

价值观是一种基本信念，影响了人们对事物的判断，代表了一个人对于什么是好，什么是对的认知——是非好恶的标准。先天条件不同、受教育经历不同、所处环境差异、认知方式的特点、人生经历不同等都会影响人们的判断，因此，价值观的取向和标准是因人而异的，每个人都有自己独一无二的价值观取向。比如，有人喜欢及时行乐、享受生活，也有人喜欢追求事业的成就。

一个人的价值观是随着认知能力的发展而发展的，受到环境、教育的影响，价值观一旦形成，便是相对稳定、持久的。与此同时，价值观在特定的环境下又是可以改变的。由于环境的改变、经验的积累、知识的增长，人们的价值观有可能随之发生变化。

每一个求职者由于其所受教育的不同和所处环境的差异，在职业取向上的目标和要求也是不相同的。在职业环境中，影响人们做出决策的内在因素，往往就是职业价值观取向的不同。例如，有人追求轻松舒适的工作环境，有人追求高标准的工资待遇，有人追求自由、刺激和创造性，有人希望成就一番事业。因此，在进行生涯规划和职业选择时，我们应当重视对自身价值观的澄清，培养对工作的健康合理的价值观，追求有意义的人生。

二、价值观相关理论

(一)马斯洛需求层次理论

美国人本主义心理学家马斯洛(Maslow)提出了需求层次理论，对人类心理学做出了重要贡献。马斯洛的需求层次理论认为，人类的需求可以按照层次结构从低到高进行排列(图 1-4)。

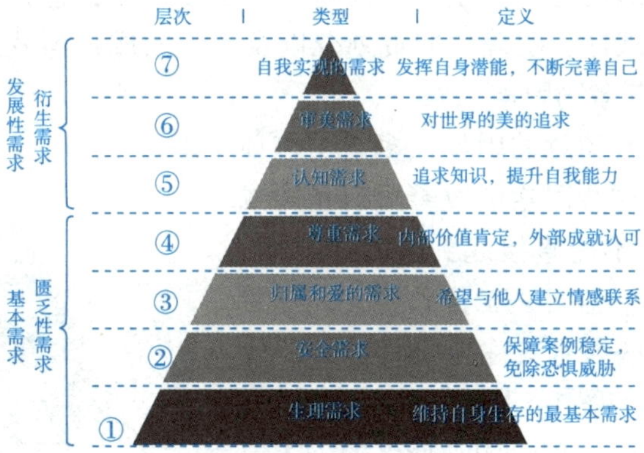

图 1-4　马斯洛需求层次理论

(1)生理需求：是人们最原始、最基本的需求，例如，吃饭、穿衣、呼吸、睡眠、性等。若不满足，则有生命危险。它是最强烈的不可避免的最底层需求，也是推动人们行动的强大动力。

(2)安全需求：指人身、财产安全，职业、生活稳定，免于灾难，希望未来有保障等。安全需求比生理需求较高一级，当生理需求得到满足以后就要保障这种需求。

(3)归属和爱的需求：希望相互依存、相互支持，彼此理解和接纳，包括对友情、爱情等关系的需求。当生理上的需求和安全需求得到满足后，社交需求就会突显出来，进而产生激励作用。

(4)尊重需求：受人尊重、自我尊重、尊重别人。尊重的需求很少能够得到完全的满足，但基本上的满足就可产生推动力。

(5)认知需求：追求知识，追求对自身和周围世界的探索、理解，希望解决疑难问题或者解释未知事物等的需求。

(6)审美需求：感知美、体验美、创造美的需求。比如希望行动完美，对于事物对称性、秩序性、闭合性等美的形式的欣赏，或者对于美的结构和规律性的需求等，都是审美需求的表现方式。

(7)自我实现的需求：是最高等级的需求，是一种创造的需求。有自我实现需求的人，往往会竭尽所能，使自己趋于完美，实现自己的理想、目标和人生价值，获得成就感。马斯洛认为，在人自我实现的创造过程中，产生出一种所谓的“高峰体验”的情感，这个时候的人处于最高、最完美、最和谐的状态，具有一种欣喜若狂、如醉如痴的感觉。

(二)赫兹伯格双因素激励理论

20 世纪 50 年代末期，美国行为科学家赫茨伯格和他的助手们在美国匹兹堡地区做了一项大规模的访问研究，对匹兹堡地区 11 个行业的 200 多名工程师与会计人员进行调查询问。访问主要围绕两个问题：在工作中，哪些事项是让他们感到满意的，并估计这种积极情绪持续多长时间；又有哪些事项是让他们感到不满意的，并估计这种消极情绪持续多长时间。

结果发现，使职工感到满意的因素主要与工作内容或工作成果有关，这些因素的改善可以使职工获得满足感，产生强大而持久的激励作用，包括个人成就、组织或者社会赏识、工作的挑战性、明确的职责划分以及个人的成长与发展，这些因素被称为“激励因素”或者“内部激励因素”。

同时，职工感到不满意的因素大多与工作环境或工作关系有关，这些因素的改善可以预防或消除职工的不满，但不能直接起到激励的作用，包括公司政策与管理、监督、工作条件、人际关系、薪资福利等，这些因素被称为“保健因素”或者“外部激励因素”，如图 1-5 所示。

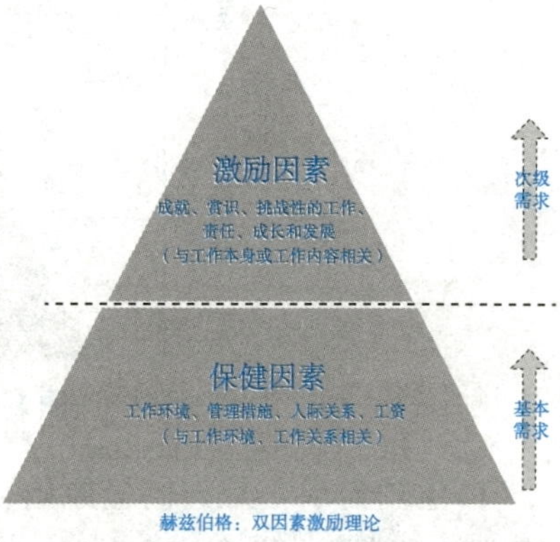

图 1-5　赫兹伯格双因素激励理论

赫兹伯格双因素激励理论同马斯洛的需求层次理论有相似之处。赫兹伯格理论中的外部激励因素相当于马斯洛提出的生理需求、安全需求等物质基本需求；内部激励因素则相当于归属和爱的需求、尊重需求等精神层面的次级需求。

三、价值观与职业价值观

(一)价值观与生涯发展

俗话说：“人各有志。”这个“志”表现在职业选择上就是职业价值观，它是具有明确的目的性、自觉性和坚定性的职业选择的态度和行为，对一个人职业目标和择业动机起着决定性的作用。价值观在人们的职业生涯发展中起着极其重要的、决定方向性的作用，甚至超过了兴趣和性格的影响。

做职业生涯规划之前，一定要清楚和明确自己的价值观及职业价值观。价值观和职业价值观决定了对个人而言，有哪些因素是重要的，哪些是不重要的，哪些是需要优先考虑和选择的，哪些不是。

价值观是可以发生变化的，因为人们的需求随时可能发生变化，需求一旦变化，价值观也就会发生变化，在这个多元价值体系的时代，个人的价值观常常是混乱的，所以个人需要对自己的价值观进行探索，一个人越清楚自己的价值观，越了解自己在工作和生活中想要寻求的是什么，哪些因素对自己来说是最重要的，他的生涯发展目标也就越清晰。即使是在鱼与熊掌不能兼得的情况下，也能做出相对理智的决策。

(二)职业价值观及其分类

舒伯提出的职业价值观理论，描述了人们在职业选择和职业发展过程中所重视的价值观和目标。根据舒伯的理论，职业价值观是人们对自己所从事的工作及其工作环境、工作目标、工作方式等所持有的态度和信仰，是个人在职业生涯中追求的目标和意义。职业价值观分为 13 类，见表 1-7。

表 1-7　职业价值观分类表

价值观类型	说明
利他主义	工作的目的和价值，在于直接为大众的幸福和利益尽一份力
美感	工作的目的和价值，在于能不断地追求美的东西，得到美感的享受
智力刺激	工作的目的和价值，在于不断进行智力的操作，动脑思考、学习，以及探索新事物、解决新问题
成就感	工作的目的和价值，在于不断创新，不断取得成就，不断得到领导与同事的赞扬，或不断做成自己想要做的事
独立性	工作的目的和价值，在于能充分发挥自己的独立性和主动性，按自己的方式、步调或想法去做，不受他人的干扰
社会地位	工作的目的和价值，在于所从事的工作在人们的心目中有较高的社会地位，从而使自己得到他人的重视与尊敬
管理	工作的目的和价值，在于获得对他人或某事物的管理支配权，能指挥和调遣一定范围内的人或事物
经济报酬	工作的目的和价值，在于获得优厚的报酬，使自己有足够的财力去获得自己想要的东西，使生活过得较为富足
社会交际	工作的目的和价值，在于能和各种人交往，建立比较广泛的社会联系和关系，甚至能和知名人物结识
安全感	不管自己能力怎样，希望在工作中有一个安稳局面，不会因为薪资调整、工作调动或领导训斥等经常提心吊胆、心烦意乱
舒适	希望能将工作作为一种消遣、休息或享受的形式，追求比较舒适、轻松、自由、优越的工作条件和环境
人际关系	希望一起工作的大多数同事和领导人品较好，在一起相处感到愉快、自然，认为这就是很有价值的事，是一种极大的满足
变异性或追求新意	希望工作的内容经常变换，使工作和生活显得丰富多彩，不枯燥乏味

职业价值观探索活动

(一)价值观市场

(1)参照价值观列表(表1-8),挑选出其中五种对你来说最重要的价值观,分别写在五张小纸条上。如果你认为重要的价值观没有在列表中,也可以另写。

(2)给每一条对你来说很重要的价值下定义,并在纸上写下来,即要达到什么样的水平你才能满意,且个人对同一种价值的定义可能并不相同。如对于"物质保障"的理解,有的人可能认为月薪至少5 000元以上;也有人可以接受3 000元月薪的工作,但要有五险一金。

表1-8 价值观列表

重要的价值观
人际关系/归属感,团队合作,物质保障/高收入,稳定性,安全感,创造性,多样性和变化性,新鲜感,乐趣,自由独立(时间,工作任务),被认可,受尊重,能帮助他人,能发挥自己的才能,成就感,成功,名誉,地位,自主独立,有学习/发展/成长的机会,权力(领导/影响他人),有益于社会,挑战性,冒险性,竞争,符合自己的道德观,工作环境,工作与生活平衡,家庭,朋友,亲密关系,健康,信仰,爱,快乐,幸福,为社会服务,和谐,平等

(3)如果你不得不放弃其中的一条,你会放弃哪一条?将写有你准备放弃的价值的纸条与其他人交换。

(4)保留刚才别人给你的纸条,放在一边。现在,如果你不得不继续放弃剩下四条中的一条,你会放弃哪一条?再次与另一个人交换。

(5)继续下去,直到最后一条。这是否是你无论如何也不愿放弃的?

我认为重要的五样价值观及其定义(按重要程度排序)。

①____________________

②____________________

③____________________

④____________________

⑤____________________

(6)讨论以下内容。

① 通过这个活动,你对自己的价值观有怎样的了解和想法?

____

____

② 你的价值观会对你的职业选择和人生产生什么样的影响?

____

____

③ 他人的价值观会对你的生活造成什么样的影响?

____

____

(二)价值观拍卖

假设你正在参加一次有关工作、生活价值观的拍卖活动。所有拍卖物品的底价都是500元，每次竞拍报价需要以至少100元但不超过1 000元的幅度上升。每种物品只能由一个人购得。现在你手里有5 000元。请浏览以下的拍卖品清单，然后决定你将如何参与竞拍。请好好把握这一生仅有的一次机会!

生活价值	为此项分配的金额	最高报价	成交价
家庭	______	______	______
健康	______	______	______
自由	______	______	______
安全感	______	______	______
成功	______	______	______
爱	______	______	______
和谐	______	______	______
探险	______	______	______
自然	______	______	______
创造价值	______	______	______
信仰	______	______	______

工作价值	为此项分配的金额	最高报价	成交价
物质保障	______	______	______
成就	______	______	______
名誉	______	______	______
独立自主	______	______	______
服务他人	______	______	______
多样性	______	______	______
创造性	______	______	______
挑战性	______	______	______
人际交流	______	______	______
担负责任	______	______	______
发展与成长	______	______	______

请列出你最想购买的物品以及你愿意为之付出的最大金额。

价值	最高报价
______	______
______	______
______	______
______	______
______	______

总计：5 000.00元

任务四　技能探索

能力是个性心理特征之一，是指人顺利地完成某种活动所必需的个性心理条件和心理特征。能力决定你做什么，动机决定你要做什么，态度决定你能做得怎样。因此，对能力的探索也有着重要的作用。

一、能力的结构及分类

能力总是和人的实践联系在一起的。离开了具体实践既不能表现人的能力，也不能发展人的能力。比如在绘画活动中，具体方式虽然是素描、运笔、调色、着色等动作，但其所需要的心理特征是空间知觉、色彩知觉、审美感知、创造力等；在音乐活动中，其具体活动方式是演唱、演奏、打节拍等，但所需要的心理特征是音乐感知能力、记忆能力、想象能力、操作能力等，这些心理特征即能力。

人与人之间在能力上存在着明显的个体差异，这种差异主要表现在以下三个方面。

(1)能力水平上的差异，就是我们通常讲的人的能力有大小。有的人能力强，有的人能力弱，而大多数人属于中等。

(2)能力表现早晚上的差异，是指人的能力充分发展有早有晚。有些人在少年儿童时期表现出优异的能力、聪慧超群，有些人的能力表现较晚，甚至“大器晚成”。

(3)能力结构类型上的差异，是指能力中的各种成分的构成方式不同。例如，在智力方面，有的人观察能力和记忆能力强，而空间思维较弱；有的人模仿能力强，但却缺乏创造力；而有的人既善于模仿，同时又有较好的创造力。

(一)能力的结构

能力的结构是指一个人所具备的能力类型及各类能力的有机组合。从不同角度或不同层面可以划分不同的能力类型，每个人所具备的能力结构是不同的。能力不是某种单一的特性，而是具有复杂结构的多种心理特征的总和。探讨能力的结构、分析能力的构成因素，都是非常必要的。

1983 年，美国哈佛大学教授、发展心理学家加德纳(Gardner)提出了多元智能理论(Multiple Intelligences)。他认为，智能的类型和基本结构是多元的，各种能力不是以整合的形式存在，而是以相对独立的形式表现出来的。他的研究表明，人类至少有八种不同的智能：人际交往能力、语言能力、音乐能力、空间能力、逻辑数学能力、运动能力、自然能力和内省能力(图 1-6)。

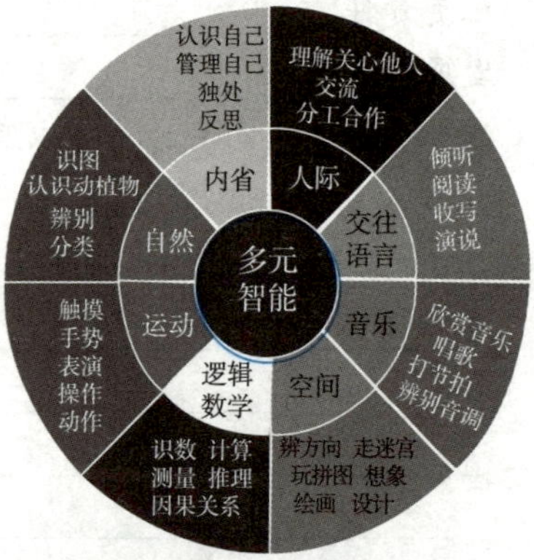

图 1-6　加德纳多元智能理论

以上八种智能在个人的能力结构中处于同等重要的地位，每个人都同时拥有这八种智能，但是每一个人身上的不同能力的发展程度和组合方式都不相同，从而使得每个人的智能各具特点。如丘吉尔、莫扎特、爱因斯坦、迈克尔·乔丹、贝尔·格里尔斯等人，在各自的领域都做出了杰出的贡献，将自己的能力和才智发挥到了极致。再比如不同的职业，工程师、律师、运动员、销售人员、科研人员、作家等，需要的能力类型及其组合也是不尽相同的。每个人都是独一无二的，如果能发现、发挥、发展自己独特的能力，每个人都可以在自己擅长的领域里面有出色的表现。

(二)能力的分类

能力按照其获得的方式——先天具有与后天培养，可以分为“能力倾向”和“技能”两大类。

能力倾向(aptitude)是指上天赋予每个人的特殊才能，比如音乐能力、运动能力等，它是与生俱来的，比如有的人有天籁之音，有的人五音不全，有的人舞姿轻盈、步步生莲，但也有人节奏不畅、肢体不调。因此，能力倾向也被称为“天赋”，这种能力不是后天努力就一定可以达到的，但“天赋”也有可能因为未被开发而荒废。

技能(skill)则是指经过后天学习和练习培养而形成的能力，也就是通过练习获得的能够完成一定任务的动作系统，比如表达能力、演讲能力、阅读能力、人际交往能力等。在个人成长的过程中，从什么也不会做的小婴儿到一个自理生活，能够看、听、说、行走、阅读、写字的普通成年人，其实我们每个人都已经学会了无数的技能。

在现实生活中，个人的能力水平往往是能力倾向和技能两方面的结果。例如，苏炳添在东京奥运会男子100米半决赛中以9.83秒刷新亚洲纪录，成为首位晋级奥运会男子百米决赛的中国运动员，这中间既有他先天良好的个人身体素质的原因，也离不开他后天勤奋刻苦的技能训练。

但同时要注意，不要将两者混为一谈。如常常会听到某人说“我这方面的能力不行”，那么，是真的不具备这方面的天赋，还是由于缺乏机会培养和练习。事实上，人际交往能力、沟通能力、表达能力、组织能力等，主要依赖于后天的学习和练习。

中国古话讲“勤能补拙”，先天的不足可以通过后天的努力得到弥补。其实，每个人都有无限的学习、成长的能力，如果不惧失败，勇于克服挫折，那么很多的技能都是可以通过不断学习、不断探索、不断精进而获得的。就像《卖油翁》中所讲的：“无他，唯手熟尔。”

二、能力与职业

我国教育奠基人黄炎培说：“一个人职业和才能相当和不相当，相差很大。用经济的眼光看起来，要是相当，不晓得增加多少效能；要是不相当，不晓得埋没多少人才。就个人而言，相当，不晓得有多少快乐；不相当，不晓得有多少怨苦。”当一个人的能力和工作的要求相匹配时，最容易发挥自己的潜能，并从中收获满足感。相反，当一个人去做自己力所不及的工作时，就会感到焦虑，甚至产生挫败感。而当一个人能力超出工作要求太多时，又容易感到工作缺乏挑战，比较乏味。因此，在选择职业时，我们同样要寻求个人能力与职业技能要求的适配。能力类型与职业类型的匹配，一方面是能力水平与行业、职业、岗位的需求相一致，另一方面则必须充分发挥优势能力。如从思维能力来看，有些人擅长抽象思维，这类人比较适合从事哲学、数学、物理等理论性、逻辑性较强的工作；有些人擅长动作思维，这类人比较适合从事体操、机械维修等动作技能性的工作；有些人擅长形象思维，这类人比较适合从事写作、音乐、绘画等文学艺术方面的工作。所以，每个人要根据自己的能力所长来确定自己的职业方向和领域。

雇主们通常在大学毕业生身上寻求的，也是这些学生有资格申请到某一职位的东西，包括他们的教育背景、经验和态度等综合素质。有些领域需要专门的知识或证书（如医学、程序设计、化工等），但大部分职业并不要求有什么特殊的知识技能，而需要的是一些更为普遍、一般性的技能和素质（即可迁移技能和自我管理技能）。根据美国“全国大学与雇主协会”（National Association of Colleges and Employers）的调查，美国雇主们最为重视的技能和个人品质按顺序排列如下。

(1)沟通能力。

(2)积极主动性。

(3)团队合作精神。

(4)领导能力。

(5)学习成绩。

(6)人际交往能力。

(7)适应能力。

(8)专业技术。

(9)诚实正直。

(10)工作道德。

(11)分析和解决问题的能力。

以上可以看到，其中的第(1)、(4)、(6)、(7)、(11)都属于可迁移技能，第(2)、(3)、(9)、(10)都属于自我管理技能，而知识技能排在第(5)和第(8)。

美国劳工部及美国生涯咨询和发展协会（National Career Development Association）对雇主进行的另一份调查结果显示：雇主们非常重视员工的自我管理技能和可迁移技能。具体内容如下。

(1)善于学习。

(2)读、写、算的能力。

(3)良好的交流能力，包括听、说能力。

(4)创造性思维和解决问题的能力。

(5)自尊、积极、有奋斗目标。

(6)有个人和事业开拓能力。

(7)交际、谈判能力及团体精神。

(8)良好的组织和领导能力。

事实上，我国雇主们所看重的同样是这些能力。许多企业在招聘人才时不仅看其学习成绩，更重视其他的综合能力，如良好的沟通、表达能力，较强的组织能力及领导能力，尤其是团队精神。

三、职业技能

辛迪·梵和理查德·鲍尔斯将技能分为三种类型：知识技能、自我管理技能和可迁移技能(或称通用技能)。

(一)知识技能

知识技能是指那些需要通过教育或者培训才能获得的特别的知识或能力，也就是个人所学习的科目、所懂得的知识。例如，是否掌握外语、中国古代历史、计算机编程或化学元素周期表等知识技能。知识技能一般用名词来表示。

知识技能不可迁移，也就是说，它们是一些特殊的语汇、程序和学科内容，必须经过有意识的、专门的培训才能掌握。它们常常与我们的专业学习或工作内容直接相关。正因为如此，许多大学生由于不喜欢自己的专业，在找工作时往往陷入两难的境地：一方面，他们认为找工作必须“专业对口”，但是又不喜欢自己的专业，不想将之作为从事的职业；另一方面，如果自己不是“科班出身”，则担心自己与专业出身的应聘者相比缺乏竞争力，甚至觉得很难跨越专业的鸿沟。在这种情况下，似乎唯一可行的方式就是通过考研来改换专业。

事实上，知识技能并非只有通过正式的专业教育才能获得。除了学校的课程，课外培训、专业会议、讲座、研讨会、自学都可获得。此外，很多公司也为新员工提供相关的上岗培训，帮助新员工尽快适应新的工作任务和要求。

因此，如果想从事本专业之外的工作，而又不愿或不能重新选修一个专业的话，仍然有许多途径可以帮助我们获得相关的知识技能。在招聘中，专业知识技能绝对不是用人机构所重视的唯一条件，知识技能的重要性往往在求职活动中被夸大。

实际上，所有得到面试机会的人，在知识技能的部分都已基本达到了应聘职位的要求，但仍需要在面试中进一步审核。事实上，最终获得工作机会的求职者，往往是在自我管理技能和可迁移技能方面有较好表现的，比如具有较好的沟通能力、团队合作精神、抗压能力、敬业精神、学习能力等。现实中，大学生就业难在一定程度上也与此有关系，因为大学生在校时往往更重视专业知识的学习，忽视了自我管理技能和可迁移技能的培养。

练习一

你有哪些知识技能？

对下面的经历进行分析，尽可能全面地列出你所掌握的知识技能，再挑选出自己感觉比较精通的和你在工作中应用或希望应用的知识技能，排列出对你来说最重要的五项知识技能。

(1)在学校课程中学到的：如英语、数学等。

(2)在工作(包括兼职和实习)中学到的：如电脑制图等。

(3)从课外培训、辅导班、研讨班学到的：如绘画等。

(4)从专业会议中学到的：如机械制造领域的国际先进技术、心理学在现代生活中的应用等。

(5)从志愿者工作中学到的：如岩石标本的采集、小动物饲养等。

(6)从爱好、娱乐休闲、社团活动中学到的：如摄影、朗诵等。

(7)通过阅读、看电视、网络、自媒体等学到的：如法语等。

(8)请家人和同学帮助你回忆你在校内外都学习过一些什么专业知识(不管程度如何)。

在盘点了自己现有的知识技能以后，把你的思绪转向未来，想想有哪些知识技能你目前还不具备、但希望自己拥有，可以通过一些什么样的途径来获得这些知识。

我尚不具备但希望拥有的知识技能有哪些？

(二)自我管理技能

自我管理技能经常被看作个性品质而非技能，因为它们被用来描述或说明人具有的某些特征。它涉及个体在不同的环境下如何管理自己：是勇于创新还是循规蹈矩，是认真还是敷衍了事，能否在压力下保持镇定，是否对工作有热情，是否自信等。良好的自我管理技能能够帮助个体更好地适应周围的环境、应对工作中出现的问题，因此它也被称为“适应性技能”。自我管理技能一般用形容词来表示。

一个人是如何使用自己的专业知识、以什么样的态度从事工作的，这甚至比工作内容本身更为重要。正是这样一些品质和态度，将个人与许多其他具有相同知识技能的求职者区别开来，最终得到工作的机会，也正是这些特质，帮助人们适应新的职场环境和规则，在工作中取得成就，获得加薪和晋升的机会。因此，有人称它们为“成功所需要的品质、个人最有价值的资产”。

事实上，人们离职或者被解雇，往往是因为缺乏自我管理技能，而不是因为缺乏专业能力。用人单位对离职者的反馈中，经常出现的描述是“缺少敬业精神，没有服务意识，眼高手低，不认真、不踏实，没有主动进取精神”等，而这些都是与自我管理技能相关的。很多大学生因为从小受到父母、老师的呵护，缺乏这方面的意识，在处理工作问题和人际关系上往往显得不成熟、以自我为中心。他们没有认识到，企业要求员工是成熟、能负责、能独立解决问题的成年人。可以说，在大学生从校园走向社会之前，培养良好的自我管理技能，学会如何为人处世，是至关重要的。

自我管理技能无论是一个人先天具有的，还是后天习得的，都需要练习。它们可以从非工作领域迁移转换到工作领域。也就是说，耐心、责任心、认真、热情等技能并不是通过专门的课程学习到的，而是在日常生活中随时随地培养的。在大学阶段，多参加一些社团活动和社会实践，有助于大学生在实际工作中更好地认识自己，了解自己的长处和不足。还可以通过与他人的比较、听取他人的反馈来更恰当地评价自己。

例如，一位大四学生在回顾自己的实习经历后写道：“这段经历为我毕业后进入社会做了良好的准备。在这次实习中，我懂得了在工作中不但要具备良好的知识技能，还要具备良好的社交能力，才能在工作中营造良好和谐的工作氛围。在工作中要积极主动，要虚心地向同事、前辈请教；要知难而上，不能遇到一点困难就放弃；要严格要求自己，不为自己的失职找借口；要和同事多多交流，和谐相处。”

（三）可迁移技能

可迁移技能就是一个人会做的事。如教学、组织、说服、设计、安装、帮助、计算、考察、分析、搜索、决策、维修等。可迁移技能一般用动词来表示。

可迁移技能的特征是它们可以在生活中的方方面面，特别是工作之外得到发展，却可以迁移应用于不同的工作之中。比如在宿舍里因为不同的生活习惯发生矛盾时，宿舍长可以组织室友们一起开会讨论，协商解决作息时间、值日安排以及其他可能出现矛盾的地方。在这里面，就用到了组织、商讨、解决问题、管理等重要的可迁移技能。几乎在所有的工作中，都或多或少地会用到这些技能。因此，可迁移技能也被称为“通用技能”。

基于这样的原因，可迁移技能也是个人最能持续运用和最能够依靠的技能。随着信息时代的到来、新技术日新月异的发展，知识的更新换代不断加快，这意味着个体需要不断学习新的知识技能才能跟上时代的发展。例如，30 多年前，大部分人对手机、电脑还几乎闻所未闻，如今它们却在我们的生活中占据了极其重要的位置，而与它们相关的行业知识也处于飞速发展变化中。正因为如此，当今的时代越来越强调“终身学习”。所以，“学习能力”（可迁移技能）已经比拿到某个专业的本科或者研究生学位（知识技能）更为重要。

与知识技能相比，可迁移技能无所谓更新换代，而且无论你的需求和工作环境有什么样的变化，它们都可以得到应用。随着我们工作经验和生活阅历的增加，可迁移技能还会得到不断的发展。既然它们在许多工作中都会用到，那它们的重要性就不言而喻了。

索尼技术中心会计部经理曾说：“我在聘用一个人时，最为看重的是他的人际沟通能力。这项能力极其重要，因为必须有能力与人交谈才能获得需要的信息……我把 80% 的时间用在与索尼其他部门打交道上，我的员工也花费大量时间与本部门之外的人打交道。”

事实上，知识技能的运用都是在可迁移技能基础之上的。举例来说，你的知识技能也许是动物学，但你将怎样运用它呢？是“教授”动物学，还是当宠物医生“治疗”宠物，或是“写作”科普文章宣传爱护野生动物的知识，抑或在流浪小动物协会帮助“照料”小动物？这些加引号的词都是可迁移技能。你以前可能没有正式当过教师，但是通过当家教、在课堂上汇报讲解小组科研项目等经历，你已经具备了“教学”的技能。当你把“教学”技能与“动物学”知识结合在一起时，你就可以去应聘相关的职位了。

从这个意义上说，在求职的时候，尽管你从来没有从事过某个岗位，但只要你实际上具备这个岗位所要求的种种技能，你就可以证明自己有资格去从事它。因此，如果你并不是“科班”出身，仍然有可能跨专业从事你想从事的职业，尤其是那些对知识技能要求并不是很高，而可迁移技能占重要地位的职业。

比如，也许你并不是营销专业的学生，但凭着良好的人际交往技能，你曾经担任过某杂志的校园代理，并在地区销售评比中取得过第二名的好成绩。从可迁移技能的角度看，这样的经历足以使你成功地应聘一个公司的销售职位。

学习文学、历史、哲学等人文专业的学生常常感到苦恼，因为他们所学的专业似乎不如计算机、建筑、机械等理工科的专业实用。事实上，人文专业的学习除了使他们具备一些专业知识外，也使他们掌握了许多可迁移技能，例如，沟通技能（在课堂上有效倾听、小组讨论、写作论文）、问题解决技能（分析和抽象思维，找出同一问题不同的解决方案，说服他人按既定的方案行动）、人际关系技能（与同学合作去完成老师布置的任务，与宿舍的同学相处）、研究技能（搜索数据库或检索书面参考资料、发现和形成主题、收集和分析数据、调查问题）等。

练习二

撰写成就故事

请写下生活中令你有成就感的具体事件然后对其进行分析，看看你在其中使用了哪些技能（尤其是可迁移技能）。

这些“成就事件”不一定是工作或学习上的，也可以是课外活动或家庭生活中发生的，比如同学聚会、一次美好而难忘的旅游等。它们不必是惊天动地的大事，只要符合以下两条标准，就可以被视为“成就”：你喜欢做这件事时体验到的感受；你为完成它所带来的结果感到自豪。如果同时你还获得了他人的认可和表扬那就更好了，不过这并不重要。

在撰写成就故事时，每一个故事都应当包含以下要素。

（1）你想达到的目标，即需要完成的事情。

（2）你面临的障碍、限制或困难。

（3）你的具体行动步骤，即你是如何一步步克服障碍、达成目标的。

（4）对结果的描述，即你取得了什么成就。最好能够量化评估（用某种方法衡量或以数据说明）。

请至少写出三个故事（越多越好）。如果有条件的话，请和两三个同伴一起逐一进行分析讨论，在其中你都使用了一些什么样的技能。最后看看在这些故事中是否有重复出现的技能，它们就是你喜爱施展并擅长的技能。将这些技能按优先顺序加以排列。

【举例】

我是一个比较内向的人，不敢在很多人面前讲话。因此，进了大学之后我希望多锻炼自己，提高自己的能力，于是鼓起勇气参加了班委竞选，最后我当上了班级的生活委员。当我第一次站在讲台上的时候，心跳加速、满脸通红、说话小声，顿时变得好尴尬，反观其他人，说得很流畅，非常自然。于是，我就私下与其他同学多交流、多沟通，吸取别人的优点，弥补自己的不足。后面开班会的时候，我又一次站在讲台上，还是有点紧张，我就在心里告诉自己：“我能行的，不要被自己打败了，加油！”最后我成功了。

我还参加了学校的辩论协会，在与不同学院、不同专业、不同年级的同学一起准备辩题的过程中，我们各抒己见，我试着表达自己的观点，也听取、接纳其他同学提出的论点，甚至学会了站在反方的视角思考对方的立场，以及对方可能会如何反驳我方观点。我已参加三次辩论赛了，虽然还是感到紧张，但是从最开始的结结巴巴，到现在能够看起来“淡定”地将准备好的论点表达出来，我为自己的进步感到开心。

经过一次又一次的锻炼，我变得更加从容了，庆幸自己坚持了下来，虽然在很多人面前演讲的时候还是会紧张，但是我的胆量、表达能力，甚至沟通能力、组织能力都有了明显的提高，在此过程中，我也交到了很多志同道合的朋友。

我的成就故事：

____

____

____

我喜爱并且擅长使用的技能：

____

____

____

练习三

能力矩阵

能力矩阵将能力按照能力高低和喜好程度分成优势区、退路区、提升区和盲区四个区域，如图 1-7 所示。针对不同区域的能力，要采取不同的策略。

优势区：是我们擅长且喜欢使用的能力，对于优势区的能力，要采取精进和外化的策略，打造核心竞争力，让更多人了解我们的优势。

退路区：是我们擅长但是不喜欢使用的能力，要采取重新定位、组合使用的策略，将它与优势区或者提升区的能力组合使用，让它的价值最大化。

提升区：是我们不太擅长但是很喜欢使用的能力，针对提升区的能力，我们要选择 1 ~3 个有针对性地刻意练习，制订提高计划。

盲区：是我们不擅长也不喜欢使用的能力，我们要尽量授权给他人，回避使用。

请将 10 种可迁移能力，即沟通能力、推理判断能力、综合分析能力、应变能力、情绪稳定性、团队合作能力、人际影响力、领导力、学习能力、创新能力，填写在能力矩阵中，如图 1-8 所示。

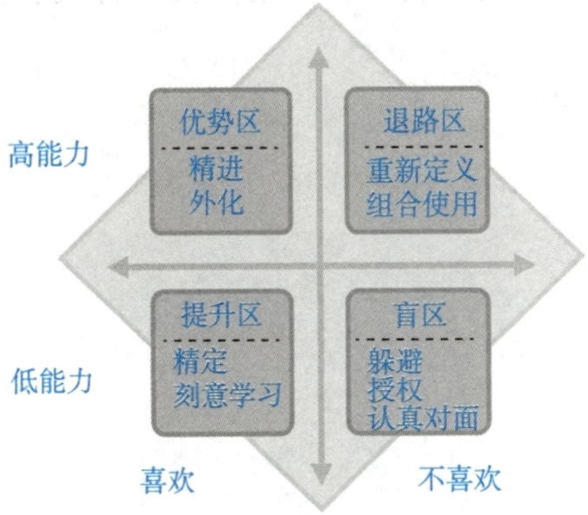

图 1-7　能力矩阵（1）

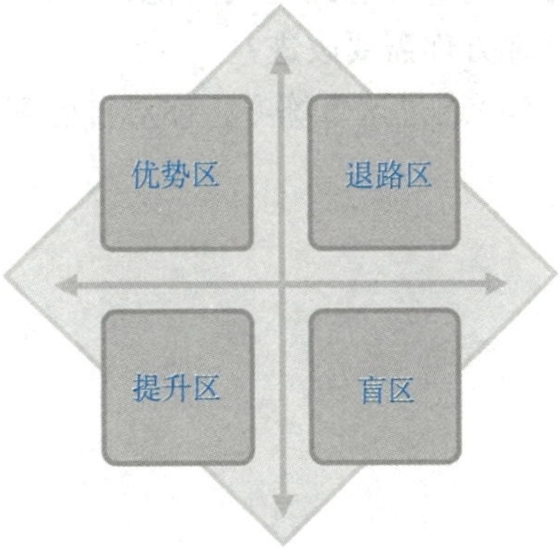

图 1-8　能力矩阵（2）

(1)通过梳理，你对自己的能力有什么觉察？

(2)结合你对未来的期待，重新审视退路区与盲区是否需要调整。

(3)下一步你准备重点发展自己哪个或者哪些能力？行动计划是什么？

项目小结

本项目主要介绍了自我评估的相关知识，首先介绍了性格的探索；其次介绍了兴趣的探索；再次介绍了价值观的探索；最后介绍了技能的探索。通过本项目的学习，学生可以对自己有更清楚的认知，便于全方面地培养自己，提高学习的针对性，制订出适合自己的计划。

项目习题

1. 我愿意与……的人共事。

(1)请列出你愿意与之共事的人的特质，并在小组中进行讨论，看看大家最重视的特质都有哪些。

(2)请思考：我是这样的人吗？符合大家所描述的理想同事吗？我的个性特征会怎样影响到我的生涯发展？

2. 他人眼中的我。

(1)请思考并列出，你眼中自己是一个怎样的人。你以什么样的方式从事工作或学习？你是怎么与人交往的？你与其他人相比有什么不同的特点？请你根据对自己的了解，试着用形容词来描述自己，写的越多越好。

(2)向你的同学、家人、朋友或者其他熟悉的人询问：如果请他们用3～5个词来形容一下你，他们会说什么？

(3)得到他人的反馈以后，看一看他们对你的描述中，有哪些是你知道的，有哪些是你以前没有想到过的。他们所说的符合你对自己的评价吗？哪些方面是你的长处？哪些地方你需要改进？

(4)通过这个练习，你对自己有什么新的认识？

项目二 职业生涯决策与目标

项目导读

在人生的旅程中，职业决策是至关重要的一个环节，它不仅关系到我们当前的就业选择和职业发展，还对未来的生活质量和幸福感产生深远的影响。职业决策的重要性在于引导我们根据自身的性格、兴趣、能力和价值观以及对客观工作世界的了解，理性地选择符合自己发展的职业目标，并制订切实可行的行动计划。本项目主要介绍了职业决策与职业生涯目标的相关知识，帮助学生做出明智的选择，实现职业目标和人生价值。

学习目标

知识目标

- 了解职业决策的基本知识。
- 了解职业生涯目标的确立。

技能目标

- 掌握科学的职业决策的方法。
- 掌握职业生涯决策平衡单的使用。
- 能正确使用 SWOT 分析法。

素质目标

- 提升学生对职业决策的认知。
- 培养学生掌握科学的职业决策方法。

思政目标

用正确思想引导、教育学生，使学生坚持社会主义方向并为之奋斗，成为合格的社会主义建设者与接班人。

帮助学生了解自己、了解社会、了解社会竞争态势、了解社会需要等，对学生进行职业道德、职业情感等方面教育，提高学生就业竞争力。

案例导入

小张的困惑

小张上大学以后就感到迷茫。已经上大三了，周围的同学似乎都已经有了目标和方向，她却还不知道自己是应该专升本还是先工作。

在职业规划中，“知己”“知彼”分别代表了两个“1”，代表了职业生涯决策的过程。职业生涯决策绝不是简单的1+1=2，许多时候决策能力和方法不一样，结果也不同，人生命运自然也不一样。

职业生涯决策是职业生涯规划中的前导部分，决策是否具有可行性，直接决定着职业生涯规划是否成功。希望获得最理想的职业发展目标，就需要认真地对自己进行完全剖析，知道自己希望得到什么、这一生自己应该在这个社会里获得什么等，这就需要认真制定职业生涯决策了。

任务一　职业生涯决策的基本知识

职业生涯决策在大学生职业选择和人生发展中起着至关重要的作用。因此要在大学生发展的关键时期对其进行职业生涯决策培养，并对大学生职业生涯决策困难进行深入的研究，从而帮助大学生成功做出职业生涯决策。

一、职业生涯决策的内容与过程

(一)职业生涯决策的内容

职业生涯决策的常见内容有以下几个方面。

(1)选择何种行业。

(2)选择行业中的哪一种工作。

(3)选择所适用的策略，以获得某一特定的工作。

(4)从数个工作机会中选择其一。

(5)选择工作地点。

(6)选择工作的取向。

(7)选择职业生涯目标或系一列的升迁目标。

职业生涯决策是一个复杂的认知过程，在此过程中，决策者组织有关自我和职业环境的信息，仔细考虑各种可供选择的职业前景，做出职业行为的公开承诺。从这个概念上我们可以看出，职业生涯决策是一个过程，而不单单是一种结果。

(二)职业生涯决策的过程

职业生涯决策的过程，就是将个人的属性(能力、性格、学历和价值观)与职业环境进行整合或匹配，最终确定自己理想的职业过程。

在就业竞争日益激烈的情况下，职业选择是一个严肃而复杂的问题。有时候职业理想和现实之间的冲突比较明显，而且选择很困难。具有多种潜能的人往往因供选择的职业较多而难于决断，更有一些人因为找不到个人的职业兴趣，觉得干什么都差不多，因而在职业选择时表现得过于轻率。只有将各方面的因素很好地协调，才可能做出比较理想的选择。

大学生的职业生涯决策过程，可分为以下八个步骤。

(1)认识问题，承担责任。你意识到自己对职业前景的困惑，并决定采取行动来致力于解决这一问题。

(2)了解自己。收集并分析关于你的性格特征的信息，包括你的兴趣、需求、成就、能力和价值。

(3)了解环境。了解你所处的社会、经济、政治、地理环境，从而衡量可能影响你进行职业选择的环境因素。

(4)了解职业。收集并研究关于你的职业前景的准确信息并全面了解它。

(5)找出可能的职业选择。确立数个目标、计划或行动步骤，这些在职业生涯规划中叫作职业前景。

(6)做出决定。根据你对自己的特点和职业前景的判断选择并确定一个职业目标。

(7)执行决定。通过求职活动将你的职业决策付诸实施。

(8)获得反馈。通过反馈来评估你的职业决策。如果有太多的负面反馈，那就要重复以上过程。

以上八步中，第一步是最关键、最重要的。如果不能认识问题和承担责任，职业生涯规划就没有了基础，就成了镜中花、水中月。只有当你意识到问题存在并承担责任时，你才能开始思考和解决职业生涯规划中的问题。

二、职业生涯决策的风格

决策有以下分类。

(1)确定无疑的决定：所有的选择及其结果都是清楚明白的决定。

(2)有一定风险的决定：每种选择的后果不完全确定，但我们在一定程度上了解可能会有什么样的后果。

(3)不确定的决定：对于各种选择会产生什么样的后果几乎完全不清楚。

(一)决策模式

1. 常见的决策模式

Dinklage 提出了以下几种常见的决策模式。

(1)痛苦挣扎型(agonizing)：花很多的时间和精力来确认有哪些选择、收集信息、反复比较，却难以做出决定。

(2)冲动型(impulsive)：抓住遇到的第一个选择，不再考虑其他选择或收集信息。

(3)直觉型(intuitive)：将自己的直觉感受作为决定的基础。

(4)拖延型(delaying):将对问题的思考和行动都一再往后推迟。

(5)宿命型(fatalistic):将决定留给境遇或命运，不能自己承担责任。

(6)从众/随大流型(compliant):顺从别人的计划而不是独立地作出决定。

(7)瘫痪型(paralytic):接受了自己做决定的责任，却无法开始决策过程。

2. 计划型(理性)决策

计划型(理性)决策分为以下七个步骤。

(1)确认要做出的决定。

(2)确认所有的选择。

(3)收集相关信息。

(4)从可行性和满意度两方面评估信息，按评估结果对所有选择进行排列。

(5)做出选择。

(6)制订计划，做出行动。

(7)对决定及其后果进行评估。

活动一

你的决策风格

请回想迄今为止在你人生中你所做的三个重大决定，并按以下几部分予以描述。

(1)当时的目标或情境是什么?

(2)你所拥有的选择是什么?

(3)你做出了什么样的选择?你做出该选择的依据是什么?

(4)现在你对当时的选择有什么评价?

把答案在纸上记录下来。想一想：你将如何描述自己在上述三个事件中的决策风格?它们有共同之处吗?

____

____

____

活动二

反思个人的决策风格

路边有一片桃园，假如你可以进入桃园摘桃子，但只许前进不许后退，只能摘一次，并且要摘一个最大的，你会怎么办?

(1)对视野内的桃子进行比较，形成一个大概的标准，再根据这个标准选择最大的桃子。

(2)我感觉这个大，就摘这个了。

(3)去问看桃园的人什么样的最大，或者问旁边的人。

(4)先别管了，走到最后再说吧。

(5)稍微比较，迅速摘一个。

结果说明：上述的(1)属理智型，能综合全面地收集信息、理智地思考和冷静地判断分析；(2)属直觉型，以自我判断为导向，在信息有限时能够快速做出决策，发现错误时能迅速改变决策；(3)属依赖型，倾向采用他人建议与支援，往往不能承担自己做决策的责任；(4)属回避型，拖延不果断，倾向于不考虑未来的方向，不知道自己的目标，也不思考，也不寻求帮助；(5)属自发型，不能容忍决策的不确定性以及由此带来的焦虑情绪，具有强烈的及时性，对快速做决策的过程有兴趣。

总的来说，理智型、直觉型和自发型这三种风格比较积极主动，而依赖型和回避型则比较消极被动。不同的决策风格都有其优劣之处，都可以在某种程度上满足决策者的需要，重要的是识别自身的决策风格，并有针对性地进行调整。

(二)职业生涯决策的方法

大学生正处在个体职业生涯的探索阶段，这一阶段对职业的选择及今后职业生涯发展有着十分重要的意义。因此，在设计自己的职业生涯时应全面进行自我分析。理性决策模型(CASVE 循环)，能辅助大学生做出正确的职业生涯决策，如图 2-1 所示。

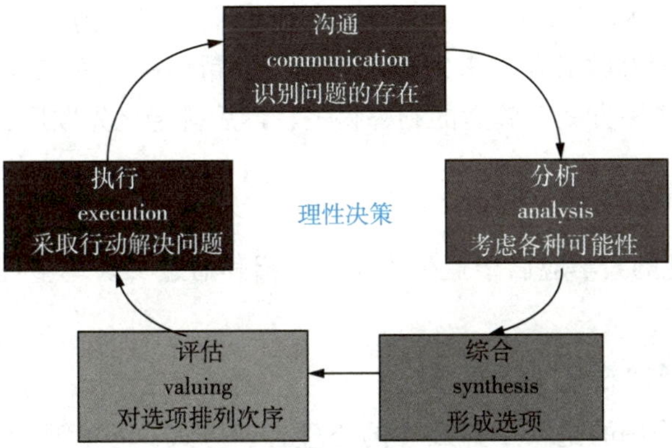

图 2-1　理性决策模型(CASVE 循环)

(1)沟通(communication)：找出理想与现实之间差距的各种信息。一是内部沟通，通过自己的身体信号和情绪信号去获得信息；二是外部沟通，如他人评价、报纸、网络、电视等。

(2)分析(analysis)：一方面要对自己的身体状况、感知、记忆、注意、意识、思维、情绪、动机、价值观、兴趣、人格、能力等方面深入分析；另一方面要全面了解和掌握外界与问题有关的各种信息。

(3)综合(synthesis)：确定解决问题的方案，由多到少逐渐缩减，最终确定 3～5 个可行性较高的选择。

(4)评估(valuing)：第一步是个体评估每个方案对自己、他人和社会的影响，及解决问题的效率、效果和投入产出比；第二步是对综合阶段最终确定的几个方案进行排序，然后选择第一个。

(5)执行(execution)：把思考转化为行动，用选好的最佳办法解决面临的问题。

三、决策工具——职业生涯决策平衡单

大学生在进行职业生涯决策时，经常会碰到两个甚至两个以上不同的职业发展方案的选择问题，此时如果能进行直观的量化，可能会使其对自己的职业生涯目标认知更加清晰。在整个职业生涯决策的实施过程中，一般人感到最困难的是对不同选择方案如何评估的问题。平衡单技术是职业生涯决策的好办法。

（一）平衡单介绍

平衡单（balance sheet）由詹尼斯（Janis）和曼（Mann）设计，他们将重大事件的思考方向集中到以下四个主题。

（1）自我物质方面的得失（utilitarian gains or losses for self）。

（2）他人物质方面的得失（utilitarian gains or losses for significant others）。

（3）自我赞许与否（self-approval or disapproval）。

（4）社会赞许与否（social approval or disapproval）。

实际应用时，认为“自我赞许与否”和“社会赞许与否”仍显得笼统。平衡单的设计，是用来协助决策者做出好的重大决定。它可以帮助决策者具体地分析每一个可能的选择方案，考虑各种方案实施后的利弊得失，最后排定优先顺序，择一而行。

（二）平衡单的使用步骤

以一位面临就业的大学应届毕业生为例，介绍其通过平衡单整理出对自己最有利的抉择。

1. 步骤一：开放性的心理自白

决策者第一步采用的是一个开放性的心理自白方式，在心理自白中决策者要如实说出心里觉得最重要的几个选择，以及这些选择可能导致的不同结果。可以试着自问以下问题。

（1）我对将来寻找工作这件事怎么认识，有没有明确、具体的计划。

（2）我曾经考虑过各种职业意向，可否将最近几个月来仔细考虑过的职业列出来。

（3）请将几个自认为最合适的职业按先后顺序列出来。

（4）现在，将注意力集中在两个最优先考虑的职业：______和______。分析这两个职业各有什么优点和缺点。

先从选择的第一个职业开始：试着想想看，选择这个职业可能具备的优点和缺点是哪些？能不能多想一些还有别的优缺点吗？再看第二个选择：选择这个职业的话，会有哪些优点和缺点？还有没有别的优缺点？

（5）假设今天你必须下决心做最后的决定，会觉得如何？现在自己要做的是分析一下有关做最后决定的各种想法，以便做出最有利的决定。

2. 步骤二：使用平衡方格单

为了使决策者能将所有可能的想法都具体地呈现出来，必须在使用平衡单之前，

先填写“平衡方格单”，见表2-1。每一个选择，使用一张平衡方格单，在填写之前，要充分考虑四个大类的意义及范围。

先填写第一和第二优先考虑的职业，在所有重要的想法都列出来之后，再依次填写选择的其他职业。此时你纷乱无序的各种念头已化为有系统的文字叙述。然后，你再提醒自己：“再仔细看看，有没有遗漏的？”

表2-1 平衡方格单：我的选择

	正面的预期(+)	负面的预期(-)
自我物质方面的得失		
他人物质方面的得失		
自我精神方面的得失		
他人精神方面的得失		

3. 步骤三：参照职业生涯细目表

接下来是拿出一张职业生涯细目表(表2-2)，这张表上所列的各种考虑项目是预先设定的，可以帮助决策者发掘一些忽略掉的项目。想一想这些和自己的决定有没有关系？刚才没考虑到这些项目，对自己的最后考虑有没有影响？

表2-2 职业生涯细目表

序号	得失	细目表
1	个人物质方面的得失	A. 收入，B. 工作的难易程度，C. 升迁的机会，D. 工作环境的安全，E. 休闲的时间，F. 生活变化，G. 对健康的影响，H. 就业机会，I. 其他
2	他人物质方面的得失	A. 家庭经济，B. 家庭地位，C. 与家人相处的时间，D. 其他
3	个人精神方面的得失	A. 生活方式的改变，B. 成就感，C. 自我实现的程度，D. 兴趣的满足，E. 挑战性，F. 社会声望的提高，G. 其他
4	他人精神方面的得失	A. 父母，B. 师长，C. 配偶，D. 其他

4. 步骤四：各项考虑因素的加权计分

前面几个步骤所列举的各项考虑，对决策者的意义不全然是等值的。为了让决策者意识到自己在平衡方格单上列出来的项目有不同程度的重要性，决策者可以这样提醒自己：这些项目已经是在决定的时候所能想出来的。

但是，当自己要下决定时，有一些考虑的重要性比其他的要高。因此，现在要做的是，回去看一看所有的细目，哪些是最重要的。如在考虑第一大范围得失项目时，勾出对自己最具吸引力或是最有利的四个(或五个)项目，再勾出四个(或五个)对你最不具吸引力或是最不利的项目……

同样的步骤，可以类似地用在其他的职业选择上。为了使各项的重要性有层次之分，可进一步对每个项目做加权记分。加权的分数可以采用五点量表(如最重要的×5，较重要的×4，一般重要的×3，较不重要的×2。最不重要的×1)。平衡单的加权记分表见表2-3。

表 2-3　平衡单的加权记分表

	职业选择 1( )		职业选择 2( )		职业选择 3( )	
	+有利	−不利	+有利	−不利	+有利	−不利
个人物质方面的得失						
他人物质方面的得失						
个人精神方面的得失						
他人精神方面的得失						
总　分						

5. 步骤五：增加其他的选择

在上述的过程中，决策者如果觉得有新的职业生涯目标(或职业)可以考虑补充进去，此时虽然原有的各种选择均已完成加权的记分，但是完全可以重新填写平衡方格单，按照步骤一至步骤四的过程完成平衡单的加权记分。

6. 步骤六：排定各种选择的等级

为了使决策者能综合地对平衡单的各种选择方案做最后的评估，决策者可以自己再审查一下平衡方格单上面的项目。同样地，也可以对平衡单上的加权记分再做适当修改。

改完之后，再根据各选择的最后加权总分，将这些选择依分数高低排列。完成了最后一步的工作，决策者还应该明白，这不一定是永久的决定，也许只是暂时的决定，因为它是根据目前所能搜集到的资料和决策者对自己了解的程度所做的决定。

(三)平衡单样表

职业生涯平衡单样表见表 2-4。分析结果：将平衡单上的原始分数乘上权重，分数差距变大，最后把“得失差数”算出来，并据此做出最终的决定。

表 2-4　职业生涯平衡单样表

考虑因素	选择项目	权重	职业选择 1( )		职业选择 2( )		职业选择 3( )	
			加权分数(+)	加权分数(−)	加权分数(+)	加权分数(−)	加权分数(+)	加权分数(−)
个人物质方面的得失	1. 收入							
	2. 工作的难易程度							
	3. 升迁的机会							
	4. 工作环境的安全							
	5. 休闲的时间							
	6. 生活变化							
	7. 对健康的影响							
	8. 就业机会							
	9. 其他							

（续表）

考虑因素	选择项目	权重	职业选择 1（ ）		职业选择 2（ ）		职业选择 3（ ）	
			加权分数（+）	加权分数（-）	加权分数（+）	加权分数（-）	加权分数（+）	加权分数（-）
他人物质方面的得失	1. 家庭经济							
	2. 家庭地位							
	3. 与家人相处的时间							
	4. 其他							
个人精神方面的得失	1. 生活方式的改变							
	2. 成就感							
	3. 自我实现的程度							
	4. 兴趣的满足							
	5. 挑战性							
	6. 社会声望的提高							
	7. 其他							
他人精神方面的得失	1. 父母							
	2. 师长							
	3. 配偶							
	4. 其他							

案例

小张的“职业生涯决策平衡单”

小张现读专科学院会计专业三年级。她心里很矛盾，既想去参加工作，又希望能升本。她性格外向、活泼、能力强，已经考取会计从业资格证，在老师的指导下，她自己填写了职业生涯决策平衡单，见表 2-5。

表 2-5　小张的“职业生涯决策平衡单”

选项考虑因素	生涯选项一：工作		生涯选项二：升本	
	（+）	（-）	（+）	（-）
个人物质得失				
个人收入（×4）	8（+32）			-6（-24）
健康状况（×2）			3（+6）	
休闲时间（×3）	2（+4）			-2（-6）
未来发展（×2）	1（+1）	-6（-12）	6（+12）	
升迁状况（×1）	3（+9）		4（+4）	
社交范围（×3）		-1（-3）		-1（-3）

（续表）

选项考虑因素	生涯选项一：工作		生涯选项二：升本	
	(+)	(-)	(+)	(-)
他人物质得失				
家庭收入(×5)	3(+15)	-2(-10)		
个人精神得失				
所学应用(×2)	5(+10)		5(+10)	
进修需求(×3)	1(+3)			
改变生活方式(×3)		-4(-12)	6(+18)	-1(-3)
富挑战性(×4)	2(+8)		3(+12)	
成就感(×5)	3(+15)		3(+15)	
他人精神得失				
父亲支持(×4)	6(+24)		3(+12)	
母亲支持(×3)	5(+15)		5(+15)	
男/女朋友支持(×2)		-8(-16)	2(+4)	
总　分	83		72	

四、决策工具——SWOT 分析表

大学生在进行职业生涯规划时，不妨采用这一工具对自己进行一番从里到外的“体检”。SWOT 分析是检查个人的技能、能力、职业、喜好和职业机会的有用工具。SWOT 分别是四个英文单词的第一个字母的大写，即优势（strengths）、劣势（weaknesses）、机会（opportunities）、威胁（threats）。所谓 SWOT 分析，指的是在四个维度上进行分析，然后通过矩阵式叉的分析，找出适合自己的基本策略。一般来说，对自己的职业生涯进行 SWOT 分析时，应遵循以下四个步骤，其 SWOT 分析表的示意图如图 2-2 所示。

自身因素分析	优势(strengths) 1 2 3 利用优势和机会的组合	劣势(weaknesses) 1 2 3 消除劣势和危机的组合
外部因素分析	机会(opportunities) 1 2 3 改进劣势和机会的组合	威胁(threats) 1 2 3 监视优势和危机的组合

图 2-2　SWOT 分析表的示意图

(一)评估自己的优势和劣势

1. 优势分析

优势分析，即分析自己出色的方面，特别是分析与竞争对手相比自己的优势。在自己的职业生涯设计中，如果你能根据自身长处选择职业并“顺势而为”地将自己的优势发挥得淋漓尽致，那你就会事半功倍；如果你选择了与自身爱好、兴趣、特长“背道而驰”的职业，那么即使以后再勤奋弥补，耗费九牛二虎之力，也只能是事倍功半、难以补拙。职业生涯设计的前提是：知道自身优势是什么，并将自己的生活、工作和事业发展都建立在这个优势之上。具体来说，需要思考并回答下面三个问题。

(1)你学了什么？在几年的学习生活中，你从学校开设的课程中学到了什么有价值的东西，社会实践活动提高和升华了你哪方面的知识和能力。

(2)你曾经做过什么？在学校期间担当过什么学生职务，参加过什么社会实践活动，工作经验的积累程度如何等。要提高自己经历的丰富性和突出性，你应该有针对性地选择与职业目标相一致的工作项目，坚持不懈地努力工作，这样才会使自己的经历有说服力。

(3)你做过的事情中最成功的是什么？如何成功的？通过分析，可以发现自己的长处，譬如坚强的意志、创新精神等，以此作为个人深层次挖掘的动力之源和魅力闪光点，形成职业生涯设计的有力支撑。

2. 劣势分析

劣势分析，即分析与竞争对手相比自己处于落后的方面。同样，你要指出你的劣势和你最不喜欢做的事情。不知道自己的劣势在哪里，就会盲目高兴，会觉得自己天生能做好许多事情，从而沉浸在自我优势的圈子里，像井底之蛙，不知天到底有多大。找到自己的短处，就可以努力去改正自己常犯的错误，提高自己的技能，放弃那些对自己不擅长的技能要求很高的职业。具体来说，需要思考并回答下面三个问题。

(1)性格的弱点。人天生就有弱点，这是我们与生俱来且无法避免的。坐下来，跟别人好好聊聊，看看别人眼中的你是什么样的？与你的自我看法是否一致？找出其中的偏差并借鉴，这将有助于自我提高。

(2)经验或经历中所欠缺的方面。欠缺并不可怕，怕的是自己还没有认识到或认识到了而一味地不懂装懂。正确的态度是：认真对待、善于发现、努力克服和提高。

(3)最失败的事情。你做过的事情中最失败的是什么？如何失败的？通过分析来避免在以后的职业生涯中再次失败，防止在跌倒的地方再次跌倒。

自我认识一定要全面、客观、深刻，绝不能规避缺点和短处。“当局者迷，旁观者清”，尽量多参考父母、同学、朋友、师长、专业咨询机构等的意见，力争对自我有全面的认识。

(二)找出自己的职业机遇和危机

1. 机遇分析

机遇分析，即分析有利于职业选择和职业发展的一些机会。环境为每个人提供了活动的空间、发展的条件和成功的机遇。特别是近年来，社会的快速变化，科技的高速发展，市场的竞争加剧，这对个人的发展产生了很大的影响。在这种情况下，个人如果能很好地利用外部环境，就会有助于个人发展。否则，就会处处碰壁、寸步难行。

同时，我们也面临各种各样的机遇，比如经济快速发展为我们提供了发展的空间，网络技术的发展使我们能了解更多的信息，择业的双向选择给了自主选择权等，这都是大学生面对的机遇。

在机会面前有五种人：第一种人创造机会；第二种人寻找机会；第三种人等待机会；第四种人错过机会；第五种人漠视机会。如果我们做不了第一种人，至少也要主动去寻找机会。如果不善于创造机会，那我们一定要善于抓住机会，决不可让机会从指尖流走。

2. 危机分析

危机分析，即分析潜在危险和面临的挑战。除了机遇，在这个社会中，我们也会面对各种各样的挑战和危机。这是我们无法控制的外部因素，但是却可以通过努力来弱化它的影响。这些因素包括就业形势处于买方市场、所学专业过时或不符合社会的需要、来自同学的竞争、面对有更优的技能和更丰富的知识及更多的实践经验的竞争者等，这都是你可能遇到的挑战。

对于这些挑战，我们不能一味地采取回避的态度，或者自怨自艾，不能让社会适应你，就改变自己，提高自己适应社会的能力，通过努力把挑战转化为一种内在的动力。这样，我们才能避免不利的影响，并在困境中脱颖而出，寻求发展和成功。

案例

小刚的 SWOT 分析情况

小刚，男，成都某大学公共事业管理专业大三学生；在校期间学习了人力资源管理等方面相关的理论知识；性格开朗，勤奋好学，吃苦耐劳，敢于面对挑战并喜欢从事有挑战性的工作。

短期职业生涯目标：毕业后成为人事助理。小刚的 SWOT 分析情况见表 2-6。

表 2-6 小刚的 SWOT 分析

优势	(1)做事比较认真、踏实，有浓厚的学习兴趣，尤其对人力资源管理方面有着浓厚的兴趣，且喜欢做人力资源方面相关的工作 (2)具有乐观积极的生活态度，善于发现新鲜事物 (3)富有极强的责任心和耐心 (4)能熟练使用办公软件 (5)英语书面能力较强，且有一定的英语口语表达能力 (6)有一定的独立思考的能力，且有一定的分析能力 (7)有一定的书面表达能力，逻辑思维性和条理性较强

（续表）

劣势	(1)办事不够细腻，有时考虑问题不全面 (2)做事有些保守，冒险精神不够 (3)创新能力有待提高
发展机会	(1)自从我国加入WTO后，越来越多的外企进入中国，就业机会也就越来越多 (2)在学校里有构建良好的人际关系的条件 (3)就专业知识方面来说，人力资源方面的人才需求正随着我国经济的高速发展而不断扩大 (4)有亲戚从事人力资源工作
阻碍危机	(1)距离毕业还有一年的时间，各种准备相当不充分，相比其他重点大学的学生来说自身实力不够突出 (2)企业单位对个人素质要求不断提高，特别是对于英语，不能只满足于听、写，表达能力也至关重要，公司及用人单位对毕业生的要求提高，需要更有经验的人才

(三)提纲式地列出一份职业目标

仔细地对自己做一个"SWOT分析"，列出自己从学校毕业后最想实现的4～5个职业目标。这些目标可以包括想从事哪一种职业、将管理多少人，或者希望自己拿到的薪水属哪一级别。

(四)提纲式地列出一份职业行动计划

职业行动计划是为了实现每一目标要做的每一件事，以及何时完成这些事。如果觉得自己需要一些外界帮助，请说明需要何种帮助以及如何获取这种帮助。

例如，个人SWOT分析可能表明，为了实现理想中的职业目标，需要进修更多的管理课程，那么职业行动计划应说明何时进修这些课程。拟订的详尽的行动计划将帮助一个人做出决策，就像公司事先制订的计划作为职业经理们的行动指南一样。

当完成一份详尽的个人SWOT分析后，将有一个连贯的、实际可行的个人职业策略可供参考。在当今竞争白热化的市场经济社会里，拥有一份挑战和兴趣并存、薪酬比较丰厚的职业是每一个人的梦想，但并不是每一个人都能实现这一梦想。因此，为了使求职和个人职业发展更具有竞争性，请花一些时间分析自己的优势和弱势，然后制订一份策略性的行动计划，且要保证有效地完成它，那么前景将一片光明。

五、职业生涯决策的困难

(一)职业生涯决策困难分类

职业生涯决策的困难分类见表2-7。

表 2-7　职业决策的困难分类

困难类别	判断条目
职业生涯决策意识的困难	(1)没有察觉到作决定的需求 (2)不知道作决定的过程 (3)知道要做决定，但逃避承担决定的责任
收集信息的困难	(1)信息不充分、不一致 (2)因信息过量而感到决策困难 (3)不知道如何收集资料，例如，如何收集、如何组织、如何评估等 (4)因信息与个人的自我概念不一致而不愿意接受信息的有效性
产生、评估、选择替代方案的困难	(1)由于面临多重生涯选项而难以做出决定 (2)由于个人的条件限制，如健康、能力、教育等，而无法产生足够的选项 (3)由于害怕失败，害怕承诺等而产生焦虑感，无法做出决策 (4)受人际关系、冲突、情境、资源等局限而难以做出个人的选择 (5)由于不知道评估的标准，如性格、能力、价值等，而无法做出决定
计划执行中的困难	(1)不知道形成计划的必要步骤 (2)不知道在未来的计划中需要完成哪些事情 (3)不愿意或没能力获得必要的信息以形成计划

(二)职业生涯决策困难的特点

职业选择与职业决策是人生的一个重大课题，更是大学生们所必须面对的一个关键问题。针对职业生涯决策困难的类型及特点设立职业指导服务机构，及时地帮助他们收集有关职业决策和生涯发展的信息，对他们进行专门的就业求职技能、技巧等方面的练习，帮助他们充分熟悉职业，把握择业方法和技巧，广泛开展职业教育和择业指导，就显得非常重要。职业生涯决策困难的特点如下。

(1)大学生总体上处于职业未决状态，职业决策困难的总体等级处于中等水平。他们大多缺乏对职业的熟悉，更不要说将自己的职业意向与职业选择乃至整个生涯规划相联系了。

(2)女生比男生存在更多的决策困难。女生比男生更犹豫不决、预备性更差。从个体角度来解释，这是由女性群体的本身性格特质与生理特点决定的；从女性本身来说，往往将目光指向于适合自己性别特点的职业；从社会环境角度来解释，这是受传统的性别角色观念以及人们对不同性别的期望影响的。

(3)青少年是职业探索行为最为频繁的时期，在这一阶段他们的自我意识开始觉醒，开始意识到自己已经步入成年人的行列，并且在想象与现实中都不断地以成年人的角色来定位。职生涯业决策是判定职业成熟的一个最为关键的条件，而能否做出职业生涯决策的条件包括年龄、环境因素和职业选择的动机。

(三)职业生涯决策的困难来自决策阻力

1. 职业生涯决策中的阻碍

(1)与职业相关的阻碍。职业阻碍就是任何使人难以实现某一职业目标的障碍或挑战。它又分为外部阻碍和内部阻碍。

(2)个人出现决策困难，通常又分为以下两种情形。

① 职业生涯不确定(career indecision)：这是正常发展性的问题，通常只需要得到与自我、工作世界等相关的信息即可解决。

② 职业生涯犹豫(career indecisiveness)：这是由个人特质引起的，如个人偏好与社会期待有冲突、受到非理性生涯信念桎梏等。这一类问题需要较长时间个别的职业生涯辅导、心理咨询与治疗才能解决。

(3)“非理性信念”。这些不合理的信念主要表现为对自我、他人或环境的绝对化要求。

2. 职业生涯决策中的阻碍应对

(1)认知调节和心理咨询：当感到陷入困境无法做出决定时，试问自己下列问题。

① 我的假设是什么(态度)?

② 我的感觉是什么?

③ 为什么我总是重复这类行为(这样做我得到了什么好处)?

____

____

____

(2)放松训练：自己进行放松训练。

(3)积极的心理暗示：预演未来。自己对未来进行预演。

3. 职业生涯决策中要考虑的因素

在做职业生涯决策时，需要考虑三个方面的因素，包括个人因素、家庭因素和社会环境因素。

(1)个人因素

个人因素主要包括以下两点。

① 知识和信息。个体缺少决策经验、决策知识，缺乏决策程序和决策技巧的相关知识，以及缺乏行业信息等，都会限制个人职业生涯决策的制定。

② 个性特征方面的因素。这方面的因素包括意志薄弱、依赖他人、缺乏自信心、非理性信念的影响、动机冲突等。个人的职业选择很容易受到外界的影响和干扰。例如，自己喜欢做销售，而家人和朋友却说女孩子做销售不合适，不如当老师，当老师工作稳定还不用老往外跑。如果这时自己缺乏信心，而喜欢依赖别人，就容易改变自己的职业生涯决策。

(2)家庭因素

每个人都不是完全孤立的个体，我们和周围的家人、朋友有着千丝万缕的联系，这些联系往往会影响自己做出的每一个决定。此时，需要个人明确自己的界限，才能做出自己的决策。例如，什么时候需要自己独立决策，哪些方面要考虑家庭成员，有些事情是自己有能力、有义务去做的，有些事情是自己力所不及的。当阻力产生时，需要和家人、朋友之间进行良好的沟通。只有这样，才能让自己的职业生涯决策得到家人和朋友的认可和支持。

(3)社会环境因素

大学生在做职业生涯决策的时候，不仅要充分地考虑个人因素和家庭因素，还要考虑社会环境因素。社会环境因素一般包括经济、历史、政治、文化等，这些因素也会影响自己有效地做出职业生涯决策。

六、监控和调整决策的过程

1991 年，盖瑞·彼得森(Gary Peterson)、詹姆斯·桑普森(James Sampson)和罗伯特·里尔登(Robert Reardon)三人合著了《职业生涯开发和服务：一种认知的方法》(*Career Development and Services: A Cognitive Approach*)。在书中，他们提出一种新的思考职业生涯发展的新方法，并进行了详细阐述。这种新方法就是认知信息加工 cognitive information processing，CIP)方法。这一理论关注的是个人在职业生涯过程中如何使用信息进行职业生涯决策，如何解决职业生涯问题，对职业生涯规划过程中的知识领域完善、生涯决策改进、元认知技能改善有很强的指导作用。图 2-3 中元认知是对自身决策状态进行觉察、监督和调控。元认知中的三项重要技能如下。

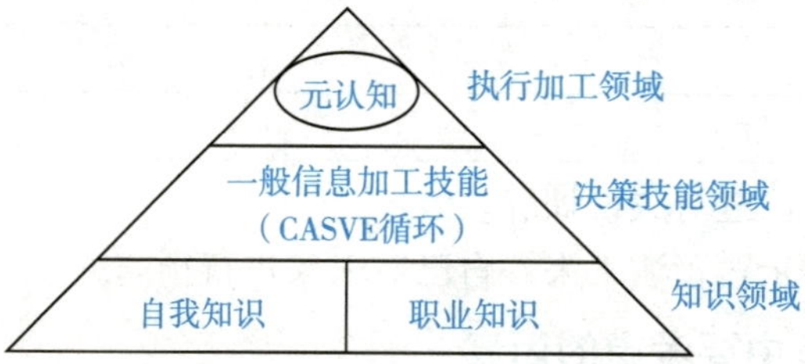

图 2-3 认知信息加工方法

(一)自我对话

自我对话既可以是积极的，也可以是消极的。假如你在接待室等候某公司的面试，在面试前，你心里会对自己怎么说？

(1)我英语这么差，好不容易得到面试机会，一会儿肯定要露馅儿了。

(2)旁边这个人是清华的，完了，我肯定比不上他。

(3)面试的人真多啊，完了，我肯定又白来了。

(4)我的专业和能力跟这个职位的要求很符合，我一定能行。

(5)想争取这个机会的人真不少，英雄所见略同，我一定要更用心地展现自己优势。

（二）自我觉察

自我觉察是指个体知道自己正在做什么和为什么做。在决策过程中，对自我的身心状态进行觉察非常重要，也有利于发现阻碍个体做出决策的因素，从而一一解决，如以下问题。

（1）我的身体有什么感觉？——精力十足、充满活力、累了、困了、饿了、头疼……

（2）我的心里有什么感受？——沮丧、紧张、焦虑、倦怠、生气、兴奋、开心……

（三）自我监控

自我监控是对自身和正在做的事情的进展状况进行思考和调控。个体能够监督自己完成决策过程的方式，控制自己分配给每个时期或阶段的时间，并及时调整自己的方式和策略。

（1）问题一：我在这场招聘会上投了 100 份简历却没有回应。你需要：对最感兴趣的几个职位进行调研，有针对性地制定简历，而不是海投简历。

（2）问题二：我希望去年薪 10 万元的公司，但发现自己的能力和条件总是不满足这样职位的需要。你需要：及时调整期望，设定自己能够达到的目标；或者挖掘自身潜在的能力和特点，让自己在求职过程中更加凸显。

任务二　职业生涯目标的确立

职业生涯目标是大学生职业生涯规划中的指南针，如果没有它，整个职业生涯将会迷失方向。但各种职业目标间的关系往往纷繁复杂，有时甚至互相矛盾，因此理清各职业目标间的关系，并对其进行分解与组合就尤为重要。同时，它也是实现职业生涯目标的必然前提和要求。每个人都是自己职业之船的船长，在起航前必须要明确这次远航中要达到哪几个目标，这样才能制订出航行计划，找出合理的航线，顺利到达目的地。这些目标的确立，对整个职业生涯之旅乃至整个人生都有着重要意义。

国家大学生就业服务平台

一、职业生涯目标的意义

（一）职业生涯目标是职业生涯之旅的方向标

职业目标代表着一个人职业发展每个阶段的最高成就。没有目标就等同于在大海航行中失去一切联络的孤舟，无法判断方向，只能随波逐流。人生如果没有目标，一生将碌碌无为，何谈事业和成就。所以制订适合自身的目标，就像是职业生涯航行途中的灯塔，给你指引正确的航向。

(二)职业生涯目标可以激励人的成长

职业生涯目标对人的成长有巨大的促进、激励作用。为了实现目标，每个人都需要自觉地进行各种准备和提升，包括知识、技术、能力等。它不仅能促进个人达到和实现目标，还能帮助个人真正了解自己的实力，并进一步评估内外环境的优劣，规划出各自合理、可行的职业生涯发展目标。

清晰而长远的职业生涯目标是个人职业发展的不竭动力和指路明灯，它激励着执行者克服困难、排除干扰和诱惑，向着正确的方向努力前进，直到成功地实现目标。

(三)职业生涯目标具有约束作用

人生目标，不仅是理性，同时也具有一定的约束。有约束才有超越；有约束才有自由；有约束才有发展。对于大学生来说，外面的世界很精彩，空间很广阔，但也有太多的诱惑、很多的陷阱，会让人迷失方向，会削弱人的斗志。所以，有所约束并不是坏事，有所得必有所失，合理取舍，终成大业。

当代大学生正处于新时代变革之中，每个人都应该早打算、早规划，树立明确的职业生涯目标，正确地认识自己，不断地提升自己的智力和能力，并有意识地努力创造有利条件，正确地把握人生方向，创造属于自己的美好人生。

二、职业生涯目标的分解

职业生涯目标分解是指按一定的标准，如时间、性质等，将职业生涯的长远目标分解为许多具体可操作的子目标的过程，如图 2-4 所示。

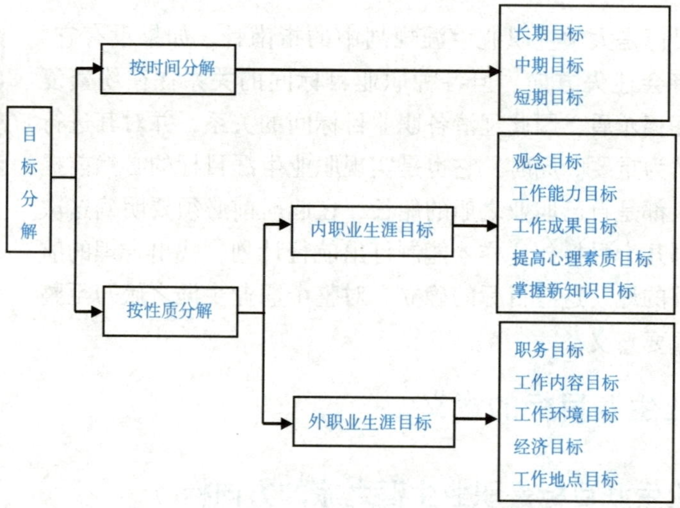

图 2-4　职业生涯目标的分解

(一)按时间分解

以时间为标准，可将职业生涯目标分解为：长期目标、中期目标与短期目标。短期目标表现为每月、每周、每日的行程安排及作息安排；中期目标一般为1～3年，表现为在短期目标实施的基础上，为达到自己的中期目标而制定的1～3内的规划；长期目标一般为5年以上，表现为在中、短期目标实施的基础上，为实现自己人生的终极目标而制定的战略性的长期职业规划。

(二)按性质分解

以性质为标准，可将职业生涯目标分解为：外职业生涯目标和内职业生涯目标。外职业生涯目标侧重于一些较客观的因素，它往往由环境所给予，而且很容易失去，包括工作内容目标、职务目标等；内职业生涯目标侧重一种个体的成就感与自我实现感，较为主观，它包括观念目标、工作成果目标等。

三、职业生涯目标设定的原则

职业生涯目标的设定应遵循“阶段性与动态调整相结合”的科学原则，既要保持总体方向的稳定性，又需根据环境变化和个人发展进行适时修正，制定目标时需掌握系统化的SMART原则。SMART原则由明确性(specific)、衡量性(measurable)、可完成性(attainable)、实际性(relevant)、时限性(time-bound)这五个英文单词的首字母大写组合而成。SMART原则不仅要求目标具备清晰的量化指标和完成节点，更强调将长期愿景分解为具体的里程碑式任务。

(1)目标必须是具体明确的。

(2)目标必须是可以衡量的。

(3)目标必须是可以达到的，有可操作性。

(4)目标必须和其他目标具有相关性现实。

(5)目标必须具有明确的截止期限。

目标制定的过程，也是能力不断增长的过程。大学生在不断制定和实施职业生涯中各个阶段性的目标的过程中，其能力和社会阅历也会一步步跟着提高。无论是制定团队目标还是个人的职业生涯目标都必须符合上述原则，SMART五个原则缺一不可。

1. 明确性

明确性就是要用具体的语言清楚地说明要达成的行为标准。明确的目标几乎是所有成功者的一致特点。很多失败者不成功的重要原因之一就是目标定得模棱两可，或没有实现目标的有效计划。

2. 衡量性

衡量性是指目标应该是明确的，而不是模糊的。作为衡量是否达成目标的依据，必须有一组明确的数据。如果制定的目标没有办法衡量，就无法判断这个目标是否实现。

3. 可完成性

完成性包含两方面的含义：一是目标必须是合理的，是在个人的控制范围之内；二是目标必须具有一定的挑战性，执行者通过一定的努力来提高目前的能力才能够完成。

如果目标制定得太高，怎么努力也不能实现，结果不但一事无成，还打击了自信心；如果目标定低了，很容易就能达到，那就没有成绩感，结果一直没有长进，还可能助长狂妄的坏脾气。因此制定目标要恰到好处。

4. 实际性

目标的实际性是指在现实条件(自身条件与环境条件)下是否可行、可操作。要把自己的目标与公司的目标、部门的目标协调起来，才能获得“双赢”。反之，个人目标与企业目标背离，就无法实现自己的目标，企业也不可能长期用你。因此应避免由于制定的目标不切实际而失败。

5. 时限性

时限性是指目标是有时间限制的。在制定目标的时候，必须规定起始时间和完成时间。没有时间限制的目标是无法考核的，也会让执行者失去紧迫感，从而降低积极性，使目标的实现一拖再拖。

总之，无论是制定职业生涯中哪一阶段的目标，都要符合上述原则。制定的过程就是能力提升的过程，完成计划的过程也就是对自己能力历练的过程。

项 目 小 结

本项目主要介绍了职业生涯决策与职业生涯目标的相关知识，首先讲解了职业生涯决策的基本知识；其次介绍了职业生涯目标的确立。通过本项目的学习，学生可以正确认识自身的个性特质、现有与潜在的资源优势，重新对自己的价值进行定位并使其持续增值，有助于学生树立明确的职业发展目标与职业理想，从而在职业生涯中更有方向感和动力。

项 目 习 题

1. 请结合自身情况，进行个人职业生涯发展的 SWOT 分析。

2. 假设你正面临毕业后是否留在大城市发展的决策，请你列出至少五个影响你决策的因素(如个人发展机会、生活成本、家庭期望等)，并使用决策平衡单对每个因素进行权重分配和打分，最后根据总分做出决策。

3. 请结合你个人的实际情况，选择一个你当前面临的重要决策(如职业选择、深造方向等)，综合运用决策平衡单和 SMART 原则进行分析和规划。说明你是如何权衡不同因素的，以及你制定的具体的、可衡量的、可实现的、相关的、时限的目标是什么？

项目三

职业生涯规划与实施

项目导读

职业生涯是一个人在其工作生涯中所经历的一系列职业选择、成长和发展的历程。这个过程包括了个体从刚踏入职场起，一直到退休或职业生涯终结时所面临的一切职业决策和经历。职业生涯规划是一个动态的过程，随着时间的推移可能会发生变化。成功的职业生涯规划需要不断适应变化的职业环境、个人目标和外部因素。大学是一个人职业发展的关键时期，决定了他们未来的职业道路和成功与否。本项目主要介绍职业生涯规划与实施的相关内容。

学习目标

知识目标

- 了解职业生涯规划的概念和分类。
- 了解职业生涯规划的基本理论。
- 掌握职业生涯规划的原则和步骤。

技能目标

- 通过实习、实践和网络资源等积累职业经验。
- 掌握职业生涯规划的步骤。

素质目标

- 培养学生主动探索不同职业领域的能力。
- 培养学生职业生涯发展意识。

思政目标

- 引导学生树立正确的世界观、人生观和价值观，使其能够正确把握时代潮流，理解社会政治形势，从而在职业生涯中做出正确的决策。
- 引导学生积极参与社会事务并提供积极的建议和帮助，增强学生社会责任意识，为社会进步做出贡献。

案例导入

四只毛毛虫的故事

有四只毛毛虫，都长大了，各自去森林里找苹果吃。

第一只毛毛虫跋山涉水，终于来到一棵苹果树下。它根本就不知道这是一棵苹果树，也不知树上长满了红红的苹果。当它看到其他的毛毛虫往上爬时，就稀里糊涂地跟着往上爬，没有目的，不知终点，更不知自己究竟想要哪一种苹果，也没想过怎么样去摘取苹果。它的结局呢？可能找到了一个大苹果，幸福地生活着；也可能在树叶中迷了路，过着凄凉的生活。不过可以确定的是，大部分毛毛虫都是这样生活的，没想过什么是生命的意义，为什么而活着。这是只毫无目标、一生盲目、没有自己人生规划的糊涂虫，不知道自己想要什么。

第二只毛毛虫也爬到了苹果树下。它知道这是一棵苹果树，也确定它的“虫”生目标就是找到一个大苹果，问题是它并不知道大苹果会长在什么地方。但它认真揣摩：大苹果理应长在大枝叶上吧！于是它就慢慢地往上爬，遇到分枝的时候，就选择较粗的树枝继续爬。于是，它就按这个标准一直往上爬，终于找到了一个大苹果，这只毛毛虫刚想扑上去大吃一顿，但是放眼一看，才察觉这个大苹果是树上最小的一个，上面还有大量更大的苹果。更令它泄气的是，要是上一次它选择另外一个分枝，它就能得到一个更大的苹果。这只毛毛虫虽然知道自己想要什么，但是它不知道该怎么去得到苹果，在自以为正确的指引下，它做出了一些看似正确却使它逐渐远离大苹果的选择。而曾几何时，正确的选择离它是那么近。

第三只毛毛虫也到了一棵苹果树下。这只毛毛虫知道自己想要的就是大苹果，并且研制了一副望远镜。它在还没有开始爬时就先利用望远镜搜寻了一番，并找到了一个很大的苹果。同时，它察觉到，当从下往上找路时，会遇到好多分枝，会有各种不同的爬法。但若从上往下找路时却只有一种爬法。它很细心地从苹果的位置，由上往下反推至目前所处的位置，记录下这条路径。于是，它开始往上爬，当遇到分枝时，它一点也不恐慌，因为它知道该走哪条路，而不必跟着一大堆毛毛虫去挤破头。按理说，这只毛毛虫应该会有一个很好的结局，因为它已有自己的目标。但是真实的处境却是，由于毛毛虫爬行得相当缓慢，当它抵达时，苹果不是被别的虫捷足先登，就是苹果已熟透而烂掉了。这只毛毛虫虽然有非常清晰的职业规划，也总是能做出正确的选择，但是，它的目标过于远大，而自己的行动过于缓慢，成功对它来说已是明日黄花，机遇不等人。同样，我们的人生也极其有限，单凭个人的力气，也许一生勤奋也未必能找到自己的苹果。

如果制订一个适合的计划，并且充分借助外界的力量，如许多的望远镜，可能第三只毛毛虫的命运会好很多。第四只毛毛虫可不是一只普通的虫，它做事有自己的规划，它知道自己要什么样的苹果，也知道苹果将怎么长大。因此当它带着望远镜查看苹果时，它的目标并不是一个大苹果，而是一朵含苞待放的苹果花。它计算着自己的行程，估算着当它到达的时候，这朵花正好长成一个成熟的大苹果，它就能得到自己合意的苹果。结果它如愿以偿，得到了一个又大又甜的苹果，从此过着幸福快乐的日子。这只毛毛虫不仅知道自己需要什么，而且知道如何去得到自己心仪的苹果，以及得到苹果理应需要什么条件，然后制订清晰实际的计划，在望远镜的指引下，它一步步实现着自己的梦想。

其实，人生就如同毛毛虫，而苹果就是人生目标——职业成功，爬树的过程就是职业生涯的道路。毕业后，大学生都得爬上人生这棵苹果树去探索未来，完全没有规划的职业生涯注定是要失败的。现代社会，规划决定命运。有什么样的规划就有什么样的人生。人们的时间非常有限，越早规划人生，就能越早成功。想要得到自己喜爱的苹果，想要改变自己的人生，就先从改变自己开始，做好自己的职业生涯规划，做第四只毛毛虫。

任务一 职业生涯规划概述

为了让自己的一生过得更有意义，每个人都应该制定自己的职业生涯规划，特别是对于年轻的大学生而言，他们正处于职业生涯的探索阶段，职业生涯规划对其职业选择及职业生涯发展有着十分重要的意义。

一、职业生涯规划的概念

高校毕业生就业政策

(一)职业

职业一词中的“职”的原意是职位的意思，“业”的原意是事业、事情的意思。职业是指人们从事的相对稳定、有收入、专门类别的工作，是对人们的经济状况、文化水平、行为模式、生活方式以及思想情操的综合反映，是指参与社会分工，利用专门的知识和技能创造物质财富和精神财富并获得利益回报且满足物质生活和精神生活需要的活动。职业不同于工作，更侧重于一种事业，是个人在社会上的特定职位，反映了个人与社会两个方面的内容，是个人与社会互动的范畴，如教师、医生、公务员等。

职业主要包含以下几个方面的含义。

(1)与人类的需求和职业结构相关，强调社会分工。

(2)与职业的内在属性相关，强调利用专门的知识和技能。

(3)与社会伦理相关，强调创造物质财富和精神财富，获得合理报酬。

(4)与个人生活相关，强调物质生活来源，并满足精神生活。

职业对人生具有重要意义，它影响着人们的收益、生活质量、发展前途以及社会地位等。

(二)生涯

生涯一词在我国最早见于《庄子》，即“吾生也有涯，而知也无涯”，生为生命，涯为边际。在西方人的概念中，使用“生涯”一词就如同在马场上驰骋竞技，隐含有未知、冒险等精神。大多数西方学者所接受的生涯的定义是舒伯的观点：生涯是生活中各种事件的演进方向与历程，统合了个人一生中各种职业与生活角色，由此表现出个人独特的自我发展形态。

生涯是人生自青春期到退休之后，连续担任有酬或无酬职位的综合，除了职位外，还包括任何与工作有关的角色，如副业、家庭和公民的角色等。生涯的定义相比工作和职业宽泛很多，除了工作和职业外，它还涵盖了人一生所从事的各种活动的集合。人的一生扮演着不同的角色，如子女、学生、公民、休闲者等，不同社会角色的组合就形成了人的“生活风格”，这样的发展过程就构成了“生涯”。

生涯有广义和狭义之分，广义的生涯是指社会个体在其整个生命活动时空中所经历的、以接受教育(培训)与职业转换为主轴的一切活动的总和。狭义的生涯既可以指社会个体在其某一段生命活动的时空里所经历的以教育(培训)与职业转换为主轴的一切活动的总和，也可以指社会个体在其某一生命活动的时空里所经历的以非教育(培训)与职业转换为主轴的一切活动的总和。

生涯大致可以从以下几个方面理解。

(1)生涯是不断选择和创造的。生涯是一个人的愿望和可能性之间、理想与现实之间妥协和权衡的产物，是一个不断连续选择的结果。

(2)生涯是终身发展和连续的。生涯不是某一特定工作或者职责的时间段，本质上是持续一生的过程。生涯发展是一生中连续不断的过程，是一个需要终身学习、终身发展的过程。

(3)生涯是独特的和有目的的。生涯因个人的动机、抱负和目标而形成与发展，反映了个人的价值观和信念。生涯是个人依据其人生规划与人生目标，为自我实现而开展的独特的生命历程，不同的个体具有不同的生涯历程。

(4)生涯是多角色交互的综合体。生涯不仅是一个人的“职业”或者“工作”，还包含了个人的生活风格，即同时期所有的生活角色交互作用，如家长、配偶、持家者、学生以及人们整合与安排这些角色的方式。

活动

晨晨的生命线

我们每个人的生命历程都像一条不断延伸的路线，通向我们未来的人生，这就是我们的生命线。生命线的长度代表着你生命的长度，你设想过自己的生命长度和人生走向吗？下面来做一个活动，画出晨晨人生的路线图，如图 3-1 所示。

晨晨的生命线

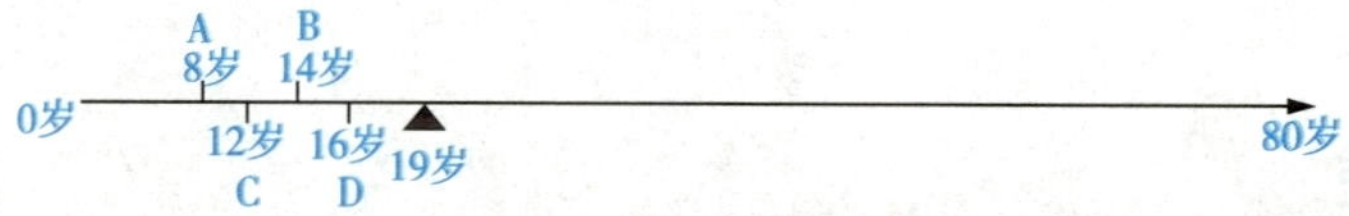

图 3-1　晨晨的生命线

步骤1：画出道路。请拿出一张白纸，在纸的中央自左向右画一条直线，并在最右边加上一个箭头，在直线的最左边标记上0岁，最右边标上你为自己预估的生命终止的年龄。请根据你规划的生命长度，找到你目前年龄所在的那个点，并标记在线上。

步骤2：回顾过去。请你在脑海中搜索过往的岁月中对你自己有重要影响的两到三件事或两到三个人，并在直线上标记出来。如果某件事或某个人让你觉得快乐，请在生命线具体岁数上方用红笔标记下来。如果某件事或某个人给你带来了伤痛或打击，你就在生命线具体岁数下方，用黑笔标记下来。

步骤3：规划未来。请你再次闭上眼睛憧憬未来，在生命线的未来段中标注自己将来最希望实现的三个愿望，同样用红黑两色区分心情。

步骤4：交流分享。交流内容有：自己生命的终点预设在什么时候；过去最重要的三件事对自己的影响；如此清晰看到自己的生命剩余数值的感想；怎样才能实现自己未来的三个愿望；画完生命线的思考和收获。

活动总结：生命线只有一条，而且它时时刻刻在你毫无觉察的时候静悄悄地行进着。你在生命线上的圆点伴随着你的心脏律动，不停地上下跳动着奔向人生的终点。别总盯着树上最丰盈的果子，专心致志地做好你最感兴趣的那件事。

如果你有兴趣，不妨过上个三年五载，再用10分钟时间把这个活动做一遍。把以前做的生命线找出来，比照着看看，也许会有碰撞和修正。

（三）职业生涯

职业生涯是指个体从正式进入职场开始直到退出职场这段时间内与工作有关的经历、态度、需求、行为等，是一个人的终身职业经历。一个人一生中连续从事的职业，它不仅包括过去、现在和未来那些可以实际观察到的职业发展过程，而且还包括个人对职业生涯发展的见解和期望。职业生涯是人一生中最重要的历程，是追求自我实现的重要人生阶段，对人生价值起着决定性作用。同时，职业生涯又是一个动态的过程，是一个人在职业岗位上所度过的、与工作活动相关的连续经历。不论职位高低、成功与否，每个工作着的人都有自己的职业生涯。

个人的职业生涯是一个漫长的过程。他可能遵循传统，一生只从事一种职业，持续而稳定地在此职业岗位上晋升、增值；也可能由于个人兴趣、能力、价值观以及工作环境的变化而经历不同的岗位、职业甚至行业。

（四）职业生涯规划

职业生涯规划又叫职业生涯设计，是指结合自身条件和现实环境，确立自己的职业目标，选择职业道路，制订相应的培训、教育和工作计划，并按照职业生涯的发展阶段采取具体的行动以达到目标。

职业生涯规划是针对个人职业选择的主观和客观因素进行分析和测定，确定个人的奋斗目标并努力实现这一目标的过程。对年轻人而言，职业选择是否适当，将影响其将来事业的成败以及一生的幸福；对社会而言，个人择业是否适当，能决定社会人力供需是否平衡。但是，很多毕业生并不能正确、客观地评价自己，不能正确地分析自己的职业兴趣、职业能力和职业性格，因此，他们在求职的过程中经常碰壁，即使找到工作，也可能发现这份工作根本不适合自己，不久还要重新进入求职的过程。因此，大学生应高度重视职业生涯的规划、准备和发展，实施科学的生涯规划。

二、职业生涯规划的分类和内容

(一) 职业生涯规划的分类

职业生涯规划可分为内职业生涯规划和外职业生涯规划，见表 3-1。

表 3-1　内外职业生涯规划比较

职业生涯规划	概念及区别	相互关系
内职业生涯规划	从事一项职业时所需具备的知识、观念、心理素质、经验、能力、身体健康等因素的组合及其变化过程	内职业生涯是外职业生涯发展的前提，它带动外职业生涯的发展
外职业生涯规划	从事职业时的工作单位、工作地点、工作内容、工作职务与职称、工作环境、工资待遇等因素的组合及其变化过程	外职业生涯的发展也能拉动和促进内职业生涯的发展

内职业生涯的发展，以外职业生涯的发展或成果为展示；内职业生涯的匮乏，以外职业生涯的停滞或失败来呈现。内职业生涯的因素由自己探索、获得，并且不随外职业生涯因素的改变而丧失。内职业生涯略超前时舒心，超前较多时烦心，超前太多时要变心。

外职业生涯依赖于内职业生涯的发展而拓展，外职业生涯的因素通常由别人决定、给予，也容易被别人否定、剥夺；外职业生涯略超前时有动力，超前较多时有压力，超前太多时有毁灭力。

职业生涯规划使人审时度势，安排好未来。有目标，生活才不盲目；有追求，生活才有动力。设计自己的职业生涯，就是将理想转化为现实。一个人的事业究竟应向哪个方向发展，可以通过制定职业生涯规划来明确，也就是说，个人对今后所要从事的职业、承担的工作职责和工作职位等一系列发展道路做出设想和计划。个体职业生涯规划与其所处的家庭以及社会存在密切的关系。

(二) 职业生涯规划的内容

职业生涯的发展是一个过程，它是随着个体对职业生涯认知的深入和对自我的再认识，在职业生涯规划大目标确认以后，对具体的行为进行评价和调整的过程。因此，职业生涯规划一般包括自我分析、目标设定、策略制定、反馈与修正四方面的内容。

1. 自我分析

自我分析是指全面、深入、客观地分析和了解自己的过程，包括对个性的分析、对能力的分析及对自我角色与地位的分析等。

2. 目标设定

目标设定是指在自我分析与定位的基础上设立明确的职业目标，这个目标是建立在自我分析基础上，与自己的能力相匹配的。

3. 策略制定

策略制定是指为了争取职业目标的实现，而制定的各种积极的具体行动与措施。

4. 反馈与修正

反馈与修正是指在实现职业生涯目标的过程中，根据实际情况自觉地总结经验和教训，修正对自我的认知和对最终职业目标的界定。

三、职业生涯规划的作用

职业生涯规划在个人的职业决策过程中必不可少，它有助于个人更准确地认识自己，设定自己的人生目标，平衡家庭与朋友、工作与个人爱好之间的需求。

(一) 职业生涯规划能够帮助个人确定职业发展的目标和方向

职业规划能帮助一个人全面、客观地认识自己，了解自己的特点和兴趣，评估自己的能力、优势和不足；能够使一个人客观分析环境，了解环境需求，把握发展机遇。在设计和规划过程中，通过对客观环境的分析，明确自我职业发展的方向，正确选择职业目标，并运用适当的方法，采取有效的措施，克服职业生涯发展中的困难和障碍，使自己的才能得到充分发挥，从而获得职业上的成功，实现人生的理想。

(二) 职业生涯规划能够鞭策个人努力工作

从某种意义上讲，职业生涯规划是为自己树立了一个灯塔，唯有朝着明确的目标才能奋勇航行。当你一步步实现这些目标和规划时，成功和自豪感会油然而生，这种激励情感会进一步促进自己向更高的目标前进。同时，自己的思维方式和工作方式，也会随着经验的积累而不断完善和发展。

(三) 职业生涯规划有助于个人抓住重点

日常工作忙碌繁杂，没有制定职业生涯规划的人很容易陷入其中，看不清周围环境的变化，迷失了目标与方向。职业生涯规划的一个重要作用就是促进合理安排日常工作，评价工作的轻重缓急，抓住工作重点。一个人要想成就一份事业 ，只有树立了明确的目标，抓住了工作重点，才会有意识地为工作重点下最大的功夫，以此增加成功的概率。

(四) 职业生涯规划能够激发个人潜能

职业生涯规划帮助规划者集中精力、全神贯注地在优势方面发挥才能，避免因无关紧要的小事消耗过多的精力。一个人的潜能是无限的，需要充分地去挖掘，唯有善于激发个人潜能，才会努力学习从而使能力得到锻炼和提高。

(五)职业生涯规划能够有效协调事业发展与家庭生活

良好的职业生涯规划可以帮助规划者从更高的角度看待职业生活中的各种问题和选择，将各个分离的时间结合在一起，相互联系起来，共同服务于职业生涯发展目标，使职业生活更加充实和富有成效。同时帮助规划者综合考虑职业生活同个人追求、家庭目标等其他生活目标的平衡，避免顾此失彼。

四、职业生涯规划对大学生就业的意义

(一)有利于大学生全面地认识自我，准确地自我定位

职业生涯规划中的自我测评就是自我认知的过程，学生可通过霍兰德职业倾向测验以及与职业倾向有关的量表等测评工具，结合自评、他评以及心理测量发现和确定自己的职业兴趣与能力特长，令择业意识从“我想干什么”的幻想型，转变到“我能干什么”的现实型，对自己的优劣势进行对比分析，根据自身定位选择恰当的职业目标。

(二)有利于大学生明确职业目标，及早制定规划

大学生在了解自我之后，就对自己的优势、劣势、想要什么、能做什么有一个逐步清晰的认识。这是个艰难复杂的目标明确过程，但是目标一旦确立，就可以制定相应的短期规划、中期规划和长期规划，并不断地在学习与实践中调整计划，使目标更加清晰，更有动力。

(三)有利于提高大学生的职业素养

随着各种竞争机制日趋完善以及行业竞争急剧升温，社会对职业素养的要求更为严格甚至苛刻，大学生在毕业走上社会岗位前所形成的职业素养，往往成为决定求职成败的关键，也直接决定着大学生能否胜任甚至出色地完成今后的工作任务。

(四)有利于大学生树立科学的就业择业观

职业生涯在人的一生中占有极为重要的地位，职业生涯成功与否直接影响人生价值能否充分得到实现。大学期间进行职业生涯规划，进行自我分析、环境分析、行业分析和职业定位，可以使大学生合理地确定自己的职业期望值，用长远的战略眼光审时度势，选择适合自己发展的职业，从而避免盲目择业、频繁跳槽。

科学合理的职业生涯规划是每个大学生就业前的必要工作，学生应尽早认识自我、确立目标、增强动力、发掘潜能、提高核心竞争力，迈好人生职业道路的第一步。

五、职业生涯规划的影响因素

职业生涯规划首先要选择职业道路，进而要考虑能否获得成功、成就能有多大。人们的职业道路选择、职业发展和事业成功，受到个人、家庭与社会等多方面的影响。总体来看，影响职业生涯成功的因素包括以下几个方面。

(一)教育背景

教育是赋予个人才能、塑造个人人格、促进个人发展的社会活动。它奠定了人的基本素质，对人的职业生涯有着巨大的影响。

1. 不同的受教育程度对职业生涯规划的影响不同

不同受教育程度的人，在进行个人职业选择与被选择时，具有不同的能量，这关系着他职业生涯的开端与适应期是否良好，还关系着他以后的发展、晋升方面是否顺利。从一般规律看，一个人所接受的教育水平越高，其职业生涯就越可能成功。有较高教育水平的人，在就业以后一般都有较大的发展，即使他们的工作不尽如人意，但其工作调动的能力与动机较强，常常能够使自己的状况越变越好。

2. 个人所学专业影响职业生涯规划

人们所学的专业对其职业生涯往往有决定性的影响，往往成为其职业生涯的前半部分乃至一生的职业类别。即使人们转换职业，也往往与其所学的专业有一定联系；或者以所学的专业理论、知识、技能为基础，晋升到更高层次的职业岗位上。例如，从机械专业的技术员、工程师晋升为机械厂的总工程师，而后又成为厂长。因此，复合型人才、专业水平和应用技能(如外语、计算机)俱佳者，往往能够得到较多的机会，在职业生涯发展中居于主动态势。如果一个人学习的是属于朝阳行业的专业，目前与未来的机遇都会更多。

(二)家庭影响

家庭是人生活的重要场所，也是造就个人的素质以及影响其职业生涯的主要因素之一。人的社会化，从出生的一瞬间就已开始。一个人在幼年时期，就开始受到家庭的深刻影响，长期潜移默化的结果，会使人形成一定的价值观和行为模式。许多人还会受到家人的教诲和各种影响，自觉或不自觉地习得某些职业知识和技能。因此，有的教育专家认为，“家长是孩子做人的第一任老师，家庭是孩子生活的第一所学校”。这种价值观、行为模式、职业知识和技能的习得，从根本上影响着一个人的职业理想和职业目标，影响其职业选择的方向、种类，决定其选择的冒险与妥协程度、对职业岗位的态度、工作中的种种行为和表现等。“子承父业”正说明了家庭对于个人职业生涯的多方面影响。

此外，一个人的家庭成员在其择业和就业后的调动上，往往会给予其一定的帮助。这也会对个人的职业生涯产生巨大影响。

(三)个人的心理需求与动机

同样的工作、同样的职业，对于不同的人有着不同的价值。同一个人对不同的职业有着不同的态度和抉择。人们在就业时出于对不同职业的评价和价值取向，要从社会众多的职业中选择其一，就业后也要从若干种个人发展机会中进一步做出职业生涯的调整，从而使自身尽量获得好的归宿，取得他人与社会的认可，进而获得自己的成功。为了达到自己的目标，为了取得成功，人们就要付出各种努力，包括做出一定的牺牲。

人们出于自己的主客观条件，在不同的年龄阶段、不同的阅历，特别是不同职业经历状况等情况下，在职业生涯的选择和调整方面，都会有不同的心理需求与动机。就一般情况而言，人在年轻时意气风发，成功的目标和择业的标准都较高。成年后，特别是人过中年，就越来越现实。因为不论是一般的劳动者，还是事业上有成就的人，在有了相当多的职业实践和各种阅历以后，都更容易看到社会环境的约束，其成功的目标和择业、转业的标准会变得非常实际。尽管如此，个人需求与动机，以及由此导致的职业行为，仍然是影响个人职业生涯发展极其重要的动力因素。

（四）机会

机会是一种随机出现、具有偶然性的事物。这种机会，既包括社会各种就业岗位对于一个人展示的随机性岗位的可能性，也包括能够给一个人提供个人发展、向上晋升的职业环境。例如，普通二本院校安全工程专业的本科生，正好遇到某知名企业高薪招聘。机遇好，职业生涯步入正轨，成功的概率就大，波折、挫折就很小。

机会具有偶然性，人不能消极等待机会。素质与机会有着一定的联系。机会本身是客观存在的，个人的高素质、能动性能使他能够寻求新的发展机会，开拓和创造出许多机会。许多事业上的成功者，通常不是依赖社会给予他的机会或者家庭、亲友、师长给予的帮助，而是在社会中探索，在社会留给个人的广阔空间中创业，主动寻求自己的位置，按照自己的意图成就了事业。

（五）社会环境

社会环境，首先是指社会政治经济形势、涉及人们职业权利方面的管理体制、社会文化与习俗、职业的社会评价等大环境。这些大环境因素决定着社会职业岗位的数量与结构，决定着社会职业岗位出现的随机性与波动性，从而决定了人们对不同职业的认定和步入职业生涯、调整职业生涯的决策。进一步说，社会环境决定着社会职业结构的变迁，从而也决定了人的职业生涯的变动规律性。

另外，社会环境还指个人所处的学校、社区、工作单位、家族关系、个人交际圈子等小环境。这些小环境因素决定着一个人具体活动的范围、内容和限制，从而也决定了人的职业生涯的具体际遇的好坏，诸如职业选择得合理不合理、该职业有没有发展前途、自己所在的工作单位是不是有利于自身的发展等。

我们要辩证地分析环境的影响。一般来说，人们不仅要运用好现有的环境和注意发掘环境中的有利因素，而且要善于创造新的、好的环境，还要辩证地对待不良环境，通过与不良环境的斗争，塑造自身的强者素质，从而开拓未来，创造发展之路。当然，良好的环境、优越的条件，既可能有助于人们职业生涯的发展，也可能使人产生惰性、封闭性、依赖性和脆弱性。很多富家子弟一生不学无术、一事无成，就是顺境毁人的例子。世界上诸多的成功者，例如娃哈哈之父宗庆后、玻璃大王曹德旺等，都有着出身困苦、从小做起、奋力拼搏的成功经历，这正是环境提高素质、造就人才、促进成功的积极作用的写照。

任务二 职业生涯规划基本理论

职业生涯规划起源于20世纪初的西方国家，是经济发展、职业分化、技术进步、经济周期波动而产生失业问题并带来一系列社会矛盾后，社会为解决就业问题而做出努力的产物。自20世纪80年代以来，随着我国经济建设和科学技术的飞速发展，新兴的职业快速更替，劳动力市场竞争日趋激烈，大学生的就业压力不断增长。西方学者提出的职业生涯规划的概念逐渐被人们所接受。通过近百年的不断发展，从职业指导到职业生涯辅导再到生涯辅导的转变，形成了许多重要的基本理论。

一、帕森斯的“特质-因素”理论

美国波士顿大学教授弗兰克·帕森斯(Frank Parsons)提出的“特质-因素”理论又称帕森斯的人-职匹配理论，是最早的职业辅导理论。1909年，美国波士顿大学教授弗兰克·帕森斯在其《选择一个职业》的著作中提出了“人与职业相匹配是职业选择的焦点”的观点，他认为，个人都有自己独特的人格模式，每种人格模式的个人都有与其相适应的职业类型。

所谓“特质”，就是指个人的人格特征，包括能力倾向、兴趣、价值观和人格等，这些都可以通过心理测量工具来加以评量。

所谓“因素”，则是指在工作上要取得成功所必须具备的条件或资格，这可以通过对工作的分析而了解。

人-职匹配分为下述两种类型。

(一)特质匹配(人找活)

特质匹配(人找活)类型：例如，具有敏感、易动感情、不守常规、个性强、理想主义等人格特性的人，宜于从事审美性、自我情感表达的艺术创作类型的职业。

(二)因素匹配(活找人)

因素匹配(活找人)类型：例如，要求有专门技术和专业知识的职业，需要与掌握该种技能和专业知识的择业者相匹配；而一些体力活较多的职业，需要有吃苦耐劳、体格健壮的劳动者与之匹配。

该理论也有其局限性：其一，按照帕森斯“特质-因素”理论的观点，社会上不同的职业都具有不同的因素，它们要求工作人员都具有一定的个人特质。在长期的实践中，人们发现，尽管一些职业的录用标准得以确定，心理测量的工具日臻完善，技术水平不断提高，但因职业种类繁多，并且职业发展演化迅速，难以确定各种职业所需要的个人特质。其二，心理测量工具的信度和效度也不能尽如人意，受多种因素的影响，以此为基准的人-职匹配过于客观化，而对人本身的诸如态度、期望、人格、价值观等择业主体的主观因素重视不够，这样的人-职匹配是粗疏的，尤其是毕业生在择业环节上完全实现人

-职匹配更是难以实现。另外，理论中的静态观点和现代社会的职业变动规律不相吻合，它只是强调了什么样的个人特质适合做什么工作，却忽视了社会因素对职业设计的影响和制约作用。而且就目前我国的毕业生来说，由于受应试教育及统一培养模式的影响，个人特质不明显、个性不突出，同时社会发展也还未达到人-职匹配的要求。

“特质-因素”理论强调个人所具有的特性与职业所需要的素质与技能(因素)之间的协调和匹配。为了对个体的特性进行深入详细的了解与掌握，“特质-因素”理论十分重视人才测评的作用。可以说，“特质-因素”理论进行职业指导是以对人的特性的测评为基本前提的。它首先提出了在职业决策中进行人-职匹配的思想。故这一理论奠定了人才测评理论的理论基础，推动了人才测评在职业选拔与指导中的运用和发展。

二、金斯伯格的职业选择阶段理论

美国著名职业指导专家金斯伯格(Ginzberg)对职业生涯的发展进行过长期研究，他的研究理论对实践产生了广泛影响。金斯伯格的职业发展理论分为幻想期、尝试期和现实期。

(一)幻想期

11 岁之前的儿童对大千世界，特别是对于他们所看到或接触到的各类职业工作者充满了新奇。此时期职业需求的特点是：单纯凭自己的兴趣爱好，不考虑自身的条件、能力水平和社会需要与机遇，完全处于幻想之中。

(二)尝试期

11～17 岁，这是由少年儿童向青年过渡的时期。此时期，人的心理和生理在迅速成长发育和变化，人开始有独立的意识，价值观念开始形成，知识和能力显著增长和增强，初步懂得社会生产和生活的经验。这个时期的人在职业需求上呈现出的特点是：有职业兴趣，但不仅限于此，更多客观地审视自身各方面的条件和能力；开始注意职业角色的社会地位、社会意义，以及社会对该职业的需要。

(三)现实期

17 岁以后的青年阶段，即将步入社会劳动，能够客观地把自己的职业愿望或要求同自己的主观条件、能力以及社会现实的职业需要紧密联系和协调起来，寻找适合自己的职业角色。此时期的人所希需的职业不再模糊不清，而是有具体的、现实的职业目标，表现出的最大特点是客观、现实、讲求实际。

金斯伯格的职业发展论，事实上是前期职业生涯发展的不同阶段，也就是说，是初就业前人们职业意识或职业追求的变化发展过程。

三、舒伯的职业生涯发展理论

舒伯(Super)是美国有代表性的职业管理学家。他把人的职业发展划分为五个阶段，如图 3-2 所示。

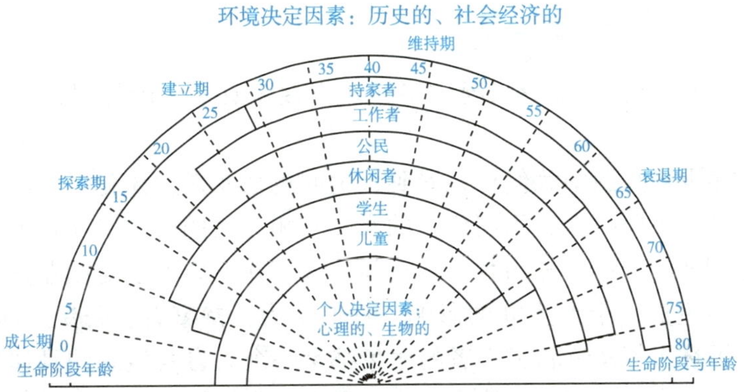

图 3-2　舒伯的生涯彩虹图

(一)成长阶段(0～14 岁)

成长阶段经历对职业从好奇、幻想到感兴趣，再到有意识培养职业能力的逐步成长过程。舒伯将这一阶段具体分为三个成长期。

(1)幻想期(10 岁之前)：儿童从外界感知到许多职业，对于自己觉得好玩和喜爱的职业充满幻想并进行模仿。

(2)兴趣期(11～12 岁)：以兴趣为中心，理解、评价职业，开始做职业选择。

(3)能力期(13～14 岁)：开始考虑自身条件与喜爱的职业是否相符，有意识地进行能力培养。

(二)探索阶段(15～24 岁)

探索阶段经历择业、初就业过程。这个阶段可分为三个时期。

(1)试验期(15～17 岁)：综合认识和考虑自己的兴趣、能力与职业社会价值、就业机会，开始进行择业尝试。

(2)过渡期(18～21 岁)：进入劳动力市场，或者进行专门的职业培训。

(3)尝试期(22～24 岁)：选定工作领域，开始从事某种职业。

(三)建立阶段(25～44 岁)

建立阶段是建立稳定职业的阶段，可分为两个时期。

(1)尝试期(25～30 岁)：对初就业选定的职业不满意，再选择、变换职业。变换次数因人而异，也可能满意初选职业而无变换。

(2)稳定期(31～44 岁)：最终职业确定，开始致力于稳定工作。

(四)维持阶段(45～64 岁)

在 45～64 岁这一长时间段内，劳动者一般会达到常言所说的“功成名就”的情景，已不再考虑变换职业工作，只力求维持已取得的成就和社会地位。

（五）衰退阶段（65 岁以上）

人达到 65 岁以上，其健康状况和工作能力逐步衰退，即将退出工作，结束职业生涯。

从舒伯的生涯彩虹图中我们可以看到，生涯规划变得立体化了，以多层次的视角看到在个人发展中不同时期、不同角色的意义和相互间的影响。从长度上看，它包括了一个人从生到死的全部生命历程；从空间上看，并不局限于对职业角色的关注，同样重视非职业角色对一个人生涯的影响。舒伯认为，持家者、公民、休闲者、学生、子女、配偶、退休者等角色和工作者的角色都是一个人自我概念的具体表现。这里的自我概念指个人对自己在兴趣、能力、价值观以及人格特征等方面的认识，是个人生涯发展历程的核心。各种角色之间是相互作用的，一个角色的成功，特别是早期的角色如果发展得比较好，将会为其他角色提供良好的关系基础。但是，在一个角色上投入过多的精力，而没有平衡协调各角色关系，则会导致其他角色的失败。

在每一个阶段对每一个角色投入程度可以用所涂颜色来表示，颜色面积越多表示对该角色投入的程度越多，空白越多表示对该角色投入的程度越少。生涯彩虹图的作用主要是对自身未来的各阶段如何调配做出各种角色的计划和安排，使人成为自己的生涯设计师。

案例

我的生涯彩虹图

图 3-3 是某人为自己所勾画的生涯彩虹图。半圆形最下面一层儿童的角色在 5 岁以前是涂满颜色的，之后渐渐减少，8 岁时大幅减少，一直到 45 岁时开始迅速增加。此处的儿童角色，其实就是为人子女的角色。因而这个角色一直存在。早期个体享受被父母养育照顾的温暖，随着成长成熟，慢慢开始同父母平起平坐，而在父母年迈之际，则要开始多花费一些心力来陪伴、赡养父母。

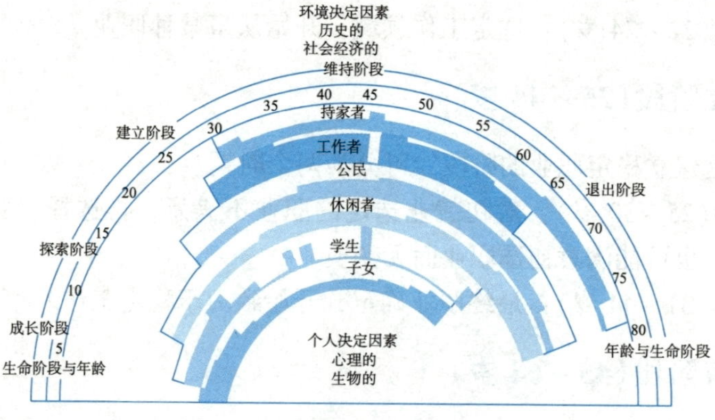

图 3-3　我的生涯彩虹图

第二层是学生角色。在这个案例中，学生角色从四五岁开始，10 岁以后进一步增强 20 岁以后大幅减少，25 岁以后便戛然而止。但 30 岁以后，学生角色又出现，特别是40岁出头时，学生角色竟然涂满了颜色，但两年后又完全消失，直到65岁以后。在现代科技发展日新月异、知识爆炸的社会，青年在离开学校、工作一段时间之后，常会感到自身所学已不能满足工作需要，重回学校以进修的方式来充实自我。也有一部分人会等到中年、儿女长大之后，才暂时离开原有的工作，接受更高等的教育，以开创生涯的第二春。学生角色在35岁、40岁、45岁左右凸显，正是这种现象的反映。

第三层是休闲者角色。这一角色在前期较平稳地发展，直到60岁以后迅速增加，也许有人会惊讶于舒伯把休闲者角色列入了生涯规划的考虑之中。其实，平衡工作和休闲是一项非常重要的任务，特别是在如此快节奏、高效率的社会中，正如图3-3中的留白也构成画面一样，休闲是我们维持身心健康的一个重要手段。

第四层是公民。本案角色从20岁开始，35岁后得到加强。65岁至70岁达到顶峰，之后慢慢减退。公民的角色，就是承担社会责任、关心国家事务的一种责任和义务。

第五层是工作者的角色。该当事人的工作角色从26岁左右开始，颜色阴影几乎填满了整个层面，可见当事人对这一角色相当认同。但在40多岁时，工作者的角色完全消失。对比其他角色，不难发现，这一阶段，学生角色和家长角色都有不同程度的增强。两三年后，学生角色变小时，家长角色的投入程度恢复到平均水平，而工作者的角色又被颜色涂满，直至60岁以后开始减少，65岁终止工作者角色，

第六层是持家者角色，这一角色可以拆分为夫妻、父母、(外)祖父母等角色，然后分别作图。此处家长的角色从30岁开始，头几年精力投入较多，之后维持在一个适当水平直到退休以后才加强了这一角色。76岁至80岁几乎没有了持家者的角色。虽然个体在生涯过程中还可能承担其他角色，但对于大多数人来说，上述这些都是最基本的角色。在使用“生涯彩虹图”时，可根据自身情况，在上图的基础上进行适当调整。

四、格林豪斯的职业生涯发展理论

美国心理学博士格林豪斯(Greenhaus)研究人生不同年龄段职业发展的主要任务，并以此将职业生涯划分为五个阶段。

(一)职业准备

职业准备典型年龄段为0~18岁。主要任务：发展职业想象力，对职业进行评估和选择，接受必需的职业教育。

(二)进入组织

18~25岁为进入组织阶段。主要任务：在一个理想的组织中获得一份工作，在获取足量信息的基础上，尽量选择一种合适的、较为满意的职业。

(三)职业生涯初期

处于此期的典型年龄段为25~40岁。主要任务：学习职业技术，提高工作能力；了解和学习组织纪律和规范，逐步适应职业工作，适应和融入组织；为未来的职业成功做好准备。

（四）职业生涯中期

40～55 岁是职业生涯中期阶段。主要任务：需要对早期职业生涯重新评估，强化或改变自己的职业理想；选定职业，努力工作，有所成就。

（五）职业生涯后期

从 55 岁直至退休为职业生涯的后期。主要任务：继续保持已有职业成就，维护尊严，准备退休。

五、克朗伯兹的社会学习论

社会学习论由美国心理学家阿尔伯特·班杜拉（Albert Bandura）于 1952 年提出的，强调的是个人独特的学习经验对其人格与行为的影响。美国斯坦福大学教育和心理学教授克朗伯兹（John D. Krumboltz）将这一观念引用到职业生涯辅导上，用以了解在个人决策历程当中，社会、遗传与个人因素对于决策的影响。在此基础上他提出了影响职业选择的四因素，其后又提出了职业生涯决策的七个步骤。

（一）影响决策的四因素

1. 遗传特征与特殊能力

遗传特征包括种族、性别、外在的仪表和特征、身体健康程度等；个人的特殊能力包括：职业偏好、智力、音乐能力、美术能力、动作协调能力等。

2. 环境条件与特殊事件

克朗伯兹认为，在影响教育和职业的选择因素中，有许多来自外部环境，非个人所能控制。这些外部因素大多由人为所致，如社会、文化、政治或经济的活动，也可能由自然力量引起，如自然资源的分布或自然灾害。

3. 学习经验

克朗伯兹认为，每个人独特的学习经验，在决定其生涯路径时扮演重要的角色。学习经验包括你作用于环境的经验和环境作用于你的经验两种。

4. 工作取向技能

前面提到的三种因素会以一种交互影响的方式使个人形成特有的工作取向技能，这些工作取向技能包括解决问题的能力、工作习惯、工作的标准与价值、情绪反应、知觉和认知的历程，以及心理过程等。

（二）职业生涯决策的七步骤

1977 年，克朗伯兹以社会学习理论对职业生涯决策技巧的作用进行研究，提出了进行职业生涯决策的七个步骤。

（1）界定问题：厘清自己的需求和个人限制，即认识自我，明确自己想要什么，自己存在哪些优势与不足，在此基础上，制定出明确的目标和实现目标的时间表。

(2)拟订行动计划：在明确自己的需求目标基础上，思考可能达到目标的各种行动方案，并规划达成目标的流程。

(3)澄清价值：界定个人的选择标准，即明确自己最想要的是什么，作为评量各项方案的依据。

(4)找到可能的选择：搜集资料，找出可能的选择。

(5)评价各种可能的选择：依据自己的选择标准和评分标准，逐一评价各种可能的选择，找出可能的结果。

(6)系统地删除：系统地删除不合适的方案，挑选最合适的选择。

(7)开始行动：开始执行行动方案，以达成选定的目标。

任务三　职业生涯规划原则和步骤

清晰而明确的职业发展方向、发展目标和发展战略，是关系大学生能否立足于社会和人生事业成败的关键。通过对自身和外界环境的了解，确立职业方向、职业目标，选择适合的职业道路，实现职业生涯目标，务必确定行动时间和行动方案。因此，科学、合理地做好职业生涯规划是非常重要的。

一、职业生涯规划的原则

职业生涯规划的设定也需要遵守一定的原则，通常包括以下方面。

(一)客观性原则

客观性原则是指个体根据自己的实际情况设定职业规划。例如，一位个性活泼开朗、但有点儿粗枝大叶的大学生，非要选择财务管理作为自己的职业目标就不客观，因为财务管理岗位不仅需要有相关的知识，还需要从业者个性稳定、态度认真。如果这个大学生选择市场营销作为职业将更适合。

(二)全过程原则

全过程原则是指在制定职业生涯规划时，必须考虑到生涯发展的整个历程，对其作通盘考虑。

(三)一致性原则

一致性原则是指职业生涯规划的总目标与分目标要保持一致，目标与实施措施要一致。总目标是指职业生涯规划的总体目标，分目标是指实现总目标所必须经历的阶段性具体目标。

(四)清晰性原则

清晰性原则是指职业生涯规划要清晰、明确，以便能够将其转化为一个个可以实施的行动。

(五)具体性原则

具体性原则是指职业生涯规划各个阶段的路线划分与安排必须具体可行。具体指的是时间具体、方法具体和目标具体。

(六)挑战性原则

挑战性原则是指在客观、具体的基础上，职业规划应具有一定的挑战性，没有挑战性的职业生涯规划不能满足大学生的成就感，不能调动人的积极性。

(七)激励性原则

职业生涯规划的制定前提是满足大学生的某种需要，这样才能有激励的作用。

(八)可变性原则

职业生涯规划必须符合个体的职业兴趣与性格，与职业能力相匹配，同时也要与社会环境协调一致。随着社会环境、个体的认知与能力的改变，职业生涯规划的内容也要随之调整和改变。

二、职业生涯规划的步骤

(一)自我分析与评估

自我分析与评估是制定职业生涯规划的第一步，即对自己的现状作全面的评估。自我分析的重点在于评价自己的职业性格、职业兴趣、职业价值观和职业技能等。自我分析的方法通常有自我测评法和乔哈里窗口分析法两种。

1. 自我测评法

自我测评法是指通过专业的心理测验或量表，判断自己的个性和职业倾向，常见的心理测验包括《霍兰德职业倾向测验》以及与职业倾向有关的量表。

练习

自我分析与评估

自我分析与评估练习举例见表3-2。

表3-2　自我分析与评估练习举例

活动	目标
第1步：我现在处于什么位置？ 思考一下你的过去、现在和未来。画一张时间表，列出重大事件	了解目前职业现状
第2步：我是谁？ 在每张卡片上写下“我是谁”的答案	对自己进行角色分析

（续表）

活动	目标
第 3 步：我喜欢去哪儿，我喜欢做什么？ 思考你目前和未来的生活。写一份自传来回答三个问题：你觉得已经获得了哪些成就，你未来想要做些什么，你希望给别人留下怎样的印象	预测未来的目标
第 4 步：未来一年的理想？ 考虑下一年的计划。如果你有无限的资源，你会做什么，理想的环境是什么样的，理想的环境是否与第三步吻合	实现目标的可行性分析
第 5 步：一份理想的工作？ 现在，思考一下通过可利用资源来获得一份理想的工作。考虑你的角色、资源、所需要的培训或教育	明确所需要的资源
第 6 步：通过自我总结来规划职业发展？ （1）是什么让你每天干得心情愉悦？ （2）你擅长做什么，人们对你有什么样的印象？ （3）为了达到目标你还需要做什么？ （4）在向目标进军的过程中你会遇到什么样的阻碍？ （5）目前你做什么才能迈向你的目标？ （6）你的长期职业生涯目标是什么？	总结现状，确定初步目标

成功有效的职业生涯规划必须是在充分正确认识自身条件与相关环境的基础上进行的。只有对自己有了充分全面的了解，才能在职业生涯规划中找准自己的“定位”“定向”和“定点”。

活动

我的旅游计划

安静下来，找到自己呼吸的节奏，想象自己一直想拥有的一次旅游是什么样并为自己制订一个详细可行的旅游计划。这个旅游计划包括如下几个。找个同学或朋友，与他交流一下你的旅游计划。

（1）旅游计划的具体内容？

（2）你制订这个计划经过了哪几个步骤？

（3）你将如何落实这个旅游计划？

（4）这个过程与职业生涯规划有哪些相似之处？

职业生涯规划其实和制订一份旅游计划有很多相似之处，一份完整的职业生涯规划应该包括自我分析与评估、职业机会的评估、确定职业生涯目标、职业生涯路线的选择、制订行动计划与措施、评估与反馈六个步骤，具体流程如图 3-4 所示。

图 3-4　职业生涯规划步骤图

2. 乔哈里窗口分析法

美国心理学家约瑟夫·勒夫特和哈里·英格拉姆提出关于人类自我认识的窗口理论，被称为乔哈里窗分析法。他们认为人对自己的认识是一个不断探索的过程。因为每个人的自我都有四部分：公开的自我、盲目的自我、秘密的自我和未知的自我。通过与他人分享秘密的自我，通过他人的反馈减少盲目的自我，人对自己的了解就会更多更客观。认识自我可以通过以下三种渠道。

(1)比较法——从我与人的关系认识自我

他人是反映自我的镜子，与他人交往，是个人获得自我认识的重要来源。我们先从家庭中的感情扩展到外面的友爱关系，进入社会又体验到人与人之间的利害关系。有自知之明的人能从这些关系中用心向别人学习，获得足够的经验，然后按照自己的需要去规划自己的前途。但是通过和人比较来认识自己应该注意比较的参照系。

① 跟别人比较的是行动前的条件，还是行为后的结果？大学生来大学学习，如果认为自己来自农村，条件不如别人，就把自己放在次等地位，自然会影响心态和情绪，而大学毕业后看行动后的成绩才更有意义。

② 跟人比较是看相对标准还是绝对标准？是可变的标准还是不可变的标准？经常有大学生认为自己不如他人。其实他们关注的可能是身材、家世等不能改变的条件，没有实际比较的意义。

③ 比较的对象是什么人？是与自己条件相类似的人，还是个人心目中的偶像或不如自己的人？所以，确立合理的参照体系和立足点对自我的认识尤为重要。

(2)经验法——从我与事的关系认识自我

从我与事的关系认识自我，即我从做事的经验中了解自己，不经一事，不长一智。成败得失，其经验的价值也因人而异。对聪明又善用智慧的人来说，成功、失败的经验都可以促使他再成功，因为他们了解自己，有坚强的人格特征，善于学习，因而可以避免再蹈失败的覆辙。

而对于某些自我比较脆弱的大学生，失败的经验更使其失败，这也是最常见的现象。因为他们不能从失败中学到教训，改变策略追求成功，而且挫败后形成害怕失败的心理，不敢面对现实去应付困境或挑战，甚至失去许多良机。

而对一些自我狂大的人而言，成功有可能成为失败之源。他们会因幸得成功而骄傲自大，以后做事也自不量力，结果会遭致失败，或成长过于顺利，又有家世关系，而一旦失去“保护源”，便一蹶不振，不能支撑起独立的自我。因此一个大学生由成败经验中获得的自我意识也要细加分析和甄别。

(3)反省法——从我与己的关系中认识自我

古人：“吾日三省吾身”。从我与己关系中认识自我，看似容易实则困难。可以从以下几个“我”中去认识自己。

① 自己眼中的我。个人实际观察到客观的我，包括身体、容貌、性别、年龄、职业、性格、气质、能力等。

② 别人眼中的我。与别人交往时，由别人对你的态度、情感反映而觉知的我。不同关系的人对自己的反映和评价不同，它是个人从多数人对自己的反映中归纳出的感觉。

③ 自己心中的我，也指自己对自己的期许，即理想的我。我们还可以从实际的我、别人眼中的我、别人心中的我等多个我来全面认识自己。但是，对于现代大学生而言，虽然有多个“我”可供认识自己，但形成统合的自我观念比较困难。因为现代社会急剧变化，改革开放后多元价值的影响，使现在的大学生自我认识难以客观、全面。

（二）职业机会的评估

职业机会的评估是指评价客观环境因素，如社会环境、国家政策、行业的发展以及就业市场对自己职业生涯发展的影响过程。除此之外还应该对职业所处的组织进行分析，包括组织文化、组织实力、管理风格等。

一个组织的文化通常有两种倾向，一种是竞争的；另一种是合作的。如果我们的价值观和组织的文化不同，不仅自己痛苦，而且会影响团队。另外，领导人的风格和组织实力也对组织有较大的影响。

（三）确定职业生涯目标

职业生涯目标的设定，是职业生涯规划的核心。按照时间顺序，职业生涯目标可以分为短期目标、中期目标和长期目标。

1. 短期目标

通常，短期目标是指大学期间的目标。例如在大学要通过英语六级、计算机二级考试等。短期目标是中长目标中的一个阶段，必须清楚、具体、现实、可行。短期目标不仅要落实到实践层面，而且必须可以评估。

2. 中期目标

中期目标一般为毕业后五年内的目标，它比长期目标相对具体。例如考取初级注册安全工程师职业资格证书、担任部门经理等。中期目标是结合自己的志愿和组织的环境及要求来制定的目标。中期目标应与长期目标保持一致。与短期目标一样，中期目标也必须是可以评估的。

3. 长期目标

长期目标的时间一般为五年以上。通常，长期目标比较粗略，不具体，是一个总的方向。例如成功考取注册安全工程师证书、年薪收入不低于 20 万元等。长期目标只有一个时间范围，可能会随着组织内外部形势的变化而变化。

（四）职业生涯路线的选择

所谓职业生涯路线是指一个人职业生涯发展的轨迹。由于个体的发展路线不同，对其要求也不尽相同。在现实生活中，即便是选择同一职业，也存在不同岗位，我们必须选择一个自己喜欢的、适合的、能行得通的、可以成功的职业生涯路线。

通常职业生涯路线的选择须考虑以下几个问题。

(1) 我想往哪一路线发展？

(2) 我适合往哪一路线发展？

(3)我可以往哪一路线发展?

(4)哪条路线可以获得发展?

第一问是指个体的打算，第二问是回答自己能力所适合的职业生涯路线，第三问是在对职业机会进行分析以后找到的可以发展的路线，而第四问是要回答走哪条路线能够成功。

(五)制订行动计划与措施

在确定了生涯目标后，行动便成了关键的环节。没有达成目标的行动，就不能达成目标，也就谈不上事业的胜利。所以，这里的行动，是指落实目标的详细措施，主要包括工作、训练、教育轮岗等方面的措施。例如，为达成找到志向工作的目标，你打算采纳什么措施提高你的就业竞争力或开发你的潜能等，都要有详细的打算与明确的措施。并且，这些打算要特别详细，以便于定时检查。

假如，你从一名安全技术员做起，但你的5年、8年或15年个人职业规划是盼望成为一名安全评价师。那么，你应该问自己以下几个问题。

(1)我需要哪些特殊的培训和学习才能使我够资格做一名安全评价师?

(2)为使自己晋级路上顺畅坦荡，需要解除的内部和外部障碍有哪些?

(3)我目前的上司在这方面能给我协助吗?

(4)我四周的人在这方面能给我协助吗?

(5)我在目前的公司最终成为安全评价师的可能性有多大?是否比我在其他公司机会的更大?

(六)评估与反馈

梁启超说:“变者，天下之公理也。”事物永远处于不断地运动变化之中。影响生涯规划的因素很多，有的变化因素是可以预测的，而有的变化因素难以预测。在此状况下，制定职业生涯规划时，由于对自身及外界的环境都不十分了解，最初确定的职业生涯目标往往都是模糊或抽象的，有时甚至是错误的。这就需要再次进行生涯探索，修正生涯规划。具体原则是：长期的尽量不改，中期的可以小改，短期的允许大改。大学生在职业生涯过程中必须阶段性地将预期目标与现实状况进行比较，筛选出有效的、可行的执行措施和合理适度的目标，对自己的职业生涯规划进行调整。

大学生职业生涯规划是一个动态发展的过程，不断地进行评估与调整是大学生职业生涯规划的一个重要环节。根据实际情况适当地调整自己的规划，有时甚至需要对自己进行重新审视和剖析。

三、大学阶段职业生涯规划的任务

大学生涯既需要长远的方向性规划，又要有阶段性的具体打算，应针对不同年级的任务和特点有侧重地去规划，目的是为四年后的顺利就业或继续求学打好基础。

在大学的金字塔中(图3-5)，大学一年级要对大学四年的学习生活有一个初步的认识和合理的规划，对未来的职业发展方向做好定位；大学二年级要注重夯实基础，分析自我优势和局限性，进行自我完善和塑造；大学三年级要根据职业目标和社会需求，学习与实践各种职业发展技能，做好求职择业的准备；大学四年级即将开启职业大门，应厚积薄发，一鼓作气为职业生涯的发展开个好头。

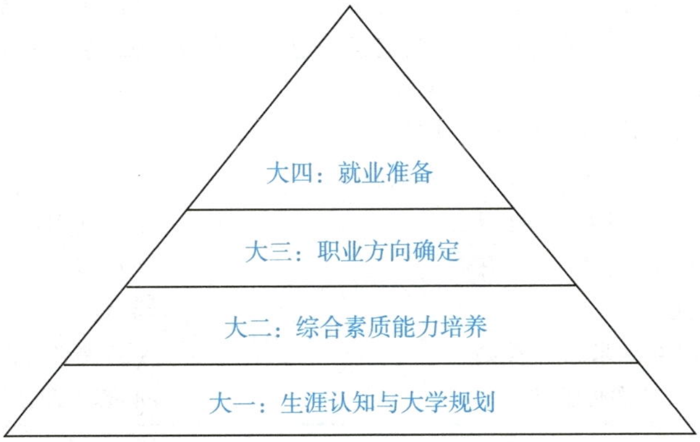

图 3-5　大学阶段职业生涯准备金字塔

“机会垂青于有准备的头脑”，充分的准备是一个人获得机会的前提和基础。对于大学生来说，大学阶段的学习至关重要，能否顺利地完成由学生到职业人的转变，能否顺利地完成大学期间各阶段的任务，能否顺利找到自己喜欢的工作，关键在于大学生的自我规划意识和能力，在于对大学生活的合理规划和安排。就像生涯规划是贯穿人一生的全过程一样，大学生的职业准备也是一个连贯的过程，它与四年的学习生活同步，贯穿于整个大学期间。因此，大学生需要有计划、分步骤地进行学业与职业发展规划，具体内容见表 3-3。

表 3-3　大学阶段的职业生涯规划内容

时间	阶段	特征	规划任务	策略指导
大一	探索期	(1)新环境的冲击； (2)学习和生活方式的改变； (3)人际关系的复杂化	(1)尽快熟悉新的环境； (2)适应新学习和生活； (3)融入新的集体中	(1)向老师和前辈同学请教； (2)有选择性地参加社团活动； (3)尽快熟悉本专业的相关情况； (4)开始接触、进行职业规划
大二	提升期	(1)环境已经熟悉，但对未来依然迷茫； (2)有相对稳定的交际圈子	(1)探寻自我最佳道路； (2)确定合适的定位； (3)制订能力提升计划	(1)全面分析自身特点； (2)明确自己的兴趣和目标； (3)学会放弃，以专注于目标

（续表）

时间	阶段	特征	规划任务	策略指导
大三	准备期	(1)开始专注于自己的目标； (2)专业学习进入深化阶段； (3)开始反思自己的道路，并进行调整	(1)在不断实践中深化对自己的认识； (2)有意识地进行能力和经验积累； (3)进一步思考自己的人生道路	(1)积极地投入学习和生活； (2)学会科学合理地安排时间； (3)在行动中反思抓住突破性机会
大四	抉择期	(1)面对抉择的时刻，既有憧憬又有担心； (2)对未来的思考更加现实而理性化	(1)实现自己一直为之努力的目标； (2)进一步明确自己的人生选择	(1)利用各种渠道收集信息； (2)学习各种技巧(面试、简历)； (3)调整心态，以开朗而积极的心态去迎接挑战

任务四　职业生涯规划书的制作

设定职业生涯规划，就是让个人把焦点凝聚在一件事情上，瞄准目标，锲而不舍地做下去，成功就会向你招手。人的生命是有限的，而且生命的旅途是单行道，是不可逆转的，想走出无悔的人生之路，就要根据现实情况，以最大的智慧为自己设计人生的蓝图，并尽最大的努力追求自己的未来之梦。

一、职业生涯规划书

职业生涯规划书是对自己职业生涯发展目标的选择、实施计划及行动方案的书面表述。规划书不仅能呈现大学生的宏观职业生涯规划，也能对具体的学习和工作起到指导和鞭策作用。美国职业生涯学家泰德曼说，生涯是一种过程，它像一只在海面上航行的船，在开阔的海面上，各种情况变幻莫测，为了使船不沉没，并保持航向，船长常常运用地图、指南针、风向及自己的经验来作出判断，以保持航向的准确性。在漫长的职业生涯中，一份翔实的职业生涯规划书就是帮助我们保持航向，督促航行，时时提醒并帮助自己不迷失方向的地图、指南针、风向标。

二、职业生涯规划书的作用

一份完整的规划书有以下作用。

(一)整合作用

整合作用是规划书最根本，最重要的作用，在开展个人职业规划前，各种信息是凌乱的，实现目标的方法、途径是互不衔接的，通过规划书的完成，个人的思路得以梳理，目标得以肯定，各种信息资源得以分析，方法途径得以明确，信心得以增加。

(二)督促作用

目标如同山顶上的凤凰松，美丽而又骄傲，让人敬仰，却又不易接近，有一颗真诚、勇敢、奋进的心才可拥抱它，规划书如同追逐凤凰松道路上的石阶，它记录着自己前进的步伐，是自己不断努力的见证，有了规划书，目标、方法、途径才能得以展现，一步一个脚印，让自己脚踏实地，不断向梦想中的凤凰松靠近。

(三)改进作用

规划书明确了大学生职业发展的方向，又帮助大学生在前行的路上不断发现存在的问题，及时总结、修正和改进。

三、撰写职业生涯规划应遵循的步骤

撰写大学生职业生涯规划应遵循以下几个步骤。

(一)自我认知与定位

自我认知与定位是个人职业生涯规划的基础，也是能否获得可行的规划方案的前提，可以通过自我评价、他人评价和相关人才测评来完成。自我评价主要是自己进行冷静的自我审视、自我思考，为自己做出一个比较客观的评价；他人评价主要是通过询问他人对自己的看法、让他人填写调查问卷或座谈等形式获得；运用信度和效度较高的测评工具进行人才测评是现今比较科学的自我认识方法之一，受到人们的肯定。通过自我认识、他人评价和人才测评可以清楚自己的职业兴趣、职业能力、个人特质、职业价值观、胜任工作的能力。以此为依据选择合适的职业和决定职业路线。

(二)职业环境分析

每个人的职业生涯都必须依附于组织环境的条件和资源，必然受到一定社会、经济、政治、文化和科技环境的影响。环境提供或决定着每个人职业生涯的发展空间、发展条件、成功机遇和前进的威胁。编制个人职业生涯规划之前必须认真进行环境分析，可以通过访谈、信息搜索、调查等多种形式，对自己的家庭环境、学校环境、自己理想职业相关的社会环境、行业环境、地域环境、企业环境、职业环境进行分析。这一步不可忽略，否则，职业规划方案就没有根基。

(三)确立职业生涯目标

职业生涯发展目标指出了大学生个人未来职业发展的方向，是职业生涯的方针和纲领，因而职业生涯目标的确立是职业生涯规划的核心。职业生涯目标的确立应当建立在自我剖析、环境认知和自我定位的基础上，做到符合自身特点、符合组织和社会需求，注意长期和短期相结合，协调统一职业目标、生活目标、家庭目标等。大学生应该首先确立一个适合自己的长远目标，树立职业理想。在此基础上，确定大学期间的学业目标，制订大学期间的学习计划，再分解制订学年计划、学期计划，而后再细化为切实可行的短期计划——月、周、日的计划。学年、学期计划和短期计划务必具体、切实可行，应包括实现计划的步骤、方法与时间表等。

(四)制订行动方案

一份有效的职业生涯规划必须有切实可行的行动策略。具体的、可行性较强的行动方案会帮助学生一步步走向成功，进而实现目标。在确定职业生涯目标后，就要制订相应的行动方案来实现它们，把目标转化成具体的方案和措施。制订行动方案，要考虑的主要问题包括：为达到目标，在专业学习方面要学习哪些知识，掌握哪些技能，提高哪些实际操作能力；在实践方面，应采取哪些措施来提高工作效率，需要累积哪些实践经验；在能力提升方面，通过哪些措施来提高何种能力等。这些要点都要有相应的计划与实施进行跟踪，以便定时进行检查和纠偏。

对大学生来说，这一步骤中最重要的是与职业选择相对应的教育和培训计划的制订。对于已经制订的计划，要认真思索并采用途径去实现它，尽自己最大努力做得更好。比如，对某方面的专业知识，是选择系统学习，还是咨询专家，听讲座，再或是参加社会实践，力求寻找出最有效的方案。方案的制订因人而异，因专业和学科而异，因环境而异，必须视具体情况做出具体分析，切不可照搬他人或书本上的方案。

(五)撰写职业生涯规划方案

职业生涯规划方案的撰写要建立在以上工作步骤所形成的基础之上。工作充分、信息充足才可动笔写作，不能急于求成。同时，撰写职业生涯规划方案时还应结合自身具体情况有所调整、有所创新。

四、职业生涯规划书的内容

(一)大学生职业生涯规划的内容

一份完整的职业生涯规划书，应有以下主要内容，这些内容相互密切关联。

(1)题目。题目包括姓名、专业、起止日期等。

(2)个人因素分析。个人因素包括自己的能力，性格，兴趣，价值观等方面。重点是从职业视角对自己的性格，兴趣、能力(重点是特长)与价值观的分析，找出四者的结合点，综合对职业自我的认识。

(3)个人经历。人个经历主要是个人的教育经历、实习经历和兼职经历，通过对这些经历的分析，可以了解向什么方向发展更有利。

(4)社会环境分析结果。社会环境分析包括对政治环境、经济环境、法律环境的分析，还包括对职业环境的分析。

(5)企业分析结果。企业分析包括行业分析、企业制度分析、企业文化分析、企业产品和服务分析、发展领域分析等。

(6)职业选择。职业选择分两种情况：一种是初次选择职业，可根据个人因素和环境因素的分析结果进行选择：另一种情况是已经在业人员此时可将个人因素和环境因素分析结果，与自己所从事的职业进行一次核查，如有必要可重新选择。

(7)角色及其建议。记录对自己职业生涯影响最大的一些人的建议。

(8)目标的确定，目标分解及目标组合。

(9)目标与现实的差距分析。目标与现实的差距分析即自己设定的职业生涯目标是否与将来准备从事的职业要求相一致。若出现差异要制定应对措施。

(10)缩小差距的方法及实施方案。

(二)职业生涯规划书的格式

大学生职业生涯规划书格式多样，常见的有表格式、条列式、复合式和论文式。

1. 表格式

表格式的规划书为不完整的职业生涯规划书，常常仅写有最简单的目标、分段实现时间、职业机会评估和发展策略等几个项目，有的只相当于一份完整的职业生涯规划书的计划实施方案表，适合作为日常中的规划实施过程使用，见表3-4。

表3-4　大学生职业生涯规划表

一、自我评估					
职业规划自测结果					
气质					
性格					
兴趣					
能力					
价值观					
自我分析和个人形象					
情绪情感状况					
意志力状况					
已具备经验和能力					
现学专业及学习程度					
现有外语计算机水平					
社会中的自我评估					
对你人生发展影响最大的人					
二、建立初步目标					
职业理想					
职业类型		职业名称		具体岗位	
职业地域		工作环境		工作时间	
工作性质		工作待遇		工作伙伴	

（续表）

职业发展期望			
目标 SWOT 分析			
实现目标的优势			
实现目标的弱点			
实现目标的机会			
实现目标的障碍			
三、职业生涯策略			
步骤	目标分析	提高的途径和措施	评估标准
大学期间			
大学总体目标			
第 1 学期			
第 2 学期			
第 3 学期			
第 4 学期			
第 5 学期			
第 6 学期			
毕业后第 1 年			
毕业后第 2 年			
毕业后第 3～5 年			
毕业后第 6～10 年			
第……年			
四、生涯评估与反馈			
自我评估			
测评			
获奖状况			
自我规划落实状况			
经验与教训			
学习成绩排名		综合素质状况	

2. 条列式

条列式的规划书具有职业生涯的主要内容，多是做简单的表述，没有详细的材料分析和评估，文章简练，但逻辑性和说理性不强，内容如下。

(1)某院校女生，土木工程专业，校级优秀学生干部，并多次荣获校级优秀学生奖学金，通过英语六级考试，多次参加演讲、朗诵比赛；家庭经济状况一般；身体健康；性格不属于内向，但也不是特别活跃，喜欢安静。

(2)很想成为一名老师，这不仅是儿时的梦想，而且比较喜欢教师这种职业；其次可以成为施工单位的一名技术人员。

(3)做过家教，虽然不是自己的专业，但与孩子交流有天生的优势，做家教时当学生成绩进步时很有成就感；暑期曾在施工单位实习，尊重自己的职业。

(4)近几年都有学校来学院里招聘土木工程专业工程技术员，但女生在本专业就业的条件越来越高。

(5)目标是到学校当老师，自己有这方面的兴趣和理想，在知识和能力方面并不欠缺，并且自己有信心成为学生心中理想的好老师。专业上仍然不松懈，因为最优选择是成为专业课教师。

3. 论文式

论文式的规划书，以数据、调查结果为依据，对职业生涯的主要内容进行翔实的分析与论述，逻辑性与说理性强。如某生职业规划书中的职业与社会环境分析。

(1)中国餐饮业发展前景

改革开放以来，随着中国经济的快速发展，生产能力和人民收入水平的不断提高。我国餐饮行业伴随经济发展，不仅成为人民生活水平和消费能力提升的见证，也逐步成为扩内需、促消费、稳增长、惠民生的支柱产业。同时随着互联网+突飞猛进的发展和普及，“互联网+”已成为一个时代趋势，餐饮行业成为线上互联网连接线下的最大入口。整个餐饮行业包括餐饮食材供应领域，互联网餐饮行业一站式交易平台的进入改变了传统的餐饮行业的发展，将传统的线下交易搬到了线上，加快了行业的流通和服务的普及。

(2)创业目标城市——大理古城对西餐的接受度

① 大理人对西餐很有热情

以200位16～40岁人群为抽样调查，得出的结果是：48%的人接受西餐且曾经吃过，28%的人没有吃过但愿意品尝，20%的人可接受，但不愿品尝。4%的人不接受。结果表明大理人对西餐是很有热度的。平时走在商业街上，就可以看见在某知名品牌的西餐门口人们排着长队，那都是为了品尝西餐的风味。在西餐中，最具有特色的可以说是法国菜，法国菜体现了西餐的意境和精华。

② 外国朋友越来越多

大理是一座知名的旅游城市，来大理工作或学习、旅游的外国朋友越来越多，街头随处可见他们的身影，而餐厅一直都是这些外国朋友热衷的地方。一家专门的法式餐厅，对他们就有着很大的吸引力，就像身处他国的你，看到中餐馆，莫名会有一种热情促使你进去品尝一下美食。

项 目 小 结

本项目主要介绍了职业生涯行动规划与实施的相关知识，首先介绍了职业生涯规划的概述；其次介绍了职业生涯规划的基本理论；再次介绍了职业生涯规划的原则和步骤；最后介绍了职业生涯规划书的制作。通过本项目的学习，学生可以熟悉职业生涯规划基本知识，增强规划意识，提高学习和实践的计划性和针对性，学会制定适合自身发展的职业生涯规划。

项 目 习 题

1. 结合自身实际情况，请你谈谈对职业生涯规划内涵的理解？
2. 对于未来，你是否有清晰的职业目标和长远的职业规划？
3. 大学阶段，应从哪些几方面入手，撰写职业生涯规划书？
4. 通过本项目的学习，请简述职业生涯规划书包括的内容。
5. 请结合自身的实际情况，撰写一份职业生涯规划书。

项目四

职业素养与能力提升

项目导读

大学生的职业素养和能力是他们在职业生涯中成功的关键因素。这些素养和能力包括职业道德素养、职业意识素养、职业行为素养和职业能力等。同时，情商培育也是实现职场成功的重要组成。通过不断学习、提高职业素养和能力，提升情商，学生可以更好地应对职业挑战，实现自己的职业梦想，创造良好的职业生涯。本项目主要介绍职业素养与能力提升的相关知识。

学习目标

知识目标

- 了解职业素质的内涵。
- 了解能力及职业能力的概念。
- 掌握情商的概念和对职业发展的影响。

技能目标

- 掌握企业需要的主要职业素质和能力。
- 懂得大学生该如何拓展职业素质和能力。
- 掌握情商修炼的方法和技能。

素质目标

- 提升对职业素质和职业能力的认知。
- 增强学生拓展职业素质职业能力的意识。
- 增强学生情商培育的意识，提高和修炼情商。

思政目标

- 提升学生专业素质，增强专业理论知识和技能，同时也培养学生意识到通才教育的意识。
- 各学科专业既高度分化又相互融合，既要拓宽学生基础学科知识，也要深化专业领域研究，实现专业深度与广度的平衡。

案例导入

千里送鹅毛

“千里送鹅毛”的故事发生在唐朝。当时，云南某少数民族的首领为了表示对唐王朝的拥戴，特地派特使缅伯高向唐太宗贡献一只天鹅。

在路过沔阳河时，好心的缅伯高把天鹅从笼子里放出来，想给它洗个澡。谁料白天鹅喝足了水，合颈一扇翅膀，“扑喇喇”一声飞上了天！天鹅展翅飞向高空。缅伯高忙伸手去捉，只扯得几根鹅毛。缅伯高急得顿足捶胸，嚎啕大哭。随从们劝他说：“已经飞走了，哭也没有用，还是想想补救的方法吧。”缅伯高一想，也只能如此了。

到了长安，缅伯高拜见唐太宗，并献上礼物。唐太宗见是一个精致的绸缎小包，便令人打开，一看是几根鹅毛和一首小诗。诗曰：“天鹅贡唐朝，山高路途遥。沔阳河失宝，倒地哭嚎啕。上复圣天子，可饶缅伯高。礼轻情意重，千里送鹅毛。”

唐太宗莫名其妙，缅伯高随即讲出事情原委。唐太宗连声说：“难能可贵！难能可贵！”千里送鹅毛，礼轻情意重！体现着送礼之人诚信的可贵美德。

任务一　职业素养

对于一个人来说，能力和专业知识固然重要。但是，在职场要成功，最关键的并不在于能力与专业知识，而在于所具有的职业素养。工作中需要知识，但更需要智慧，而最终起到关键作用的就是素养。缺少这些关键的素养，一个人将一生庸庸碌碌，与成功无缘。拥有这些素养，会少走很多弯路，以最快的速度通向成功。

一、职业素养概述

一个人职业上获得成功能力和专业知识虽然很重要，但最关键的是职业素养。良好的职业素养是衡量一个职业人成熟度的重要指标，是一个人职业生涯成败的关键因素。

高校毕业生
就业新机遇

（一）职业素养的基本概念

职业素养是个很大的概念，专业是第一位的，但是除了专业，敬业和道德是必备的，体现到职场上的就是职业素养；体现在生活中的就是个人素质或者道德修养。职业素养是人类在社会活动中需要遵守的行为规范，是职业内在的要求，是一个人在职业过程中表现出来的综合品质。个体行为的总和构成了自身的职业素养，职业素养是内涵，个体行为是外在表象。

简单的理解，职业素养就是一种工作状态的标准化、规范化、制度化，即在合适的时间、合适的地点、用合适的方式、说合适的话、做合适的事。使其在知识、技能、观念、思维、态度、心理上符合职业规范和标准。

职业素养具体量化表现为职商(career quotient，CQ)，体现一个社会人在职场中成功的素养及智慧，也可以说一生成败看职商。职商可以概括为“五C”的综合体。

(1)信心(confidence)。信心代表着一个人在事业中的精神状态和把握工作的热忱，以及对自己能力的正确认知。在任何困难和挑战面前都要相信自己。

(2)能力(competence)。能力的培养是和真正不断地吸收新知识、新经验密不可分的，只有充实自己，才能赢在各个起跑点上。

(3)沟通(communication)。在工作中掌握交流与交谈的技巧是至关重要的。如何有效沟通，表达自己的理想与见解，是一个很大的学问，也是决定人们在社会上能否成功的关键。

(4)创造(creation)。在这个不断进步的时代，不能没有创造性的思维，应该紧跟市场和现代社会发展的节奏，不断在工作中注入新的想法和提出合乎逻辑的有创造性的建议。

(5)合作(cooperation)。在社会上做事情，如果只是单枪匹马地战斗，不靠集体或团队的力量，是不可能取得真正的成功的。每一个想获得成功的人都应该学会与别人合作。

(二)职业素养的内容

职业素养涵盖的内容非常广泛，个体行为的总和构成了自身的职业素养。职业素养从表现形式上分为显性素养和隐性素养。

显性素养主要指个体的职业技能，是支撑职业人生的表象内容。主要通过学习、培训获得，并在实践运用中日渐成熟的。例如，计算机、英语、建筑等职业技能范畴的技能，可以通过三年左右的时间令我们掌握入门技术，在实践运用中日渐成熟而成为专家。

隐性素养是职业素养中最根基的部分，主要指个体的职业道德、职业思想(意识)和职业行为习惯，属于世界观、价值观、人生观范畴的产物，它是随着个体从出生到退休或至死亡逐步形成，逐渐完善的。

(三)职业素养的主要特征

1. 职业性

不同的职业，职业素养是不同的。对建筑工人的素质要求，不同于对护士职业的素质要求；对商业服务人员的素质要求，不同于对教师职业的素质要求。

2. 稳定性

一个人的职业素养是在长期执业时间中日积月累形成的。它一旦形成，便产生相对的稳定性。例如，一位教师经过三年五载的教学生涯，就逐渐形成了怎样备课、怎样讲课、怎样热爱自己的学生、怎样为人师表等一系列教师职业素养，然后，便保持相对的稳定。当然，随着他继续学习、工作和环境的影响，这种素质还可继续提高，使他的教学水平更上一层楼，精益求精。

3. 内在性

职业从业人员在长期的职业活动中，经过自己学习、认识和亲身体验，认识到怎样做是对的，怎样做是不对的。这样，有意识地内化、积淀和升华的这一心理品质，就是职业素养的内在性。

4. 整体性

一个从业人员的职业素养是和他整体素质有关的。一个从业人员，虽然思想道德素质好，但科学文化素质、专业技能素质差，就不能说这个人整体素质好。相反，一个从业人员科学文化素质、专业技能素质都不错，但思想道德素质比较差，同样，也不能说这个人整体素质好。所以，职业素养一个很重要的特点就是整体性。

5. 发展性

一个人的职业素养是通过教育、自身社会实践和社会影响逐步形成的，它具有相对性和稳定性。但是，随着社会发展对人们不断提出的要求，人们为了更好地适应、满足、促进社会的发展的需要，总是不断地提高自己的职业素养，所以，职业素养具有发展性。

(四)大学生培养职业素养的意义

职业素养具有十分重要的意义。从个人的角度来看，适者生存，个人缺乏良好的职业素养，就很难取得突出的工作业绩，更谈不上建功立业；从企业的角度来看，具备较高职业素养的人员才能更好地实现求得生存与发展的目的，他们可以帮助企业节省成本、提高效率，从而提高企业的市场竞争力；从国家的角度来看，国民职业素养的高低直接影响着国家经济的发展，是社会稳定的前提。

正因如此，良好的职业素养是大学生事业起航的重要基石和坚强后盾，“大学生职业素养培养”也显得尤为重要。一方面，就提升大学生素养而言，学校教育能够在素养培养中发挥有利的促进作用。高校发挥教育导向功能，为大学生搭建提升职业素养的平台。另一方面，作为职业素养培养主体的大学生，在大学期间应该学会自我培养。

二、职业道德素养

某项调查显示：大多数雇主认为，道德品质是公司在雇用员工时最优先考虑的，其次才是职业技能，再次是工作经验。良好的职业修养是每一个优秀员工必备的素质，良好的职业道德是每一个员工都必须具备的基本品质，某知名企业明确这样的用人标准：有德有才，破格重用；有德无才，培养使用；有才无德，限制录用；无德无才，坚决不用。毫无疑问，道德品质已被视为遴选人才时的重要标准。

大学生关注职业道德，并在日常的学习和生活中有意识地培养自己的德行，利于完善社会化的过程，更利于融入职场。

案例

某大型企业招聘一名技术员的消息不胫而走。月薪50 000元，除奖金外，每年还可以到海外旅游一次。面对如此丰厚的工资和待遇，报考者蜂拥而至，雷明坐在闷罐似的考场里，大汗淋漓，外语、专业技术类的考题都答得十分圆满，唯有第二张卷里的两道题令他头痛：你所在的企业或者曾经任职过的企业经营的成功诀窍是什么？技术秘密是什么？

这类题目对于曾在企业搞过技术的求职者并不难，可是雷明手中的笔始终高悬着，迟迟落不下去，多年的职业道德在约束他。他内心想到："现在所在的工厂还在惨淡经营，面临倒闭的危险，我怎么能这么自私为了自己的饭碗而砸大家的饭碗呢？"他心中似翻江倒海，最后毅然挥笔在考卷上写下"无可奉告"四个字，正当雷明积极奔波另谋职业之际，这家企业却发来了录用通知，雷明技压群雄，"白卷"夺冠，一时成为这个城市的一大新闻。

(1)如果你是这位考生，你会如何作答呢？

(2)这个案例给我们什么启示？

(一)道德与职业道德

道德是社会学意义上的一个基本概念。不同的社会制度，不同的社会阶层都有不同的道德标准。道德是一定社会、一定阶级向人们提出的处理人与人之间、个人与社会之间、个人与自然之间各种关系的一种特殊的行为规范。可以说，人生在世，最重要的有两件事：一是学做人，一是学做事。道德则是做人的根本。

职业道德，是社会上占主导地位的道德或阶级道德在职业生活中的具体体现，是人们在履行本职工作中所遵循的行为准则和规范的总和。职业道德属于自律范围，它通过公约、守则等对职业生活中的某些方面加以规范。职业道德既是本行业人员在职业活动中的行为规范，又是行业对社会所负的道德责任和义务。

(二)职业道德的内涵

职业道德的涵义包括以下八个方面。

(1)职业道德是一种职业规范，受社会普遍的认可。

(2)职业道德是长期以来自然形成的。

(3)职业道德没有确定形式，通常体现为观念、习惯、信念等。

(4)职业道德依靠文化、内心信念和习惯，通过员工的自律实现。

(5)职业道德大多没有实质的约束力和强制力。

(6)职业道德的主要内容是对员工义务的要求。

(7)职业道德标准多元化，代表了不同企业可能具有不同的价值观。

(8)职业道德承载着企业文化和凝聚力，影响深远。

(三)职业道德的主要内容

《中华人民共和国公民道德建设实施纲要》中明确指出："要大力倡导以爱岗敬业、诚实守信、办事公道、服务群众、奉献社会为主要内容的职业道德，鼓励人们在工作中做一个好建设者。"因此，我国现阶段各行各业普遍适用的职业道德的基本内容，即

"爱岗敬业、诚实守信、办事公道、服务群众、奉献社会"。

1. 爱岗敬业

通俗地说就是"干一行爱一行"，它是人类社会所有职业道德的一条核心规范。它要求从业者既要热爱自己所从事的职业，又要以恭敬的态度对待自己的工作岗位，爱岗敬业是职责，也是成才的内在要求。

爱岗就是热爱自己的本职工作，并为做好本职工作尽心竭力。爱岗是对人们工作态度的一种普遍要求，即要求职业工作者以正确的态度对待各种职业劳动，努力培养热爱自己所从事工作的幸福感、荣誉感。

敬业就是用一种恭敬严肃的态度来对待自己的职业。任何时候用人单位都只会倾向于选择那些既有真才实学又踏踏实实工作、持良好态度工作的人。这就要求从业者只有养成干一行、爱一行、钻一行的职业精神，专心致志搞好工作，才能实现敬业的深层次含义，并在平凡的岗位上创造出奇迹。一个人如果看不起本职岗位，心浮气躁，好高骛远，不仅违背了职业道德规范，而且会失去自身发展的机遇。虽然社会职业在外部表现上存在差异性，但只要从业者热爱自己的本职工作，并能在自己的工作岗位上兢兢业业工作，终会有机会创出一流的业绩。

2. 诚实守信

诚实就是实事求是地待人做事，不弄虚作假。在职业行为中最基本的体现就是诚实劳动。每一名从业者，只有为社会多工作、多创造物质或精神财富，并付出卓有成效的劳动，社会所给予的回报才会越多，即"多劳多得"。

守信，要求讲求信誉，重信誉、信守诺言；要求每名从业者在工作中严格遵守国家的法律、法规和本职工作的条例、纪律；要求做到秉公办事，坚持原则，不以权谋私；要求做到实事求是、信守诺言，对工作精益求精，注重产品质量和服务质量，并同弄虚作假、坑害人民的行为进行坚决的斗争。

3. 办事公道

办事公道是指从业人员在办事情处理问题时，要站在公正的立场上，按照同一标准和同一原则办事的职业道德规范，即处理各种职业事务要公道正派、不偏不倚、客观公正、公平公开。对不同的服务对象一视同仁、秉公办事，不因职位高低、贫富亲疏的差别而区别对待。

4. 服务群众

服务群众是指听取群众意见，了解群众需要，为群众着想，端正服务态度，改进服务措施，提高服务质量。做好本职工作是服务人民最直接的体现。要有效地履职尽责，必须坚持工作的高标准。工作的高标准是单位建设的客观需要，是强烈的事业心责任感的具体体现，也是履行岗位责任的必然要求。

5. 奉献社会

奉献社会是社会主义职业道德的最高境界和最终目的。奉献社会是职业道德的出发点和归宿。奉献社会就是要履行对社会、对他人的义务，自觉、努力地为社会、为他人做出贡献。当社会利益与局部利益、个人利益发生冲突时，要求每一个从业人员把社会利益放在首位。

奉献社会是一种对事业忘我的全身心投入，这不仅需要有明确的信念，更需要有崇高的行动。当一个人任劳任怨，不计较个人得失，甚至不惜献出自己的生命从事于某种事业时，他关注的其实是这一事业对人类、对社会的意义。

三、职业意识素养

职业意识是作为职业人所具有的意识，是用法律、法规、行业自律、规章制度、企业条文来体现的。不同的机构和单位，由于各自文化的不同，对职业意识也有不同的诠释。

职业意识有社会共性的，也有行业或企业相通的。它是每一个人从事所工作的岗位的基本，也是必须牢记和自我约束的。这种意识体现在员工日常的工作中，表现出高度的工作责任感和主人翁精神。职业意识可以从责任意识、规范意识、服务意识三个方面表现出来。

（一）责任意识

责任意味着是必须承担的任务，是把分内事情做好的一种行为和心境。

1. 责任的作用

首先，责任是个人成长的动力。人从出生开始，就负载着大小不同的责任，小时候负责健康成长，青年时期负责充实自我为将来的工作做准备，成年后担负着家庭和社会的责任。责任是成熟的标志。能够承担责任的人是可以委以重任的人，也是值得信赖的人。责任是实现人生价值和赢得荣誉的阶梯。

其次，责任意识平常而朴素。责任意识并不惊天动地，然而，正是这种来自各个阶层普通民众的对家庭、对他人、对社会的责任共担，才凝聚起我们战胜强大困难的力量。这种责任意识最典型的表现在那些坚守工作岗位的各行各业劳动者身上，有了他们的忠于职守，才使我们的社会得以维持正常运转。置身于社会，每一个成员之间的联系是如此的紧密，他人的利益与自身的利益息息相关。

2. 责任心强的员工，应具备的特征

(1) 为成功完成工作而保持高度热情和付出额外努力。

(2) 自愿做一些本不属于自己职责范围内的工作。

(3) 助人与合作。

(4) 遵守组织的规定和程序。

(5) 赞同、支持和维护组织的目标。

3. 责任意识的培养

良好的责任意识是优秀的品德，也是职场成功的基本功。养成良好的责任意识和相应的行为习惯是为未来进入工作岗位做重要的准备。

(1) 做勇于承担责任的人。勇于承担责任、不推卸责任，尤其是在困难、挫折、失

误面前不逃避，不为失败寻找借口，不抱怨环境，这是培养责任意识的第一步。

(2)负责任从小事做起。细节决定成败，培养负责任意识也应从小事做起。

(3)养成负责任的习惯。负责任不讲条件不为功利，负责任是个人坚定的品质，养成负责任的习惯，拥有坚不可摧的力量。

(4)负责任从负责人出发。负责任要有爱心，爱心是责任意识的源头，只有唤起内心深沉的爱，热情地拥抱世界，才能做顶天立地的人。

(二)规范意识

规范是指群体所确定的行为标准，它可以由组织正式规定，也可以是非正式形成。规范无处不在，各行各业都有自己的规范标准，如中等职业技术学校学生日常行为规范、职业道德规范、法律规范、建筑业的建筑规范等。根据社会规范的控制手段和产生的历史顺序不同，规范可划分为习俗规范、道德规范、宗教规范、纪律规范(行业规范)和法律规范等。由于不同的规范之间相互联系、互相渗透、互为补充，共同调整着人们的各种社会关系。因此，它们虽然有着不同的社会作用，但也有着相同的共性。

(三)服务意识

在现代飞速发展的社会背景下，服务意识往往被诠释为企业全体员工在与一切企业利益相关的人或企业的交往中所体现的为其提供热情、周到、主动的服务欲望和意识，即自觉主动做好服务工作的一种观念和愿望，它发自服务人员的内心。

服务意识有强烈与淡漠之分，有主动与被动之分。这是认识程度问题，认识深刻就会有强烈的服务意识；有了强烈展现个人才华、体现人生价值的观念，就会有强烈的服务意识；有了以公司为家、热爱集体、无私奉献的风格和精神，就会有强烈的服务意识。

服务意识的培养可以从以下几个方面。

1. 健全人格

健全的人格是服务意识形成的根本所在。健全的人格包括三大要素：谦虚、追求完美、对别人有用。缺乏人格三要素中的任何一项，都会导致人格缺陷，有人格缺陷的人在现实生活中是不受欢迎的，是很难在事业上取得成功的。因此，只要我们不断地提醒自己，要做人格健全的人，并且拿人格三要素对照自己、调整自己，就会逐渐培养起良好的服务意识。

2. 尊重别人

尊重是中国式殷勤待客服务的核心部分之一，缺少尊重将破坏和谐的关系，而对客户我们必须尊重他们，以建立永久的良好关系，所以我们绝不能羞辱、为难、贬低或慢待客人。

3. 彬彬有礼

礼貌是中国文化另外一个重要组成部分，它的含义是言行文明、举止大方、细致周全，礼貌能给人留下美好而又永久的印象。

四、职业行为素养

(一)职业行为

职业行为是人类在职业生涯中表现出来的职业态度及具体的工作方式，职业行为可分为外显行为和内在行为。外显行为是可以被他人直接观察到的行为，如在工作过程中的言谈举止；而内在行为则是不能被他人直接观察到的行为，如职业意识、思维活动等，即通常所说的心理活动。一般情况下，可以通过观察人的外显行为，进一步推测其内在行为。

(二)诚实守信是生存的基石

何为诚信？从道德范畴来讲，诚信即待人处事真诚、老实、讲信誉、言必行、行必果，一言九鼎、一诺千金。在《说文解字》中的解释是："诚，信也"，"信，诚也"。可见，诚信的本义就是要诚实、诚恳、守信、有信，反对隐瞒欺诈、反对伪劣假冒、反对弄虚作假。从某种意义上说，信用已不单是一种品格，而是生存的基石。孔子说："人而无信，不知其可也。"可见，诚信是每个人的立身之本。

(三)维护良好职业形象

一个人的形象不是天然形成的，而是靠后天的勤奋努力、不断追求、不断学习、不断提高自身综合素质逐步实现的。职业形象作为个人品牌的核心载体，是通过系统性自我管理塑造的复合型竞争力。其本质是职场中"专业价值"与"人格魅力"的双重投射，具有强烈的符号化特征。

(四)保持好品性，不要让坏习惯滋生

人一旦养成了抽烟的习惯，在一段时间里或许对你的身体没有任何明显的影响，但随之而来的，可能因此患上各种疾病，这些疾病包括：支气管炎、鼻炎、肥胖症、糖尿病、高血脂、癌症等，随着时间的推移，疾病由小变大，当患上癌症之后，后悔已来不及。

其实，由于人性中的惰性，养成一个好习惯比形成一个坏习惯要费力。好习惯需要长时间一点一滴积累，而破坏一个好不容易养成的好习惯往往瞬间即可完成。借用纪晓岚对联中的话，坏毛病"如秋草芟难尽"，好习惯"似春冰积不高"。

一旦个人放松了对坏习惯的控制，无形中身体里越来越多的坏习惯就会滋生出来，到最后完全失去控制，个人也就走向了穷途末路。所以，好习惯的养成需要从日常小事做起。

案例

有一位物理学家曾经制作了一组多米诺骨牌，共 13 张。最小的一张长 9.53 毫米，宽 4.76 毫米，厚 1.19 毫米，还不如小手指甲大。物理学家把这张牌作为第一张，然后以每张扩大 1.5 倍的比率，依次设计其余十二张牌。

之所以采用 1.5 倍这个比率，是因为按照数学计算和物理原理，一张骨牌倒下时

能推倒的最大骨牌不超过自己的1.5倍。所以依次算下去，最大的第13张长61毫米、宽30.5毫米、厚7.6毫米，相当于一张扑克牌大小，厚度相当于扑克牌的20倍。

这位物理学家按照精确的计算，把这套骨牌按适当间距排好，轻轻推倒第一张，第二张、第三张顺次倒下，当第13张骨牌倒下时，其释放的能量比第一张牌倒下时整整扩大了20多亿倍。这种能量是以几何级数的形式增长的，所以可以产生巨大的力量。

这是多么惊人的数字啊！研究者推算，如果继续制作骨牌，当第32张牌倒下的时候，所产生的力量将足以推倒帝国大厦。

这个实验给我们的启示是，人们稍微不注意所养成的一个坏习惯，就像第一张骨牌一样，会不断在身体内或思想上扩大影响，让负面的影响越来越大，最终无法收场。

五、职业能力

职业能力是大学生从事职业活动和推进职业发展的核心要素之一，也是大学生职业素质最为关键的要素。职业能力对一个人的未来职业有着至关重要的作用，是胜任某种职业岗位的必要条件，也是个人发展和创造的基础。没有能力或能力低下，就难以达到工作岗位的要求，不能胜任。个体的职业能力越强，各种能力越是综合发展，就越能促进人在职业活动中的创造和发展，就越能取得较好的工作绩效和业绩，越能给个人带来职业成就感。

（一）能力与职业能力

能力是直接影响人们活动效率，保证人们顺利完成某种活动所必需的个性心理特征。它主要是一个人完成某项工作任务，从事某种活动所必备的本领。

职业能力是在学习活动和职业活动中发展起来的，直接影响职业活动效率，使职业活动得以顺利完成的个性心理特征，是人们从事某种职业的多种能力的综合。例如，一位教师只具有语言表达能力是不够的，还必须具有对教学的组织和管理能力、对教材的理解和使用能力、教学问题和教学效果的分析判断能力等。职业能力能说明一个人在既定的职业方面是否能够胜任，也能说明一个人在该职业中取得成功的可能性。

（二）职业能力的类型

由于职业能力是多种能力的综合，因此，可以把职业能力分为一般职业能力、专业能力和职业综合能力。

1. 一般职业能力

一般职业能力主要是指一般的学习能力、文字和语言运用能力、数学运用能力、空间判断能力、形体知觉能力、颜色分辨能力、手的灵巧度、手眼协调能力等。此外，任何职业岗位的工作都需要与人打交道，因此，人际交往能力、团队协作能力、对环境的适应能力以及遇到挫折时良好的心理承受能力，都是在职业活动中不可缺少的能力。

2. 专业能力

专业能力主要是指从事某一职业的专业能力。在求职过程中，招聘方最关注的就是求职者是否具备胜任岗位工作的专业能力，例如，你去应聘教学工作岗位，对方最看重你是否具备最基本的教学能力。

3. 职业综合能力

职业综合能力主要介绍国际上普遍注重培养的“关键能力”，主要包括四个方面。

(1)跨职业的专业能力。从三方面可以体现出一个人跨职业的专业能力：一是运用数学和测量方法的能力；二是计算机应用能力；三是运用外语解决技术问题和进行交流的能力。

(2)方法能力。一是信息收集和筛选能力；二是掌握制订工作计划、独立决策和实施的能力；三是具备准确的自我评价能力和接受他人评价的承受力，并能够从成败经历中有效地吸取经验教训。

(3)社会能力。社会能力主要是指一个人的团队协作、人际交往和善于沟通的能力。在工作中能够协同他人共同完成工作，对他人公正宽容，具有准确裁定事物的判断力和自律能力等，这是岗位胜任和在工作中开拓进取的重要条件。

(4)个人能力。随着我国经济体制改革的深入、法制的不断健全完善，人的社会责任心和诚信将越来越被重视，一个人的职业道德会越来越受到全社会的尊重和赞赏，爱岗敬业、工作负责、注重细节的职业人会得到全社会的肯定和推崇。

(三)职业能力的基本框架

职业能力是能够为企业创造财富的能力。不同类型职业人才所要求的能力体系不同，从而形成了职业能力的基本框架。由于能力体系不同，职业对录用人员的素质要求不一样，现分别就科研型、管理型、事务型、工程型、文化型和社会型职业人员的素质要求做出解释。

1. 科研型职业应具备的素质

科研工作是一种创造性劳动，科研型人员应具备以创造力为核心的知识结构。在知识结构方面，具备宽厚扎实的基础知识、外语交流能力，既要有专长又要有较渊博的知识，达到专与博的有效结合；具备创造性、熟练的基本技能和理论理解及应用，以及把这三者融会贯通、协调结合起来的能力；具备独立思考、勤于实践、不怕挫折的良好心理素质。

2. 管理型职业应具备的素质

从事管理型职业人员应具备的素质，主要包括以下几点：忠于贯彻国家的方针政策并能灵活运用，有高度的公众意识；具备坚实的管理专业理论和实际知识，同时具有较广博的自然知识和社会知识；具备一定的领导、组织协调和社会才能以及中外语言文字表达能力；具有健康的身体和充沛的精力以应对千头万绪和千变万化的工作。

3. 事务型职业应具备的素质

事务型职业是指与组织机构内部日常的制度性、规范性、信息传播等有关的事务处理的职业活动，如打字员、档案管理员、办事员等。事务型职业对从业者的素质要求，在知识方面侧重于基础文化知识，对于职业技术专门的知识有较具体的了解，要懂得统计、档案管理知识，熟悉专门法规和规章条例，一些涉外国单位对外语也有较高的要求，事务型职业不少岗位需要员工严守纪律、保守秘密，有的在礼仪方面有特殊的要求。在能力方面要求具有较高的社交能力、语言表达能力和干练的办事能力等。

4. 工程型职业应具备的素质

工程型职业主要是指工业、建筑业等行业的工程技术人员，应具备的素质要求：要有不辞辛苦、艰苦奋斗的创业精神和严肃认真、一丝不苟的求实工作态度；要谦虚谨慎、深入工作第一线、能和同事密切合作；在牢固掌握专业知识的基础上，对相近专业的知识要比较了解，并有较好的外语水平、计算机应用能力、语言表达能力和理论应用实际的能力。

5. 文化型职业应具备的素质

文化型职业，如作家、服装设计师、音乐家、舞蹈家、摄影家、书画雕刻家、广告设计师等。文化型职业在知识和能力方面对从业者素质的要求是：能博采众长和广泛涉猎；敏锐的观察力；丰富的想象力；坚强的毅力；得天独厚的艺术天赋；不断的创新精神。

6. 社会型职业应具备的素质

社会型职业包括教育人、救死扶伤、提供公共服务、协调人际关系、为人民提供生活便利的工作，如教师、医生、律师、法官、广播电视工作者等社会公共服务人员。社会型职业要求从事其职业的人员：在知识素质方面，应具有基础的科学文化知识，尤其是应该具备广泛的知识面和职业要求的专业知识；在能力素质方面，要有一定事实上的理解能力、社会活动能力、组织协调能力、自身形象设计能力和文字表达能力等。随着经济的全球化和人才竞争的国际化，中外语言的表达能力和计算机操作使用技能已成为各种职业类型所要具备的基本技能。

任务二　综合能力提升

职业素养培养有利于提高大学毕业生的就业竞争力，提高日后工作的稳定性和成就感。不同职业、不同行业对大学生职业素养提出了不同要求，如国有企业在人才招聘过程中，最为看重的是应聘者的专业技能，其从业职业资格证书是录用的主要参考依据；相比国有企业，民营企业则更看重个人通用技能，特别是个人人际交往、表达沟通、创新等能力。由于其特殊性，民营企业在用人上更偏重能力而非学历，需“通才”而非“专才”。

一、企业需要的职业素质与能力

2017 年，中商产业研究院针对我国 100 家著名企业的用人标准进行调查统计，其中位于前 9 位的职业素养依次如下：专业知识和专业技能 40%、责任心和吃苦精神

37%、领导力和团队协调能力 32%、英语和计算机应用技能 21%、实习经历 19%、创新能力 18%、与人的沟通能力 16%、学习能力 14%、逻辑反应和适应能力 11%。

从数据来看，除了专业知识和专业技能为显性职业素养外，招聘单位对于应聘者“冰山”水下部分的隐性职业素养也是非常重视的。然而，很多大学毕业生的职业素养往往达不到招聘单位的要求。

据调查，有六成以上的企业对高校毕业生的综合素质和工作表现满意度不高，大多数被调查企业认为，大学毕业生最缺乏的职业素质排序情况为：吃苦能力>积极心态>有效沟通>诚信素养>团队精神>学习能力>时间管理>创新能力>人格魅力>个人自信>其他。因此，如何提升大学生职业素养是高校和大学生目前相当紧迫的一个问题。

总的来说，企业对大学生职业素质和能力的要求可以因不同行业、职位和组织而异，但以下是一些通用的职业素质和能力要求，大多数企业通常会重视。

(1)沟通能力：能够清晰、有效地表达思想和观点，以及倾听和理解他人的沟通。这包括书面和口头沟通能力。

(2)团队合作能力：能够有效地与团队成员合作，协调工作，解决冲突，实现共同目标。

(3)领导潜力：具备领导和管理团队的潜力，能够激励和指导他人，推动团队或项目的成功。

(4)问题解决与决策能力：能够分析问题，找到解决方案，并能够在需要时迅速做出明智的决策。

(5)创造力和创新能力：具备创造性思维和创新能力，能够提出新的想法、方法或解决方案，有助于企业不断改进和发展。

(6)自我管理能力：具备自我组织、时间管理、目标设定和自律的能力，以提高工作效率和维持高工作标准。

(7)跨文化和多元化意识：能够尊重和理解不同文化和背景的人，适应多元化工作环境。

(8)技术能力：随着科技的不断进步，数字技术和信息技术能力越来越重要。这包括数字素养、计算机技能、数据分析等。

(9)持续学习和适应能力：能够不断学习和适应新技能、新技术和新工作要求，以应对不断变化的商业环境。

(10)创业精神：具备创业意识，愿意承担风险，探索新的商机和机会，推动企业创新和增长。

企业通常会考虑这些职业素质和能力，不仅在招聘员工时，还在提升员工和领导发展方面。这些素质和能力对于企业的成功和创新至关重要，因此，大学生平时注重发展和提升这些素质对于自己未来的竞争力非常重要。

二、职业素质与能力的提升

在知识经济、网络信息化的社会中，科技的迅猛发展和经济全球化的到来，对职场、对用人的标准提出了更高的职业综合素质要求——职业核心能力。职业核心能力是人们职业生涯中除岗位专业能力之外的基本能力，它适用于各种职业，能适应岗位不断变换，是伴随人终身的可持续发展能力。当前，大学生应重点培育职业核心能力，主要包括沟通能力、团队合作能力、创新能力、解决问题的能力。

(一)沟通能力

有关沟通的四个70%说法：第一个70%是：据一项权威的统计表明，除去睡眠时间，人们70%以上的时间都用在传递或接受信息上；第二个70%是：企业70%的问题是由沟通障碍引起的；第三个70%是：在企业里管理人员每天将70%～80%的时间花费到“听、说、读、写”的沟通上；第四个70%是：美国哈佛大学研究发现，人们工作中70%的错误是因不善于沟通或者不善于谈话引起的。

可见，沟通在人们生活中不仅是无处不在的，而且是非常重要的。社会是一个大舞台，纷繁复杂。国与国之间需要沟通，于是有了外交；单位与单位之间需要沟通，于是有了联系；人与人之间需要沟通，于是有了交流。沟通是一盏指路明灯，可以随时矫正人们航行的方向。那么，如何进行沟通呢？让我们一起来学习沟通的几个技巧。

1. 沟通第一大技巧：同理心

沟通的首要技巧在于是否拥有同理心，即学会从对方的角度考虑问题，这不仅包括理解对方的处境、思维水平、知识素养，还包括维护对方的自尊，加强对方的自信，请对方说出自己的真实感受。每个人都有自己既定的立场，也习惯执着在本身的领域当中，从而忘却了别人也有自己的立场和自己的处境。

因为沟通是两个人的事情，这就要照顾到对方的情况。以下是关于同理心的六原则，把握住这六条原则，就能够真正拥有同理心。

(1)我怎么对待别人，别人就会怎么对待我。

(2)想他人理解我，就要首先理解他人。将心比心，才会被人理解。

(3)别人眼中的自己，才是真正存在的自己。学会以别人的角度看问题，并据此改进自己在他们眼中的形象。

(4)只能修正自己，不能修正别人。想成功地与人相处，让别人尊重自己的想法，唯有先改变自己。

(5)真诚坦白的人，才是值得信任的人。

(6)真情流露的人，才能得到真情回报。

所以，在做任何事情之前我们都要仔细考虑，试着先将自己的想法放下来，真正站到对方的立场，仔细地为别人想一想。你会发现，许多事情的沟通，竟会变得出乎想象的容易。

2. 沟通的第二大技巧：善于聆听

真正的沟通高手首先是一个热衷于聆听的人。善于倾听，才是成熟的人最基本的素质。如果你在听别人说话时，可以听懂对方话里的意思，并且能够心领神会，可以感受到对方的心思而予以回应，表示你掌握了倾听的要领。在聆听的过程中还应该注意如下事项。

(1)和说话者的眼神保持接触。

(2)不可凭自己的喜好选择收听，必须接收全部信息。

(3)以谦虚、宽容、好奇的心态来听。

(4)多问问题，以澄清疑问。

(5)抓住对方的主要观点是如何论证的。

(6)等你完全了解对方的重点后，再提出自己的意见。

(7)把对方的意思归纳总结出来，询问对方正确与否。

(8)同时，还要注意强调“时机是否合适，场所是否合适，气氛是否合适”，要注意在不同的环境类型产生的倾听的障碍。

3. 沟通第三大技巧：学会控制情绪

沟通，最大的忌讳就是感情用事。沟通时，我们要尽可能地避免使用太强烈的词汇。不要在生气时沟通，否则容易语无伦次。要洞悉人心，调整自己的心理，抒发好情绪，收敛坏情绪，不为别人的情绪买单，从而赢得别人的认可和尊重。

一个人成功的因素75%靠沟通，25%靠天才和能力。对企业而言，有效的企业内部沟通交流可以促进团队合作；掌握谈判与合作等沟通技巧可以实现企业之间的强强联合与优势互补；熟练掌握和应用管理沟通的原理和技巧可以更好地实现企业的发展并服务于社会，处理好企业与政府、企业与公众、企业与媒体等各方面的关系。对个人而言，建立良好的管理沟通意识，养成在任何沟通场合、面对不同的沟通对象都能够有意识地运用管理沟通的理论和技巧进行有效沟通的习惯，会达到事半功倍的效果。大学生可以通过多参与校园和社会活动去学习相关社会交往知识，不断提高自身的沟通能力。

(二)团队合作能力

团队合作的力量是强大的。如今优秀的企业都很注重团队协作精神，将之视为公司文化价值之一，希望员工能将个人努力与实现团队目标结合起来，成为可信任的团队成员。许多刚走上职场的毕业生，往往满怀抱负、血气方刚，在团队中常常表现出个人英雄主义。在一些企业常常可以见到这样的员工，在市场上敢拼敢打，是一名虎将，而自恃学历层次高、工作能力强、销售业绩好，在同事和领导面前狂傲不已，作风散漫，不愿遵守劳动纪律，还经常在公开场合反对领导的意见。而这样的员工业绩再出色，能力再强，最终也会被企业淘汰。

团队精神的核心就是协同合作。协同合作是任何一个团队不可或缺的精髓，是建立在相互信任基础上的无私奉献，团队成员因此而互补互助。那么，如何提升团队合作能力呢?

案例

在南美洲的草原上，有一种动物用实际行动诠释了什么叫团队合作。酷热的天气，山坡上的草丛突然起火，无数蚂蚁被熊熊大火逼得节节后退，火的包围圈越来越小，渐渐地蚂蚁似乎无路可走。

然而，就在这时出人意料的事发生了：蚂蚁们迅速聚拢起来，紧紧地抱成一团，很快就滚成一个黑乎乎的大蚁球，蚁球滚动着冲向火海。尽管蚁球很快就被烧成了火球，在噼噼啪啪的响声中，一些居于火球外围的蚂蚁被烧死了，但更多的蚂蚁却绝处逢生。

1. 了解团队成员的性格品质

团队强调的是协同工作，所以团队的工作气氛很重要，它直接影响团队的合作能力。没有完美的个人，只有无敌的团队，团队中的个人能力取长补短，相互协作，即能造就出一个好的团队，所以才有“三个臭皮匠赛过诸葛亮”之说。在一个团队中，每个成员都有自己的优点缺点，作为团队的一员应该主动寻找团队成员的优点和积极品质，学习它，并克服自己的缺点和消极品质，让它在团队合作中被弱化甚至被消灭。如果团队的每位成员都主动去寻找其他成员的积极品质，那么团队的合作就会变得很顺畅，工作效率就会提高。

2. 包容团队成员

团队工作需要成员在一起不断地讨论，如果一个人固执己见，无法听取他人的意见，或无法和他人达成一致，团队的工作就无法进行下去。团队的效率在于配合的默契，如果达不成这种默契，团队合作就不可能成功。为此，对待团队中其他成员时一定要抱着宽容的心态，讨论问题的时候对事不对人，即使他人犯了错误，也要本着大家共同进步的目的去帮对方改正，而不是一味斥责。同时也要经常检查自己的缺点，如果意识到了自己的缺点，不妨将它坦诚地讲出来，承认自己的缺点，让大家共同帮助你改进，这是最有效的方法。

3. 获得支持与认可

要使自己的工作得到大家的支持和认可，而不是反对，那就需要让大家喜欢你。但一个人如何让别人来喜欢你呢？除了在工作中互相支援、互相鼓励外，还应该尽量和大家一起去参加各种活动，或者礼貌地关心一下大家的生活。要使大家觉得，你不仅是他们的好同事，还是他们的好朋友，那还会有谁不喜欢与自己的朋友合作吗？

4. 保持谦虚精神

任何人都不喜欢骄傲自大的人，这种人在团队合作中也不会被大家认可。可能你在某个方面比其他人强，但你更应该将自己的注意力放在他人的强项上，只有这样，才能看到自己的肤浅和无知。因为团队中的任何一位成员，都有自己的专长，所以必须保持足够的谦虚。

5. 资源共享

团队作为一个整体，需要的是整体的综合能力。不管一个人的能力有多强，如果个人能力没有充分融入到团队中，到了一定阶段必定会给整个团队带来致命打击。资源共享作为团队工作中不可缺少的一部分，可以很好地评估团队的凝聚力和团队的协作能力，也是一个团队能力的客观体现。提高团队的资源共享度是团队健康发展、稳定发展的基础。

(三)创新能力

企业需要那种具有创新能力的人。创新是赢得成功的一个重要保证，创新能力是每一个求职者都应该努力培养的素质。反映在面试中，企业招聘人员一般会问："在以前的工作中，你有没有做成功过一件其他人从来没做过或者根本没想过的事情?"或者"你是否对一些新鲜的事物感兴趣?"

李开复在给中国高校学生的一封信中曾这样描述，仅仅勤奋好学，在今天已经远远不够了。因为最好的企业需要的人才都应当既掌握丰富的知识，又具备独立思考和解决问题的能力，善于自学和自修，并可以将学到的知识灵活运用于生活和工作实践，时时不忘创新，以创新推动实践，以创新引导实践。只有这样，我们才能不断研发出卓越的产品。

创新是一切事物发展的本质，所有有意义的"创新"都来源于实践，创新的热情、知识的储备、实践的动力对于创新能力来说缺一不可。

(1)要善于观察：通过阅读、观察来慢慢积累自己的知识，提升发现问题的能力，进而进行创新。

(2)勤于动手实践：在实践中可以发现创新的乐趣，当这种乐趣转变为爱好时，创新的冲动就变为一种能力。

(3)参与创新竞赛：在"大众创业，万众创新"的今天，教育部、学校及社会团体为了培养大学生的创新能力，举办了很多创新创业的专业竞赛。大学生应该积极参与，有意识地培养自己的创新能力。

(4)勇于展现自我能力：大学生参加各类竞赛，主动结识来自各个学校热爱创新的大学生，通过相互交流、深入探讨，可以促进彼此的创新能力。同时，听取评委专家的点评，可以收获建议。

(5)有效创意提问，主动寻求导师指导：大学生的创新思维有局限性，也不稳定，而专业导师阅历丰富，专业性强，可以给予学生一些实用性的建议，逐步提升大学生的创新层次。以提问的方式提升创意和点子，多和老师交流学习，激励自己进行再创新。

(四)解决问题的能力

在现实社会生活中，人们几乎每天都要面对诸多问题。有些问题可能属于公事，有些问题则属于私事，还有些问题是属于在社会上遇到的"闲事"或麻烦事。其中有些问题可能很棘手，内中或许夹杂着诸多矛盾，处理不好，问题就可能会复杂化，小事也可能会变成大事；也有些问题是猝然发生的，急需加以处理，容不得太多的考虑时间和周旋余地。这时，最考验人的便是处理问题的能力。

谁是组织最需要的人才？是做大家都能做的事，还是解决最困难的事？面对难题，优秀的人往往会积极地寻找解决问题的方法。最优秀的人，不论工作多难、多苦、多复杂、多危险，都能勇敢地挺身而出，去解决一个个的问题。个人的作用大小、职位的重要程度，就取决于能够解决多少个这样的问题，人们能够通过解决问题来体现自己多大的价值。

1. 影响解决问题能力的因素

(1)智力、教育和经验。个体的认知能力越高，受过的教育越好，具有的工作经验越与问题相关，就有可能具有越好的解决问题的技能。

(2)情绪调节。能够很好地理解自己和他人的情绪，并能妥善表达、处理，会使自己的决策更趋于理性，避免极端情绪对决策的影响。

(3)灵活性。善于从不同的角度看问题，产生创造性的想法，从而表现出较好的解决问题的能力。

(4)直觉。解决问题时主要依靠自身的经验进行判断。良好的直觉需要大量的经验和相关知识作为储备，其形成可能需要很长时间。

(5)专注。专注是影响问题解决能力的重要因素，时刻让自己保持思维专注，勤于思考，很多创造性的想法就可能会自然而然地出现。

(6)决断性。在纷繁复杂的环境中，寻求一种适当的妥协，避免太追求完美而错过最佳的机会，往往能提高解决问题的能力。

(7)承担风险与寻求刺激。知道在解决问题中何时应该承担风险与寻求刺激，何时应该倾向于保守稳健，是良好的问题解决者必须具备的技能。

(8)价值观。当存在多个决策目标的时候，决策者在是非、得失的观念上的认识差异，在价值观判断上的差异，会影响不同目标之间的权重，从而对选择决策产生影响。

2. 提高解决问题能力的途径

学会处理问题是一个人立世成事的根本。善于处理问题是一个人综合素质的集中体现。一切成功者都是处理问题的高手。既然解决问题的能力如此重要，那么我们该怎样提高自己解决问题的能力呢?

(1)积极面对问题，关注解决方案，主动承担责任。现实中，多数人因为害怕遇到挫折和困难而选择逃避问题，久而久之就缺失提升自我的机会和处理问题的能力。不要害怕问题，把注意力集中在“问题的答案”上，而不是纠结于“哪里出了问题”和“是谁的错”。尽量多地承担工作并真正投入其中，问题接触得越多，解决问题的能力就越强。

(2)用5个(或5个以上)问答来清楚地定义问题。通过反复去问“为什么”，探究问题的根本原因，找到解决问题的最佳方法。

(3)简化问题，认真做好一件事。移除所有的细节，回到问题的基础状态。尝试去寻找一个简单、显而易见的解决方案。知道如何做好一件事，比很多事情都懂一点皮毛要强得多。

(4)勤于思考，确立努力目标。如果你有目标，你就一定会朝着这个方向努力，即使遇到的问题很多，你也不会放弃。反之，如果你没有目标，一遇到困难就会退缩。我们可以把大目标分成若干个小目标，面对问题勤于思考，并启发自己为了这个目标发挥潜能、提升工作能力。

(5)培养横向思考的思维方式，列出尽可能多的解决方案。“你不能在不同的位置挖相同深的洞”，即你不能在同一个问题上犯错。通过横向思考来改变你思维的“方向”，用“如果……怎么办”和“假设……怎么办”来引导思维，试着考虑“所有可能的解决方案”，即使其中的一些看起来很荒谬。保持开放的心态来促进创造性思维，避免使用封闭性的负面语言，如“我不认为……”或“这是不对的……”，充分激发大脑中潜在的解决方案。

当然，提高解决问题能力的方法还有很多，我们可以在实践中摸索。重要的是我们要着重培养这个意识，要多动脑多动手，把事情办得漂亮。

任务三　情商培育

情商就是情绪智商，也称为情绪商数(emotional intelligence 或 emotional intelligence quotient，EI 或 EQ)。情商是一种调节和控制情绪的能力，由两位美国心理学家约翰·梅耶(新罕布什尔大学)和彼得·萨洛维(耶鲁大学)于 1990 年首先提出，但并没有引起全球范围内的关注，直至 1995 年，由时任《纽约时报》的科学记者丹尼尔·戈尔曼出版了《情商：为什么情商比智商更重要》一书，才引起全球性的 EQ 研究与讨论，因此，丹尼尔·戈尔曼被誉为“情商之父”。

一、情商

(一)情商的重要性

情商是一个人重要的生存能力，是一种发掘情感的潜能、并运用情感能力影响生活各个层面和人生未来并走向成功的关键品质。以往，一个人能否在一生中取得成就，智力水平是第一重要的，即智商越高，取得成就的可能性就越大。但现在心理学家们普遍认为，情商水平的高低对一个人能否取得成功也有着重大的影响，有时其作用甚至要超过智力水平。

(二)情商和智商的不同

智商(intelligence quotient，IQ)是用以表示智力水平的工具，也是测量智力水平常用的方法，智商的高低反映着智力水平的高低。情商是表示认识、控制和调节自身情感的能力。情商的高低反映着情感品质的差异。情商对于人的成功起着比智商更加重要的作用。智商和情商，都是人的重要的心理品质，都是事业成功的重要基础。正确认识这两种心理品质之间的差异和联系，有利于更好地认识人自身，有利于克服智力第一和智力唯一的错误倾向，有利于培养更健康、更优秀的人才。

1. 智商和情商反映着两种性质不同的心理品质

智商主要反映人的认知能力、思维能力、语言能力、观察能力、计算能力、律动能力等。也就是说，它主要表现人的理性的能力。它可能是主管抽象思维和分析思维的左半球大脑的功能。

情商主要反映一个人感受、理解、运用、表达、控制和调节自己情感的能力，以及处理自己与他人之间的情感关系的能力。情商所反映个体把握与处理情感问题的能力。情感常常走在理智的前面，它是非理性的。

2. 智商和情商的形成基础不同

情商和智商都与遗传因素、环境因素有关。智商与遗传因素的关系远大于社会环境因素。根据调查，70% ~80% 智力差异源于遗传基因，20% ~30% 的智力差异系受到不同的环境影响所致。虽然情商具有一定的先天基础，但它更多地是一种可以通过培养和训练提高的能力。

因此，在日常生活中，人们应该注重培养自己和他人的情商水平，从而更好地适应社会环境、处理人际关系，并提高生活质量。

3. 智商和情商的作用不同

智商的作用主要在于更好地认识事物。智商高的人，思维品质优良，学习能力强，认识深度深，容易在某个专业领域作出杰出成就，成为某个领域的专家。

情商主要与非理性因素有关，它影响着认识和实践活动的动力。它通过影响人的兴趣、意志、毅力，加强或弱化认识事物的驱动力。智商不高而情商较高的人，学习效率虽然不如高智商者，但是，有时能比高智商者学得更好、成就更大。因为锲而不舍的精神使得勤能补拙。

情商是自我和他人情感把握和调节的一种能力，对人际关系的处理有较大关系。其作用与社会生活、人际关系、健康状况、婚姻状况有密切关联。情商低的人人际关系紧张，婚姻容易破裂，领导水平不高。而情商较高的人，通常有较健康的情绪，有较完满的婚姻和家庭，有良好的人际关系，容易成为某个部门的领导人，具有较高的领导管理能力。

二、情商对职业发展的影响

据调查，用人单位在关注应聘者的智商的同时更注重测试其工作热情、工作主动性、工作责任心、人际交往能力以及再学习能力。在历年的各级公务员考试中也都增加了关于情商的内容。戈尔曼在《情绪智力》一书中提出：真正决定一个人成功与否关键是情商能力，而不是智商能力。一个智商很高的人可以成为一名出色的会计师，但只有智商和情商都很高的人才可能成为一个公司的高级主管；一个智商能力高的人可以成为一个研究婚姻问题的心理学家，而一个情商能力高的人才能营造美满的婚姻。

情商对大学毕业生职业选择和发展有着深远的影响，它可以在职业生涯中发挥关键作用，情商可以提高大学生在以下方面的竞争力和成功。

1. 领导和管理

拥有高情商的领导者更容易激发团队成员的积极性，建立团队协作和信任。他们能够更好地理解员工的需求和情感，有效地管理和调节团队内的情感氛围，从而提高团队绩效。

2. 沟通能力

情商高的个体更擅长与他人沟通，包括清晰表达自己的想法和倾听他人的观点。这有助于建立良好的工作关系、解决问题和避免误解。

3. 决策能力

情商有助于更好地理解和管理自己的情感，这可以使个体在决策时更冷静和理智。他们能够更好地处理压力、焦虑和情感偏见，做出更明智的决策。

4. 团队合作

情商高的人更容易融入团队，建立良好的人际关系，解决冲突，以及有效地合作。这对于多数工作岗位都至关重要，特别是需要与他人密切合作的职业。

5. 自我管理

情商有助于个体更好地管理自己的情感和情绪。这可以提高工作效率、减轻情感压力，并有助于维护工作和生活平衡。

6. 创新和解决问题

拥有高情商的人通常更有创造性思维，能够提出新的想法和解决方案。他们也更有可能在解决复杂问题时与他人合作，从不同角度考虑问题。

总的来说，情商对于职业发展的影响是积极的，因为它能够提高个体在人际关系、领导能力、沟通、解决问题和决策等关键领域的竞争力。拥有高情商的人往往更容易获得升职机会、领导职位，以及取得职业成功。因此，在职业生涯中，不仅要关注专业技能的提升，还要重视情商的培养和发展。

情商测试

情商的高低，不但影响我们交朋友，还影响到我们个人发展的方方面面。生活中，很多成功人士并没有很高的学历，但他们不仅成功了，还能让高学历的人为他们做事。后来通过观察发现，他们确实不是智商超高的那种人，但是他们有一个共同点——情商高。

情商测试题

第1~9题。请从下面的问题中，选择一个和自己最切合的答案，但要尽可能少选中性答案。

1. 我有能力克服各种困难。（　　）

A. 是的　　B. 不一定　　C. 不是的

2. 如果我能到一个新的环境，我要把生活安排得。（　　）

A. 和从前相仿　　B. 不一定　　C. 和从前不一样

3. 一生中，我觉得自己能达到我所预想的目标。（　　）

A. 是的　　B. 不一定　　C. 不是的

4. 不知为什么，有些人总是回避或冷淡我。（　　）

A. 不是的　　B. 不一定　　C. 是的

5. 在大街上常常避开我不愿打招呼的人。（ ）

A. 从未如此 B. 偶尔如此 C. 有时如此

6. 当我集中精力工作时，假使有人在旁边高谈阔论。（ ）

A. 我仍能专心工作 B. 介于A、C之间 C. 我不能专心且感到愤怒

7. 我不论到什么地方，都能清楚地辨别方向。（ ）

A. 是的 B. 不一定 C. 不是的

8. 我热爱所学的专业和所从事的工作。（ ）

A. 是的 B. 不一定 C. 不是的

9. 气候的变化不会影响我的情绪。（ ）

A. 是的 B. 介于A、C之间 C. 不是的

第10～16题。请如实选答下列问题。

10. 我从不因流言蜚语而生气。（ ）

A. 是的 B. 介于A、C之间 C. 不是的

11. 我善于控制自己的面部表情。（ ）

A. 是的 B. 不太确定 C. 不是的

12. 在就寝时，我常常。（ ）

A. 极易入睡 B. 介于A、C之间 C. 不易入睡

13. 有人侵扰我时，我。（ ）

A. 不露声色 B. 介于A、C之间 C. 大声抗议，以泄己愤

14. 在和人争辩或工作出现失误后，我会感到震颤，精疲力竭，而不能继续安心工作。（ ）

A. 不是的 B. 介于A、C之间 C. 是的

15. 我常常被一些无谓的小事困扰。（ ）

A. 不是的 B. 介于A、C之间 C. 是的

16. 我宁愿住在僻静的郊区，也不愿住在嘈杂的市区。（ ）

A. 不是的 B. 不太确定 C. 是的

第17～25题。在下面问题中，每一题请选择一个和自己最切合的答案，同样少选中性答案。

17. 我被朋友、同事起过绰号、挖苦过。（ ）

A. 从来没有 B. 偶尔有过 C. 这是常有的事

18. 有一种食物使我吃后呕吐。（ ）

A. 没有 B. 记不清 C. 有

19. 除去看见的世界外，我的心中没有另外的世界。（ ）

A. 没有 B. 记不清 C. 有

20. 我会想到若干年后有什么使自己极为不安的事。（ ）

A. 从来没有想过 B. 偶尔想到过 C. 经常想到

21. 我常常觉得自己的家庭对自己不好，但是我又确切地知道他们的确对我好。（ ）

A. 否 B. 说不清楚 C. 是

22. 每天我一回家就立刻把门关上。（ ）

A. 否　B. 不清楚　C. 是

23. 我坐在小房间里把门关上，但我仍觉得心里不安。（ ）

A. 否　B. 偶尔是　C. 是

24. 当一件事需要我作决定时，我常觉得很难。（ ）

A. 否　B. 偶尔是　C. 是

25. 我常常用抛硬币、翻纸、抽签之类的游戏来预测凶吉。（ ）

A. 否　B. 偶尔是　C. 是

第 26 ~ 29 题。下面各题，请按实际情况如实回答，仅须回答“是”或“否”。

26. 为了工作我早出晚归，早晨起床我常常感到疲惫不堪。（ ）

A. 是　B. 否

27. 在某种心境下，我会因为困惑陷入空想，将工作搁置下来。（ ）

A. 是　B. 否

28. 我的神经脆弱，稍有刺激 就会使我战栗。（ ）

A. 是　B. 否

29. 睡梦中，我常常被噩梦惊醒。（ ）

A. 是　B. 否

第 30 ~ 33 题。本组测试共 4 题，每题有 5 种答案，请选择与自己最切合的答案。

30. 我愿意挑战艰巨的任务。（ ）

A. 从不　B. 几乎不　C. 一半时间　D. 大多数时间　E. 总是

31. 我常发现别人好的意愿。（ ）

A. 从不　B. 几乎不　C. 一半时间　D. 大多数时间　E. 总是

32. 能听取不同的意见，包括对自己的批评。（ ）

A. 从不　B. 几乎不　C. 一半时间　D. 大多数时间　E. 总是

33. 我时常勉励自己，对未来充满希望。（ ）

A. 从不　B. 几乎不　C. 一半时间　D. 大多数时间　E. 总是

以上测试题是可口可乐公司、麦当劳公司等世界 500 强众多企业所使用的，曾以此为员工 EQ 测试的模板，帮助员工了解自己的 EQ 状况。共 33 题，测试时间 25 分钟，最高 EQ 为 174 分。自己平时是怎样的反应就怎样回答，不要刻意，这样的成绩才真实有效。

(一) 计分方法

计分时请按照记分标准，先算出各部分得分，最后将几部分得分相加，得到的那一分值即为你的最终得分。

第 1 ~ 9 题，每回答一个 A 得 6 分，回答一个 B 得 3 分，回答一个 C 得 0 分。

第 10 ~ 16 题，每回答一个 A 得 5 分，回答一个 B 得 2 分，回答一个 C 得 0 分。

第 17 ~ 25 题，每回答一个 A 得 5 分，回答一个 B 得 2 分，回答一个 C 得 0 分。

第 26 ~ 29 题，每回答一个 A 得 0 分，回答一个 B 得 5 分。

第30～33题，每回答一个A得1分，回答一个B得2分，回答一个C得3分，回答一个D得4分，回答一个E得5分。

（二）测试结果

（1）得分在90分以下，说明你的EQ较低，你常常不能控制自己，你极易被自己的情绪所影响。很多时候，你容易被激怒、动火、发脾气，这是非常危险的信号——你的事业可能会毁于你的急躁。对此，最好的解决办法是能够给不好的东西一个好的解释，保持头脑冷静，使自己心情开朗。

（2）得分在90～129分，说明你的EQ一般，对于一件事，你不同时候的表现可能不一，这与你的意识有关，你比前者更具有EQ意识，但这种意识不是常常都有，因此需要你多加注意、时时提醒。

（3）得分在130～149分，说明你的EQ较高，你是一个快乐的人，不易恐惧担忧，对于工作你热情投入、敢于负责，你为人更是正义正直、同情关怀，这是你的优点，应该努力保持。

（4）得分在150分以上，那你就是个EQ高手，你的情绪智慧不但是你事业的助手，更是你事业有成的一个重要前提条件。

三、情商的修炼

美国《纽约时报》专栏作家，哈佛大学客座教授丹尼尔·戈尔曼认为人类有两个大脑，一个是理智的大脑，一个是情感的大脑。人生的成功是情商与智商并驾齐驱的结果。戈尔曼认为“情绪智商包含了自制、热忱、坚持，以及自我驱动，自我鞭策的能力”，具体包含五个主要方面。

（一）认识自我情绪

认识自我情绪，就是随时监视自我情绪的变化，当某种情绪一出现便能觉察到，并随时观察和审视自己的内心世界。认识自我情绪的本质是情感智商的基石，当人们出现了某种情绪时，应该承认并认识这些情绪而不是躲避或推脱。只有对自己的情绪有更大的把握才能成为生活的主宰，才能更好地指导自己的人生，更准确地决策婚姻、职业等大事；反之，不了解自身真实情绪的人，必然沦为情绪的奴隶。

人有九类基本情绪：快乐，温情，惊奇，悲伤，厌恶，愤怒，恐惧，轻蔑，羞愧。快乐和温情是正面的，惊奇是中性的，其余六个都是负面的。由于负面情绪占绝对多数，因此，不知不觉就会进入不良情绪状态。我们的目的就是要塑造阳光心态，把快乐和温情这两个好情绪调动出来，使大家经常处于积极的情绪当中。因为心情具有两极性，好的心情产生积极力量，使你喜悦、生气勃勃、沉着、冷静、进而缔造和谐。

（二）管理自我情绪

管理自我情绪是指能够自我安慰，能够随时调控自己的情绪，使自我情绪适时、适度地表现出来。

管理自我情绪具体表现在通过给自己充电、自我安慰和运动放松等途径，拥有对自己、对生活、对世界的健康信念，有效地摆脱焦虑、沮丧、激怒、烦恼等因失败而产生的消极情绪的侵袭，给人们带来勇敢、容忍、同情等更为健康的感情，不使自己陷于情绪低潮中。这方面能力较匮乏的人常需与低落的情绪交战；而这方面能力高的人可以从人生挫折和失败中迅速跳出，重整旗鼓，迎头赶上。

无论是在工作还是生活中，愉快、欢喜、伤心、愤怒都会陪伴左右。很多人已经习惯，但却不能控制。掌控与利用有效的情绪资源，是面对生活中的挫折、度过情绪的低气压、回到协调的生活状态的有利保障，从而给我们带来健康的生活。

（三）学会自我激励

自我激励就是能够依据自己欲实现的某种目标，随时进行自我鞭策、自我说服，始终保持高度热忱、专注和自制，让自己朝着目标不懈地努力。充分认识自我、激发自我潜力是成功的内在动力。自我激励能力强的人善于度过困境，也能在顺境中把握自己。

（四）理解他人情绪

理解他人的情绪就是能够通过细微的社会信号、敏锐地感受到他人的需求与欲望、认知他人的情绪。理解他人的情绪是与他人进行正常交往、友好沟通的基础。理解他人情绪，应做到如下几点。

1. 转移注意力，避免受到刺激

若发生悲伤、忧愁、愤怒时，人的大脑皮层常会出现一个强烈的兴奋灶，如果能有意识地调控大脑的兴奋与抑制过程，使兴奋灶转换为抑制平和状态，则可能保持心理上的平衡，使自己从消极情绪中解脱出来。

例如，当自己苦闷、烦恼时，不要再去想引起苦闷的事，尽量避免烦恼的刺激，有意识地听音乐、看电视、翻画册、读小说等，强迫自己转移注意力。这样就可以把消极情绪转移到积极情绪上，淡化乃至忘却烦闷。再如，遇到难解的事，先不要想它，可让自己的思维长上翅膀，自由畅想，到幻想世界中去遨游；也可与他人漫无边际地畅谈，免得在难解的事上钻牛角尖，给自己带来无端的烦恼。这样随着时过境迁，就能心平气和解决难题，化解矛盾，往往能收到较满意的成效。

2. 理智控制，自我降温

理智控制是指用意志和素养来控制或缓解不良情绪的爆发；自我降温是指努力使激怒的情绪降至平和的抑制状态。就是说，凡是有理智的人能及时意识到自己情绪的变化，当怒起心头时，马上意识到不对，能迅速冷静下来，主动控制自己的情绪，用理智减轻自己的怒气，使情绪保持稳定。林则徐在自己房内挂着“制怒”的条幅，那是为了提醒自己及时控制情绪；俄国著名作家屠格涅夫劝人吵架前，先把舌尖在嘴中转十圈，就是这个道理。

3. 宽宏大度，克己让人

“心底无私天地宽”“宰相肚里能撑船”。有气度的人，胸襟开阔，奋发进取，具有

团队协作精神；而气度小的人，则满腹幽怨，斤斤计较，弄至孤家寡人的地步。生活中，喜乐悲忧都会有。所以，人人都要注重涵养，消除抑郁寡欢的心境和私心杂念，对易激怒自己的事情，要用豁达乐观、幽默大度的态度去应对，经得起挫折，这往往可以使一种原本紧张的事情变得比较轻松，使一个窘迫的场面在幽默笑语中化解。

“牢骚太盛防肠断，风物常宜放眼量。”心理学家鼓励人们消除消极情绪的困扰，要有正常健康的反应情绪，需做到：遇到忧愁而能自解，身居逆境而能超脱，这样才能有益于身心健康。

（五）管理人际关系

管理人际关系就是妥善处理人际问题，与他人和谐。随着社会的发展，在专业分工越来越精细的情况下，人与人之间的相互协作已变得越来越重要。社会的发展、人类的进步都呼唤团队合作、相互尊重、相互信赖和相互协作。

在企业中，团结协作的作用在于提高绩效，使团队的整体工作业绩超过成员个体业绩的简单之和，从而形成强大的团队凝聚力和整体战斗力，最终实现团队目标。

任何一个个体都不可能脱离社会而独立存在，一个人只有真正融入了团队，才能保证工作的效率和质量。那么，如何与人相处呢？心理咨询学提出很重要的两点：“无条件积极关注”和“真诚”。

“无条件积极关注”就是对他人不能视而不见，要无条件地关注他人的言语、行为和需要，更不能过分地厌恶他人。

“真诚”简言之就是以诚待人、接纳他人，真诚地与他人合作。一个人如果为人处事表里不一，必定会影响其与他人合作的基础，进而影响自己的人生。人际关系处理得好，会为你积累好的人脉，好的人脉是成功路上的加速器，能让人更稳健地走向成功。

实践训练

情商提升活动

（一）活动目标

帮助参与者了解和提升情商，培养情感智慧，提高人际关系和沟通能力。

（二）计活动时间和地点

活动可以持续一整天或分成多个会议，地点可以是一个教室、会议室或户外场地，具体根据参与者人数而定。

（三）计活动内容

(1)情商讲座：活动开始，介绍情商概念和重要性，探讨情商对个人和职业生活的影响。

(2)自我认知：参与者将进行一些自我反思的练习，以了解自己的情绪、情感需求和反应模式。

(3)情感识别：通过情感图片、故事或角色扮演的方式，帮助参与者识别不同情绪，并了解如何识别他人的情感。

(4)情感调节：引导参与者学习情感调节技巧，包括深呼吸、冥想、情感日记等方法，以更好地管理自己的情绪。

(5)主动倾听：强调倾听的重要性，提供倾听技巧，包括积极倾听、提问、反馈等，以提高人际关系质量。

(6)情感表达：参与者将参与情感表达的练习，学习如何以积极和有效的方式表达情感，并避免冲突和误解。

(7)人际关系建设：引导参与者探讨如何在个人和职业生活中建立积极的人际关系，包括家庭、朋友和职场。

(8)团队合作：通过小组活动和团队合作练习，强调情商对团队合作和领导力的重要性。

(9)结束讨论：结束活动，鼓励参与者分享他们的学习体会和目标，以及他们打算如何应用所学到的情商技能。

这个活动的目标是提高参与者的情商，增强他们的情感智慧，使他们更好地理解和管理自己的情绪，以及更好地与他人建立积极的关系。通过活动，参与者将能够应用所学的技能到他们的日常生活和职业中，从而提高他们的生活质量和职场成功。

项目小结

本项目主要介绍了职业素养与能力提升标的相关知识，首先介绍了职业素养的基本知识；其次介绍了综合能力的提升；最后介绍了情商的培养。通过本项目的学习，学生能够提升职业素养与综合能力。同时能够对就业信息进行精准搜集，提高就业几率，从而增强自信心。

项目习题

1. 什么是职业素养？职业素养有哪些基本特征？
2. 大学生为什么要提高职业素养？
3. 请结合自己的情况，谈谈如何全方位提高自己的职业素养？

项目五

就业形势分析

项目导读

高校毕业生是国家宝贵的人才资源，党中央、国务院高度重视促进就业工作，坚持把稳定和扩大就业作为经济运行调控目标，摆在宏观调控优先位置。大学生就业一直是政府关注的焦点之一，在百年未有之大变局加速演进的时期，就业形势受到经济、社会和政策等各种因素的影响，政府采取一系列政策来应对这些挑战，目标是创建一个包容性的劳动市场，鼓励创新和创业，促进大学生就业和职业发展。这些政策可以帮助大学生充分发挥潜力，为社会和经济做出积极贡献。本项目主要介绍就业形势分析的相关知识，大学生要掌握就业政策，坚定理想信念，厚植家国情怀，树立建设国家、服务基层的就业观念。

学习目标

知识目标

- 了解劳动力市场高校毕业生供需情况的大背景。
- 掌握新形势的就业策略。

技能目标

- 熟悉国家关于大学生就业的政策。
- 对国家就业政策有正确的认知。

素质目标

- 提升大学生对就业形势和就业政策的认知、理解及关注度。
- 促进大学生转变就业观念，调整就业心态。
- 鼓励和支持毕业生投身应急管理事业建功立业。

思政目标

- 引导学生志存高远，主动认识时代责任，自觉勇担历史使命。
- 帮助学生树立终身学习的观念，不断学习新的知识和技能，提高自己的综合素质和竞争力。

案例导入

大学生基层就业典型人物事迹

董永宇，男，中共党员，燕山大学2021届公共管理专业硕士毕业；曾获市级“优秀共产党员”称号，大学毕业后积极响应国家号召应征入伍，服役于空军地对空导弹兵某师5年，保卫首都空防安全，荣获“优秀士官”称号。退役后，董永宇考取了硕士研究生，2019年以在读研究生身份参加大学生志愿服务西部计划，服务于新疆生产建设兵团第二师铁门关市党委办公室督查室，并资助2名学生，还荣获共青团中央“全国大学生志愿服务西部计划优秀志愿者”称号。2021年他研究生毕业，再次参加大学生志愿服务西部计划，服务于新疆。

1. 坚定理想信念，投笔从戎

儿时经常听姥爷讲打仗故事的董永宇，在大学毕业后，响应国家号召积极报名参军。董永宇所在的新兵连属于空降兵十五军，在那里，他传承了黄继光“忠于祖国、英勇顽强、勇挑重担、敢于牺牲”的精神。下连后，他被分到原中部战区空军地空导弹兵某师，主要负责保卫首都空防安全。他所在的是一支被称作“英雄营”的部队，是第一个用导弹打下U-2侦察机的部队，也是唯一一支被毛主席整建制接见的部队，并多次参加国庆阅兵，2019年国庆阅兵百面战旗里就有属于这支“英雄营”的一面，《绝密543》这部电视剧就是以它为原型拍摄的。在那里，他学到了“思想红、技术精、作风硬”的营魂，在二十多年连续保持“先进”的连队里，他学到了“想在先、干在前、不停步、不落后”的工作作风。

2. 扎根西部基层，踏实奋斗

退伍后他并没有放弃学业，于2018年9月考入燕山大学攻读公共管理专业硕士研究生。参加学校的“到西部去，到基层去，到祖国最需要的地方去”主题宣讲会使他深受鼓舞，加之5年的军旅生涯和骨子里“兵”的基因。他萌生了服务兵团和奉献兵团的愿望，决定扎根西部，扎根基层。

作为志愿者服务于第二师铁门关市党委办公室督查室期间。董永宇主要负责党政信息编辑和“师长信箱”等相关工作。一年多的时间，受理信件500余封，帮助职工群众追回拖欠工资近2 000万元，先后收到十余封表扬信，得到了领导，同事和群众的一致好评。通过参与师市党委全会、项目签约大会等重要会议的服务保障工作。他养成了严谨细致的工作作风。通过参与中央和兵团领导来师市调研的接待保障工作，他强化了自身的服务意识。在参与师市档案馆搬迁攻坚工作中，他翻阅了近千张珍贵的老照片，跑遍了二师焉耆垦区各团场，对兵团精神有了更加深刻的体会。

3. 常怀感恩之心，回馈社会

作为退役军人，董永宇在燕山大学攻读硕士研究生期间享受了国家减免学费的政策。感恩之余，他也时常思考该如何奉献社会。在服务西部期间，在市教育局领导的帮助下，董永宇终于联系到一名正在读高三的孤儿和一名上初一的单亲留守儿童。那时，他唯一的收入就是大学生志愿服务西部计划的补贴金，但他还是毫不犹豫地资助他们每人每月300元的生活费。平时，他最常说的一句话就是“国家好，我们才能好”。2020年7月他服务期结束时正赶上新疆疫情反弹，他主动申请留下义务帮工，直到连续14天“双清零”后才踏上归途，成为离岗志愿者里最后一个离开的人。同年，他申请成为中国人体器官捐献志愿者，只愿能够尽自己最大的力量回报祖国，奉献社会。

习近平总书记寄语广大高校毕业生把个人的理想追求融入党和国家的事业之中，为党、为祖国、为人民多作贡献。2019年，在新中国成立70周年之际，董永宇光荣地成为一名服务西部的志愿者。2021年，在中国共产党成立100周年的伟大时刻，他再次踏上志愿服务西部之旅。在前一段时间接受燕山大学对服务西部计划志愿者的采访时，有人问他这次去新疆想干些什么，他真诚地说道：“想让更多的人知道。新疆的棉花是怎么种植和采摘的，让更多的人了解新疆，了解兵团，让更多的人来守卫边疆。”

“男儿既怀一腔热血，那么环顾此生，必将惟一心分两半；一半赠河山，换万家得长安；余一半，吾愿这土地辉煌峥嵘，人人岁长安。用脚步丈量大千世界，用心感悟志愿人生。做知行合一的新时代青年，不断锤炼自己，书写无愧于时代无愧于青春的篇章。”这是董永宇在青春岁月中的真实写照，也是他一生为之奋斗的目标。

任务一　高校毕业生就业形势

当前高校毕业生就业形势呈现“总量压力大、结构性矛盾突出、竞争多元化”的特点。

(1)规模持续扩大。2024年高校毕业生达1 198万人，创历史新高，叠加经济复苏缓慢，就业竞争白热化。

(2)行业分化明显。新兴产业(人工智能、新能源)人才紧缺，传统行业(房地产、教育培训)岗位收缩，文科和基础学科就业适配性挑战大。

(3)就业观念转变。“慢就业”(考研、考公和留学)、灵活就业(自由职业、副业)比例上升，毕业生更注重职业发展与生活质量平衡。

(4)政策托底与区域差异。一线、新一线城市靠高薪吸引人才，二三线城市以政策补贴(落户、住房)和基层项目(三支一扶)稳就业，但职业机会有限。

(5)核心挑战。技能与市场需求错配、竞争加剧、心理压力攀升。

(6)总体趋势。“总量压力大，但结构性机会并存”，毕业生需主动提升技能、灵活调整预期，结合政策红利与区域特色寻找突破口。

一、高校毕业生就业新挑战

(一)国内外经济增速趋缓

外部环境复杂多变。国际地缘政治日益复杂，欧美主要经济体面临着财政紧缩、主权债务风险上升等诸多问题，新兴经济体面临着经济结构调整、出口下滑等问题，粮食、能源危机持续，风险和变数依旧较多，全球经济下行趋势明显。根据国际货币基金组织(IMF)预测，2025 年全球经济增长将放缓至 2. 8% 。

国内经济受到冲击。中国经济与世界经济深度融合，世界经济环境的变化，必然对我国产生影响。国内经济运行总体平稳，但正处在新旧产业和动能转换关键期，面临需求不足、供给冲击、预期转弱三重压力，发展速度明显放缓，客观上对劳动者就业结构产生影响，同时也会对就业总体规模产生挤压效应，整体用工需求下降。近年来，受全球产业链、供应链的影响，部分中国制造业产业链外移至东南亚等国家，在一定程度上增加了青年人就业的难度。尤其是传统支柱产业企业改革的重组加快、淘汰落后产能、部分行业持续低迷及产能过剩将造成结构性失业和转型性失业，用人单位招聘需求明显下降，对劳动者就业市场产生了持续影响。

(二)高等教育进入大众化阶段

高校毕业生人数屡创新高。很多国家在迈向中高等收入国家的发展过程中，都经历过高等教育大规模扩张的时期。随着中国高等教育的不断发展，高校扩招导致高等教育进入大众化时代，扩招的直接结果就是高校毕业生数量持续增加，导致供大于求，精英化教育走向了大众化，大批接受过高等教育的人转变为社会主义建设各项事业中的普通劳动者，大学生从“稀缺”走向“普遍”。自 1999 年高校扩招以来，毕业生数量从 2003 年开始一路攀升，持续增长，到 2022 年高校毕业生总人数首次突破千万，2024 届高校毕业生规模 1 198 万人，再创历史新高。据统计，每年城镇新增就业岗位在 1 300 万左右，大量应届毕业生涌入就业市场，与往届未就业毕业生群体叠加，就业总量压力持续加大。2010—2024 年我国高校毕业生人数统计见表 5-1。

表 5-1　2010—2024 年我国高校毕业生人数统计

年份	2011	2012	2013	2014	2015	2016	2017	2018	2019	2020	2021	2022	2023	2024
人数(万)	660	680	699	727	749	765	795	820	834	874	909	1 076	1 158	1 198

高校培养的毕业生能力素质与企业需求存在差距。高校扩招后，部分学校资源不足，导致学生培养质量不一；高校教学过程中“重灌输轻实践”的传统教育模式过于重视理论知识的传授，而忽略学生实践能力的培养；加上专业设置和社会需求不适应，大学生就业观念滞后等多种因素叠加，造成毕业生的能力高低不一，素质参差不齐。由于企业的就业岗位有限，随着毕业生人数增加，人才竞争日益激烈，企业对应聘者的专业技能、实操能力、敬业精神等综合素质提出了更高的要求，间接使企业对新聘人员的毕业学历和能力要求越来越高，造成了毕业生难就业的局面。

(三)供需结构性矛盾突出

用人单位对毕业生素质要求高而导致供需矛盾。科技进步和市场的激烈竞争对劳动者的综合素质提出了更高的要求，应届毕业生的不稳定和工作经验缺失，导致部分用人单位对应届毕业生招聘的热度降低。此外，近年来高校加快了学科专业调整步伐，但部分高校培养的人才仍不能充分对接高质量发展需要，大量高校毕业生陷入内卷，学历高消费现象愈演愈烈，高校每年输出的素质不均衡的毕业生供大于求，用人单位需要的综合素质高的人才供小于需，对毕业生学历和能力的要求越来越高。

毕业生自我定位不准确而导致供需矛盾。大学生“就业难”是相对的，一些毕业生就业倾向选择大企业大公司、选择大都市和发达城市就业，自认为自身能力高人一等，对自身的综合素质定位过高，对工作岗位和待遇预期过高，希望找到条件好、薪资高的就业岗位，但实际能力素质却难以适合用人单位的岗位需求。毕业生与岗位需求不相适应、劳动力供给与企业用工需求不相匹配。大学生“高不成、低不就”，导致了企业招不到学生，学生难就业的局面，加剧了就业的供需矛盾。

区域流向与产业结构失衡而导致供需矛盾。就业供需结构性矛盾是经济社会发展不平衡、不协调的结构性问题在就业领域的集中表现，是在当前经济社会发展持续转型到一定阶段时形成的。随着技术进步加快和产业优化升级，技能人才短缺问题将更加凸显，部分地区企业用工需求与劳动力供给存在结构性失衡，这既有产业结构调整和科技进步的因素，也有区域经济格局变化的影响，各地区发展迅速但区域发展依然很不平衡，居民收入水平上升但依然差距较大，最根本的还是我国经济结构调整和区域经济结构，以及职场、经验准入要求等市场因素发生的变化与大学生适应这一变化所需的知识结构、专业素质、职场经验、就业观念、信息占有情况、高校分布和专业人数分布不匹配，引发了职位空缺和失业并存。

（四）青年失业率仍居高位

从近三年国际劳工组织发布的全球青年就业趋势报告看，全球 16 ~ 24 岁青年失业率超过成年人一倍以上。技术进步使工作的复杂程度不断分化，一些工作变得越来越复杂，另一些工作变得越来越简单，复杂程度高的工作岗位需要新的技术才能胜任，复杂程度低的工作岗位则可能被智能机器人替代，导致传统用工模式和就业工作模式面临新挑战。受新技术、新经济兴起的影响，高校毕业生选择灵活就业等非正规就业的数量和比例也不断提高，部分青年劳动者因忙于简单重复的工作而无法学习和提升技能，他们可能在职业生涯过程中低水平流动，甚至被取代和淘汰，就业面临严峻的形势。此外，企业用人标准由“重学历”转向“重能力”，以高校毕业生为重点的青年就业在经验和技能上并不占优势，与农业富余劳动力转移就业、失业人员再就业及就业困难群体相互竞争，实现就业的难度依然较大。

（五）“慢就业”“懒就业”比例有所上升

多数毕业生的家庭经济条件较好，生活压力较小，他们更注重个人兴趣爱好和工作感受，更加追求工作与生活的平衡，对工作氛围、城市环境、薪资水平等方面要求更高，对假期充足度、加班程度、通勤距离都格外关注，来自家庭方面的就业压力较小，可以选择的就业形式、就业渠道呈现多元化。他们在就业过程中更注重想干什么，而忽略能干什么、该干什么。尤其是受疫情和社会环境影响，他们更愿意到大企业、体制内单位就业，考公、考研、“二战”甚至“三战”群体不断壮大，“慢就业”“懒就业”

现象十分突出，甚至有部分毕业生对激烈的就业竞争知难而退，选择“躺平”或“佛系”。

二、高校毕业生就业新机遇

(一)新技术革命带来的新就业机遇

世界银行发布的2019年世界发展报告指出，近十年，以人工智能为代表的技术爆炸正在重塑新一轮社会经济格局。新一轮技术革命的迅猛发展，是以工业智能化、互联网产业化、工业一体化为代表，以人工智能、清洁能源、量子信息、3D打印、智能制造、虚拟现实、生物医药技术和新材料科学等为主的全新技术升级，带动经济高速增长，也实现生产力的新跃升以及生产要素的重新配置。新技术革命必然导致技术技能人才短缺，这为劳动力市场创造了新的就业岗位，成为吸纳大学生就业的主要领域，必然对就业产生广泛和深刻的影响。“替代效应”和“创造效应”正在我国人力资源市场上叠加显现。

(二)新经济、新业态带来新的就业发展空间

与新技术进步相伴而生的，是数字经济不断壮大，新产业、新业态、新模式蓬勃发展，新的动力和增长点逐步形成，战略性新兴服务业、高科技服务业、文化及相关产业服务业、生产性服务业、电子商务及相关的快递业等实现较快增长。云计算、大数据、物联网等技术层出不穷，在线旅游、医疗、教育、网络约车、第三方支付等“借网而生”，智能制造、个性化定制、普惠金融、智慧城市等也催生出一批新模式和新业态，互联网和信息技术创造了大量的新型就业岗位和新型职业种类。“大众创业、万众创新”持续推进，创客群体不断扩大，营造了新的就业增长空间，新经济的快速成长改变了传统的就业方式，使低端产业向高端产业转型，需要更多的人力资本，尤其是高层次的人力资本，创造了大量的新就业机会，人们可以按照自己的兴趣、技能、时间参与新业态活动，实现就业、获得收入。在科技创新、文化创意、生活服务等领域，灵活就业、弹性工作日益盛行，形成新的就业形态格局，给正在进入劳动力市场的青年群体带来了更多的职业选择机会。

(三)国家经济发展战略调整带来的新机会

现阶段百年未有之大变局加速演进，新一轮科技革命和产业变革深入发展，国家发展对高等教育的需要，对科学知识和人才的渴求，比以往任何时候都更加迫切。党中央、国务院高度重视促进就业工作，坚持把稳定和扩大就业作为经济运行调控目标，摆在宏观调控优先位置，积极推动经济发展与扩大就业良性循环。目前，中国经济整体好转，发展动能持续集聚，就业形势将逐渐好转，有望为高校毕业生就业营造良好环境，缓解国内就业压力。对历史性的重大挑战和考验，我们要未雨绸缪，坚持底线思维，主动识变、应变、求变，保持清醒头脑。

(四)新兴领域专业人才缺口带来新机遇

随着我国社会经济的发展，一些新兴领域专业人才十分匮乏。例如我国是世界上

自然灾害最为严重的国家之一，灾害种类多，分布地域广，发生频率高，造成损失重。面对这样严峻的形势，2018 年 3 月，根据第十三届全国人民代表大会第一次会议批准的国务院机构改革方案，成立中华人民共和国应急管理部。2019 年 11 月 29 日，习近平总书记提出了“加强应急管理体系和能力建设，大力培养应急管理人才，加强应急管理学科建设”的要求。据有关数据显示，目前全国范围内安全生产监管、安全服务、安全技术、地质灾害、应急抢险、灾害救助和防震减灾等应急管理的专业人才缺口约为 70 万人，基层应急管理人才专业技能不足。现有应急管理人才培养现状，特别是应用型人才的匮乏，已经难以满足当前以及未来应急管理工作的需求，这一现状为应急管理类专业毕业生带来了就业新机遇。

新时代的大学生，一定要以积极的心态迎接新经济、新业态、新岗位的挑战，将就业压力转变为就业动力，在校期间要不断提升自己的专业技能和学习能力，牢牢把握各类就业机会，准确定位，积极就业。

三、高校毕业生适应新形势的就业策略

(一) 树立正确的就业观念

所谓就业观是人们选择和从事一定职业时的心态、情感、态度、评价标准和价值取向的综合，是一个人的人生观、价值观、生活观、劳动观以及享乐观等在对待职业问题时的重要表现。简言之，就业观就是人们在选择职业和从事某种职业的过程中所形成或持有的价值取向。大学生树立科学的就业观，对促进就业和社会和谐具有重要的积极作用。

1. 当前大学生就业观念存在的问题

(1) 期望过高，一步到位

一些大学生自认为所学专业和自身条件很不错，希望找到一份一步到位，且收入高、离家近，既轻松、又稳定的工作；有的志在大城市、大企业、事业单位和国家机关；但这些学生往往不能客观地评价自己，对就业形势不清楚，完全按照自己的期望一厢情愿地谋求职位，即使择业屡次碰壁，仍一心追求心中的理想职业，不达目的绝不罢休。但在现实中，一步到位的岗位确实不多，为此，他们一直处于观望等待状态，即使与用人单位面试成功，也是“一山看着一山高”，想找更好的单位，不着急签约，一拖再拖、错失良机，最终高不成、低不就。

(2) 收入第一，要求过高

一些大学生在择业时把收入看得太重，希望找一份收入较高、生活安逸、工作压力小的工作，在工资待遇、居住条件、假期长短等问题上要求较高，却不顾自己的专业特长、兴趣能力，对乡镇企业、偏远山区、艰苦行业不屑一顾，对单位的工作环境、发展潜力和个人深造等问题漠不关心。而实际上，一个人第一份工作，收入并不是非常重要的，它只能说明你的今天，并不能代表未来。如果单位的发展潜力大，自己的发展空间大，虽然目前收入少一些、环境差一些，但今后的发展机会却相对多一些，这样的工作对自身的职业生涯将会非常有意义。

(3)观念狭窄，情系“铁饭碗”

一些大学生择业时，对“铁饭碗”情有独钟，希望选一个工作稳定的政府机关或者国有企事业单位。他们认为大学毕业后在私营企业、非国有公司工作很没面子。从自身选择看无可厚非，但就业是现实问题，受自身条件和外部环境等多种因素制约，大学生要对自己进行综合评价，理性客观看待就业问题，摒弃传统择业观念的束缚，面对现实，理性就业。要知道国有企业的改革正在加速进行，人事管理将逐步与国际接轨。公务员相对稳定一些，但是考公的竞争异常激烈，而且目前的公务员人数超过了社会实际需求量，未来“精兵减政”也有可能。

(4)过于乐观，观念局限

就业是一项复杂的系统工程，很多事情不是初出校门的大学生能理解和掌控的。一些大学生对就业的认识存在不小的偏差，过高地估计了自己的能力，过低地估计了困难和竞争。有些学生责任意识与义务观念相对薄弱，追求个性自由、个人权利，表现在对待索取与奉献的关系上，只讲索取，忽视奉献，注重个人利益。有些学生忽视了个人综合素质，简单地把在校学习成绩延伸到择业、就业过程中，忽视择业过程中需求信息收集、求职技能学习、社会其他因素影响的作用，把择业、就业过程简单化、理想化，且往往定位偏高，造成就业难的局面。

(5)相互攀比，盲目从众

一些大学生在择业时很容易受到家庭、身边朋友的影响，自己没有明确的就业观和发展方向，没有从个人实际出发，与同学攀比、争强好胜、虚荣心强，同学间“追高比低”的现象时有发生，看到和自己成绩、能力差不多的同学找到好工作、获得较高收入时，觉得自己也应该如此，为了心理平衡，一味攀比追求，而不考虑自身条件、职业特点和社会环境，不能正确、客观、公正地分析自己，不屑到基层工作。这些无谓的从众、攀比心理，导致错失就业良机。大学生就业不可盲目“攀高”，要学会分析、合理定位、扬长避短，选择适合自己的职业。

2. 积极引导大学生树立正确的就业观

(1)树立务实择业的观念

大学生的人生观、价值观尚未最终定型，社会阅历不足，每个人的学历、专业、能力水平都不尽相同，各有特点。在择业前，每个大学生都应从客观实际出发对自己进行全方面的分析，实事求是地评价自我、认识自我，多务实、少幻想，不可好高骛远，要冷静地看待世界、虚心地看待自己，对社会需要什么，自己会干什么、能干什么要做到心中有数，要仔细权衡，找准自己与社会的最佳结合点，以积极进取的心态迎接社会的选择。因此，大学生应早做准备，不断储备自主择业的本领。只有具备较高的素质、较全面的知识、较丰富的经验和过硬的专业技能，才能在激烈的市场竞争中找到属于自己的岗位。

(2)树立先就业再择业的观念

随着我国经济体制改革不断深化，以及知识经济的到来，科技进步周期的不断缩短和传统产业结构的调整，必将引发劳动者工作岗位的流动与职业的变换。因此，大学生必须树立终身学习和多层次就业的观念，先就业、再择业，努力克服一步到位的思想，为了生存，先就业，并在工作中努力锻炼自己，提高自身的综合素质和能力，然后再选择职业，求得发展。其实，求职不能苛求一步到位，到哪里就业和干什么工作都应该辩证、发展、全面的看待。大学生择业不应该眼高手低，而应该选择最适合自己发展的工作单位，关心有没有学习和发展的机会。

(3)树立竞争就业的观念

市场经济的主要法则就是竞争、优胜劣汰。竞争是实力的展示、是对人才的考验，新时代的每个大学生都要有竞争意识，培养竞争力是自身发展和社会发展的需要，重要前提是提高自身的综合实力，而不是争强好胜的抽象意识。这就要求大学生牢固树立自主择业、自谋职业、竞争就业的观念。“海阔凭鱼跃，天高任鸟飞”“有志者，事竟成”。因此，大学生应该摆正心态，主动适应竞争社会的法则，敢于大胆实践，勇于拼搏，力争在不久的将来，成为一个在市场经济大潮中搏击风浪的佼佼者。同时要依靠自身不懈努力，注重职业适应性的培养，挖掘自己从事岗位工作的潜力，从而凭借超越他人的优势找到理想职业。

(4)树立多渠道就业的观念

大学生要树立多渠道就业的观念，无论在什么地方、从事何种职业，只要自己的知识和才能得以施展，成为自食其力的劳动者，就是成功的职业人。青年大学生代表着祖国的未来，既要志存高远，又要脚踏实地，勇于到改革和建设的第一线去，到基层和群众需要的地方去。从眼前做起，从一点一滴做起，不怕艰苦、不怕挫折，始终保持蓬勃的朝气与活力，唯其如此，方能在磨砺中成才。

(5)树立创业即就业的观念

随着经济体制改革和产业结构的调整，非国有经济在整个国民经济中的占有率越来越大。非国有经济企业不但成为吸纳大学毕业生的一条重要渠道，也为他们的创业提供了广阔的空间，社会给大学生创业提供了许多优惠的条件。因此，大学生要立创业之志，走创业之路，建创业之功，树创业谋职的新观念。大学毕业生不仅是社会现有就业岗位的竞争者，还应该是新岗位的开拓者；不仅是需要就业机会的人，还应该是带来就业机会的人。大学毕业生只要能利用所学专长，坚定走“立志创业之路”的信心，大胆创业，就一定能创出一番业绩。

(6)树立为新兴领域服务的观念

目前我国新兴领域专业人才不足的问题十分突出。例如，应急管理领域非常缺乏高水平专业人才，这种人才缺口现状与实现精准治理和专业监管的要求存在很大差距，无法适应应急管理事业改革发展的新形势和新要求。

为了应对这一挑战，高校正致力于解决应急管理人才短缺的问题，大力培养高素质应用型应急管理专业人才，以此为应急管理事业提供智力支持和人才保障，从而有效解决专业人才紧缺等问题。广大毕业生应将个人理想追求与国家发展需求紧密融合，将个人职业生涯规划与国家民族事业发展紧密相连，积极响应国家号召，投身到应急管理事业中去，在祖国最需要的地方建功立业，让青春绽放光彩，让人生价值升华。

总之，就业是大学生毕业走向社会所面临的第一个待解决的问题，与客观实际相符合且积极的就业观不仅能够使大学毕业生尽快地实现就业，也为今后的职业生涯指明了方向。因此，每一位大学毕业生都应认真对待，都要根据客观形势和自身条件，做好求职定位，树立正确的就业观，确定合理的就业目标，制订完善的就业计划，采取行之有效的就业步骤。既不好高骛远，又不悲观丧气、无所作为，只有这样，才能顺利步入职场，迈好人生的第一步。

(二)正确看待当前形势

大学生应理性看待当前的就业形势，把握社会发展趋势和就业新机遇，我国经济的不断发展给大学生带来了很多新的机遇，面对这些机遇，大学生应积极把握、理性选择，切忌盲目跟风，应当全面冷静地分析自身情况和社会发展趋势，调整心态，充实自己，把握机会，选择适合自己的就业岗位才是最好的。劳动不仅创造财富，同时也造就人才，就业市场化意味着各类求职者要主动适应人才市场的需求。大学生要遵循人才市场的规律，从自身职业发展的空间考虑，找到合理的职业定位，先就业、后择业，树立"实干才能梦想成真"的劳动价值理念，弘扬精于工、匠于心、品于行，耐得住寂寞、经得起诱惑的"工匠精神"，树立正确的劳动观，要积极主动寻求就业，而不能被动地"等、靠、要"。

(三)正确认知自己的专业

大学生要清晰的认知自己的专业，专业是大学生就业竞争的有力工具，拥有精深的专业知识和过硬的专业技能，是大学生择业、就业选择的核心竞争力，也是在未来的职业发展过程中实现自己职业生涯规划目标的根基。选择与所学专业相近的职业或工作岗位，不仅可以增强自信心，还能够实现人岗匹配，更容易适应职业和工作岗位的要求，获得更多的发展机会和更大的发展空间。

所以，作为新时代大学生，要扎实学好自己的专业，掌握专业的知识体系，优化专业的知识结构，提高自己的专业技能，甚至要掌握一些跨专业的知识和技能，培养良好的心理素质，努力成为一专多能的高素质人才。同时，要全面了解专业发展方向和前景，做好本专业的职业生涯规划，结合自身专业能力和各方面条件，考察清楚用人单位的工作性质、发展前景、人才结构、需求情况，在择业的过程中才能确定自身就业更适合哪些单位、哪些职业，才不会好高骛远、消极被动、迷失方向，理性地寻找到适合自己的工作岗位。任何职业，干好干长的前提都是精通业务，做行家里手，即使不能让自己成为专家，也至少应该通晓常识，这样才能有信心和底气在所从事的职业里站稳脚跟。

(四)提高自身就业能力

就业能力是指人们从事某种工作所具备的能力。大学生就业能力是指大学生以所掌握的专业技能和自身素质为基础，通过学习实践，锻炼出能够将专业技能运用到工作之中的能力，从而可以保证大学生方便、快捷、高效地进行职业选择和事业发展。主要包括学生的专业素质以及获取知识的能力；将知识应用于实践，并从实践中加以创新超越从前的创新能力；能够利用现有资源用于创业的能力；此外，还有其他一些非智力的基础素质和人格魅力。由此可见，大学生在学好自己的专业知识基础上，还要努力提高综合素质和各方面的能力，增强就业竞争力，包括培养人际交往能力、社会适应能力、组织管理能力、决策能力、团队协作能力、沟通能力、开拓创新能力、竞争能力和情绪控制能力等，这些都是用人单位看重的重要标准。所以，大学生在校学习期间，除了努力学习课本知识外，还要多方面培养良好的职业素养，树立崇高的职业理想，有意识地培养自己的专业技能、基本社会技能和求职技能等多方面的能力，形成自己的就业优势，这样才能在求职时抓住关键机会，做好选择。

（五）做好职业生涯规划

坚定的人生目标，可以提供职业生涯发展的方向与动力，能帮助一个有准备的人从现在成功走向未来。大学生要想在未来的职业生涯中获得成功，首先应该明确一个正确的、切合实际的职业目标，认清自己的处境，客观地认知自己，对自身的性格特点、兴趣爱好、专业特长、能力水平、人生观和价值观等方面要有全面的认识及评价，进而确定自己具备哪些潜力，明确自己适合什么样的职业以及今后职业发展的方向，分析最适合自己的岗位特征和地域范围，其次设计出合理的职业生涯规划图，并且付诸实际行动，积极主动寻找就业机会。经过不断地努力和调整，最终实现自己的职业发展目标。

（六）学会自我心理调节

面对严峻的就业形势和激烈的就业竞争现实，大学毕业生在求职过程中会遇到许多困难和挫折，甚至是委屈，如有些专业比较“冷门”、找工作受到歧视等问题，遇到这些问题仅仅抱怨是没有用的，要学会用冷静和坦然的态度面对，客观地分析自己失败的原因，认识自身心理素质存在的不足，有针对性的调整心态，正确的认识自我、发展自我，提高心理承受能力，找出差距和不足并认真进行弥补。就业的过程也是大学生重新认识自我、认识社会，并主动调整自我适应社会的过程，大学生自己要端正择业心态，培养胜任本职工作的信心、应对挫折的能力和临危不乱的心理素质，如果能通过求职来增强自我心理调节与承受能力，对大学生今后的职业生涯发展是非常有益的。

案例

中小城市也有好的发展机会

小孙在二线城市上学，读的是英语专业，成绩非常优秀。大学即将毕业，小孙在学校所在地始终没有找到满意的工作，她看好的几家单位，均没有通过考核，几个月求职碰壁的经历让她真实的感受到了就业的艰难，她非常困惑。

小孙焦虑的和父母通话，“找工作不能着急，大城市工作生活的压力很大，不一定适合你的性格，你可以考虑回家乡发展，现在我们县城里也有很多不错的企业。”小孙听了父母的话茅塞顿开，觉得非常有道理，如果在父母和亲朋好友周边工作生活，很多事情也会非常方便。于是小孙重新定位了自己的择业目标，放弃了在大城市就业的想法，决定在自己的家乡寻找就业机会，很快，她就获得了一次面试机会，是当地一家较大的科技公司的翻译职位，虽然工资待遇比不上大城市，但发展前景好，也与自己的职业目标相吻合。小孙顺利通过首轮面试后，参加了公司的第二轮面试，在众多应聘者当中，小孙以出色的口语和表达能力胜出，正式加入该公司，负责外贸部门的翻译工作。

分析：中小城市也有好的就业机会。随着市场经济的不断发展，许多中小城市都有了自己的龙头企业，这些企业的发展同样需要大量的人才，工作生活压力并不大，上升空间也比较宽阔。大学生应该根据自身情况，选择一个有发展前景的职位，开创属于自己的一片天空。

任务二　高校毕业生就业政策

为有效缓解大学生就业压力，切实帮助大学毕业生解决就业难题，国家不断出台多项政策，并不断丰富、发展和完善。通过鼓励毕业生深造、扩大见习规模、增加就业机会，加大网上招聘服务力度，做好事业单位招聘等，这些举措对做好大学毕业生就业工作起到了极大的促进作用。同时，国家对基层就业项目、应征入伍、重点群体帮扶和创业也给出了相应的具体政策。

一、国家基层项目就业政策

新业态权益保护

基层就业是指到城乡基层工作。所谓“基层”，既包括广大农村，也包括城市街道社区；既涵盖县级以下党政机关、企事业单位，也包括社会团体、非公有制组织和中小企业；既包含单位就业，也包括自主创业、自谋职业。国家和地方政府为到基层就业的大学毕业生积极创造条件，在学费、助学贷款、工资、补贴、报考研究生等方面提供经费和政策支持。

引导和鼓励毕业生到基层就业，是党中央、国务院着眼党和国家事业发展全局做出的一项重大战略决策。2005 年，中央办公厅、国务院办公厅印发了《关于引导和鼓励高校毕业生面向基层就业的意见》（中办发〔2005〕18 号），号召高校毕业生到西部去，到基层去，到祖国最需要的地方去。

（一）“三支一扶”计划

1. 项目简介

2006 年 3 月，在中央组织部等八部委发布的《关于组织开展高校毕业生到农村基层从事支教、支农、支医和扶贫工作的通知》（国任部发〔2006〕16 号）中提出“三支一扶”计划。“三支一扶”计划是指支教、支农、支医，帮扶乡村振兴。“三支一扶”计划不断拓展服务领域，已从最初的教育、农业、医疗、扶贫，扩展到农技、水利、文化、社会保障等领域。

2021 年 6 月，《中华人民共和国人力资源和社会保障部》会同有关部门印发《中共中央组织部人力资源社会保障部等十部门关于实施第四轮高校毕业生“三支一扶”计划的通知》(人社部发〔2021〕32号),实施第四轮(2021—2025年)高校毕业生“三支一扶”计划,每年选派3.2万左右高校毕业生到基层服务,并结合就业形势和“三支一扶”事业发展需要,适时合理调整“三支一扶”计划补助名额。服务期限一般为2～3年。

2. 招聘条件

全日制普通高等院校应届毕业生及毕业两年内未就业的往届毕业生。基本条件为:政治素质好,热爱社会主义祖国,拥护党的基本路线和方针政策;大学专科以上学历,具有工作岗位所需要的专业知识;具有敬业奉献精神,遵纪守法,作风正派;身体健康。

3. 优惠政策

(1)待遇保障。“三支一扶”人员工作生活补贴标准要按照当地乡镇机关或事业单位从高校毕业生中新聘用工作人员试用期满后的工资收入水平确定,并根据物价、同岗位人员待遇水平等动态调整。在艰苦边远地区服务的,享受艰苦边远地区津补贴。按规定参加基本养老、基本医疗、工伤保险;各地可根据实际,按规定为“三支一扶”人员办理补充医疗保险、重大疾病、人身意外伤害等商业保险以及住房公积金。中央财政按照每人3 000元的标准,为新招募且在岗服务满6个月以上的人员发放一次性安家费。提供交通、住宿和伙食等方面便利,参照本单位工作人员标准给予相应补助。

(2)支持继续学习深造。期满考核合格的“三支一扶”人员,三年内参加全国硕士研究生招生考试的,初试总分加10分,同等条件下优先录取。已被录取为研究生的应届毕业生参加“三支一扶”计划的,学校应为其保留入学资格。高职(高专)毕业生期满且考核合格的,可免试入读成人高等学历教育专科起点本科。期满“三支一扶”人员可按规定享受学费补偿和助学贷款代偿政策。本科及以上学历毕业生参加支医服务的,期满且考核合格后由县级卫生健康主管部门统一安排参加住院医师规范化培训。

(3)加大机关定向考录和事业单位专项招聘力度。落实公务员定向考录政策,各省(区、市)每年应拿出公务员考录计划的10%左右,面向“三支一扶”计划等服务基层项目人员定向考录。各省(区、市)县乡基层事业单位公开招聘时,应根据本地区实际拿出一定数量或比例的岗位,对“三支一扶”服务期满考核合格的人员进行专项招聘,并增加工作实绩在考察中的权重,聘用后可以不再约定试用期;省市事业单位公开招聘时,对“三支一扶”服务期满考核合格的人员同等条件下优先聘用。

(4)参加“三支一扶”计划前无工作经历的人员期满且考核合格的,两年内在参加机关和企事业单位考录(招聘)、自主创业、落户、升学等方面可同等享受应届毕业生相关政策。其在基层服务年限计算为工龄,参加工作时间按其到基层报到之日起算。

(二)大学生志愿服务西部计划

1. 项目简介

大学生志愿服务“西部计划”是由共青团中央牵头,教育部、财政部、人力资源和社会保障部等于2003年根据国务院有关要求共同组织实施的大学生基层就业计划。按照公开招募、自愿报名、组织选拔、集中派遣的方式，每年招募一定数量的普通高等学校应届毕业生，以自愿服务的方式到西部贫困县的乡镇从事为期1～3年的志愿服务。2022—2023年度，西部计划紧紧围绕全面实施乡村振兴战略的有关部署，进一步深入实施乡村教育、服务乡村建设、健康乡村、基层青年工作、乡村社会治理、服务新疆、服务西藏7个专项。服务区域主要面向我国西部的内蒙古、广西、重庆、四川、贵州、云南、西藏、陕西、甘肃、青海、宁夏、新疆等地的贫困县的乡镇。

2. 招聘条件

具有志愿精神；学分总绩点(或学业成绩)排名在本院系同年级学生总数前70%之内；通过毕业体检和西部计划体检；全日制大专以上学历优先，毕业学校为教育部最新公布的《全国普通高校名单》中所列高校的应届毕业生或在读研究生均可报名。不在名单范围内的高校应届毕业生及未毕业学生、往届生等不在招募范围之内。

3. 优惠政策

(1)待遇保障。服务期间，西部计划所需经费由中央和地方财政共同承担。中央财政按照西部地区每人每年3万元(南疆四地州、西藏每人每年4万元)、中部地区每人每年2．4万元的标准给予补助(含工作生活补贴、社保等)。在当地参加社会保险，全国大学生志愿服务西部计划项目管理办公室统一为西部计划志愿者购买综合保障险。

(2)考研优惠。服务期满2年考核合格的，3年内报考硕士研究生，初试总分加10分，同等条件下优先录取。

(3)就业优惠。服务期至少满1年且考核合格的，可以应届高校毕业生身份报考公务员。报考中央机关和东、中部地区公务员的，同等条件下优先录取；报考西部地区公务员的，笔试总分加5分。志愿者依实际服务年限计算服务期及工龄，参加工作时间按报到之日起算。

(三)大学生村官计划

1. 项目简介

2008年4月，中组部、教育部、财政部、人力资源和社会保障部出台了《关于选聘高校毕业生到村任职工作的意见(试行)》(组通字〔2008〕18号)，计划用5年时间选聘10万名高校毕业生到农村担任村党委组织书记助理职务；是中共预备党员的或非中共党员的，一般安排担任村委会主任助理职务；是共青团员的，可安排兼任村团组织书记、副书记职务。从2010年开始，扩大选聘规模，逐步实现"一村一名大学生村官"计划的目标。选聘工作由省(区、市)组织人事部门定期、统一组织实施，或者由省、市两级组织人事部门共同组织实施。选聘的高校毕业生在村工作期限一般为2～3年。

2. 招聘条件

选聘对象为30岁以下应届和往届毕业的普通高校专科以上学历的毕业生，重点是应届毕业和毕业1至2年的本科生、研究生，原则上为中共党员(含预备党员)，非中共党员的优秀团干部、优秀学生干部也可以选聘。基本条件为：思想政治素质好，作风踏实，吃苦耐劳，组织纪律观念强；学习成绩良好，具备一定的组织协调能力；自愿到农村基层工作；身体健康。参加人力资源和社会保障部、团中央等部门组织的到农村基层服务的“三支一扶”“志愿服务西部计划”等活动期满的高校毕业生，本人自愿且具备选聘条件的，经组织推荐可作为选聘对象。

3. 优惠政策

(1)待遇保障。到村任职的高校毕业生，补贴资金由中央财政和地方财政共同承担，不足部分由地方财政承担，比照本地乡镇从高校毕业生中新录用公务员试用期满后工资水平确定工作、生活补贴标准，在艰苦边远地区工作的，按规定发放艰苦边远地区津贴，补贴、津贴按月发放。参加养老社会保险，在村任职期间，办理医疗、人身意外伤害商业保险。

(2)学费代偿。符合国家助学贷款代偿政策规定、聘期考核合格的，其在校期间的国家助学贷款本息由国家代为偿还。

(3)考研优惠。项目服务期满，考核称职以上，报考硕士研究生的，3 年内参加全国硕士研究生招生考试，初试总分加 10 分，同等条件下优先录取。

(4)就业优惠。在村任职 2 年以上，具备“选调生”条件和资格的，经组织推荐，可参加选调生统一招考。在村任职 2 年后报考党政机关公务员的，享受放宽报名条件、增加分数等优惠政策，同等条件下优先录用。县乡机关公务员应重点从选聘到村任职的高校毕业生中招录。被党政机关或企事业单位正式录用(聘用)后，在村任职工作时间可计算工龄、社会保险缴费年限。

(四)农村义务教育阶段学校教师特设岗位计划

1. 项目简介

2006 年 5 月，教育部、财政部、原人事部、中央编办联合颁发了《关于实施农村义务教育阶段学校教师特设岗位计划的通知》(教师〔2006〕2 号)，联合启动实施“特岗计划”，通过公开招募高校毕业生到西部“两基”攻坚县县以下农村义务教育阶段学校任教，引导和鼓励高校毕业生从事农村教育工作，创新农村学校教师的补充机制，逐步解决农村师资总量不足和结构不合理等问题，提高农村教师队伍的整体素质，促进城乡教育均衡发展。2006—2008 年“特岗计划”的实施范围以国家西部地区“两基”攻坚县为主(含新疆生产建设兵团的部分团场)。从 2009 年起，实施范围扩大到中西部地区国家扶贫开发工作重点县，特岗教师聘期 3 年。

2. 招聘条件

以高等师范院校和其他全日制普通高校应届本科毕业生为主，可招少量应届师范类专业专科毕业生；取得教师资格，具有一定教育教学实践经验，年龄在 30 岁以下的全日制普通高校往届本科毕业生；参加过“大学生志愿服务西部计划”、有从教经历的志愿者和参加过半年以上实习支教的师范院校毕业生同等条件下优先录取；报名者应同时符合教师资格条件要求和招聘岗位要求。

3. 优惠政策

(1)待遇保障。由中央财政对特岗教师给予工资性补助，各地确保特岗教师工资按时足额发放，按规定参加社会保险，同等条件下在职称评聘、评先评优、年度考核等方面享受与当地公办学校在编教师同等待遇。特岗教师在聘任期间，执行国家统一的工资制度和标准；其他津贴补贴由各地根据当地同等条件公办教师年收入水平和中央补助水平综合确定。要落实好周转宿舍等安排，帮助解决工作生活中的实际困难。

(2)考研优惠。期满报考硕士研究生的，3 年内享受“初试总分加 10 分，同等条件下优先录取”的优惠政策；推荐免试攻读教育硕士，3 年聘期视同“农村学校教育硕士师资培养计划”要求的 3 年基层教学实践。

(3)就业优惠。三年服务期满、考核合格且愿意留任的特岗教师及时入编并落实工作岗位，扎实做好相关人事、工资关系等接转工作，连续计算工龄、教龄，不再实行试用期。按照国家有关规定落实好服务期满特岗教师相关优惠政策。

二、大学生征兵入伍政策

依照法律服兵役是中华人民共和国公民的光荣义务，青年学子们肩负着民族复兴的伟大使命，国家需要大学生挺身而出，大学生也应当激发爱国情怀，积极应征入伍，将青春热血献给伟大的祖国，这不仅是为了国家的安全和发展，更是为了锻炼自己的意志和品质。在军队的大熔炉中，你们将锤炼出坚强的意志、卓越的素质和无私的奉献精神。

为推进国防和军队现代化建设，提高兵员征集质量，国家鼓励大学生积极应征入伍服义务兵役，每年组织征兵宣传教育进高校活动，同时还相继出台了一系列鼓励大学生应征入伍的政策。预征对象为中央部门和地方所属全日制公办普通高等学校、民办普通高等学校和独立学院按照国家招生规定录取的全日制普通本专科(含高职)、研究生、第二学士的应(往)届毕业生、在校生和入学新生。

(一)高校学生应征入伍优先政策

1. 优先报名应征

报名由县级兵役机关直接办理。夏秋季征兵开始前，县级兵役机关通知其报名时间、地点、注意事项等。确定为预征对象的高校毕业生，持《应届毕业生预征对象登记表》，可以直接到学校所在地或户籍所在地县级兵役机关报名应征。

2. 优先体检政考

体检由县级兵役机关直接办理。夏秋季征兵体检前，县级兵役机关通知其体检时间、地点、注意事项等。确定为预征对象的高校毕业生，未能在规定时间内在学校参加体检的，本人持《应届毕业生预征对象登记表》，可在征兵体检时间内报名参加体检。

3. 优先审批定兵

审批定兵时，应当优先批准体检政审合格的高校毕业生入伍。高职(专科)以上文化程度的合格青年未被批准入伍前，不得批准高中文化程度的青年入伍。

4. 优先安排使用

在安排兵员去向时，根据高校毕业生的学历、专业和个人特长，优先安排到军兵种或专业技术要求高的部队服役；部队对征集入伍的高校毕业生，优先安排到合适的岗位，充分发挥其专业特长。

（二）高校学生应征入伍经济补助

（1）高校毕业生应征入伍服义务兵役的，可以补偿学费或者全部代偿助学贷款。学费补偿或国家助学贷款代偿金额，按学生实际缴纳的学费或获得的国家助学贷款（国家助学贷款包括本金及其全部偿还之前产生的利息）两者金额较高者执行，据实补偿或者代偿。退役复学后学费减免金额，按学校实际收取学费金额执行。超出标准部分不予补偿、代偿或减免。

（2）获学费补偿学生在校期间获得国家助学贷款的，补偿资金必须首先用于偿还国家助学贷款。如补偿金额高于国家助学贷款金额，高出部分退还学生。

（3）从 2015 年起，国家对直接招收为士官的高等学校学生施行国家资助，入伍时对其在校期间缴纳的学费实行一次性补偿或获得的国家助学贷款（包括校园地国家助学贷款和生源地信用助学贷款）实行代偿。

（4）对自主就业的退役士兵，地方人民政府可以根据当地实际情况给予经济补助，经济补助标准及发放办法由省、自治区、直辖市人民政府固定自主就业经济补助。

（5）义务兵服现役期间，其家庭由当地人民政府给予优待，优待标准不低于当地平均生活水平，具体办法由省、自治区、直辖市人民政府规定。

（三）大学生士兵退役后可享受的复学/入学政策

（1）现役军人入伍前已被普通高等学校录取或者是正在普通高等学校就学的学生，服现役期间保留入学资格或者学籍，退役后 2 年内允许入学或者复学，并按照国家有关规定享受奖学金、助学金和减免学费等优待；入学或者复学后参加国防生选拔、参加国家组织的农村基层服务项目人选选拔，以及毕业后参加军官人选选拔的，优先录取。

（2）高职（专科）学生入伍经历可作为毕业实习经历。退役大学生士兵入学或复学后免修军事技能训练，直接获得学分。

（3）放宽退役大学生士兵复学转专业限制。大学生士兵退役后复学，经学校同意并履行相关程序后，可转入本校其他专业学习。

（4）高职（专科）学生应征入伍，退役后在完成高职（专科）学业的前提下可免试入读普通本科，或根据意愿入读成人本科。

（四）大学生士兵退役后可享受的研究生考录政策

（1）设立“退役大学生士兵”专项硕士研究生招生计划。根据实际需求，每年安排一定数量专项计划，专门面向退役大学生士兵招生。

（2）将高校在校生（含高校新生）服兵役情况纳入推免生遴选指标体系。鼓励开展推荐优秀应届本科毕业生免试攻读研究生工作的高校在制定本校推免生遴选办法时，结合本校具体情况，将在校期间服兵役情况纳入推免生遴选指标体系。在部队荣立二等功及以上的退役人员，符合研究生报名条件的可免试(指初试)攻读硕士研究生。

(3)考研加分范围扩大至高校在校生(含高校新生)。退役人员在继续实行普通高校应届毕业生退役后按规定享受加分政策的基础上，允许普通高校在校生(含高校新生)应征入伍服义务兵役退役，在完成本科学业后3年内参加全国硕士研究生招生考试，初试总分加10分，同等条件下优先录取。

三、重点群体帮扶政策

党的二十大报告提出，健全就业公共服务体系，完善重点群体就业支持体系加强困难群体就业兜底帮扶。促进贫困家庭高校毕业生尽早就业，是稳就业保民生的重要内容。教育部对加强重点群体就业帮扶提出多项要求，帮助有就业意愿的贫困生尽快就业。

(一)完善精准帮扶机制

重点关注脱贫家庭、低保家庭、零就业家庭、残疾等就业困难毕业生群体，“一人一档”“一人一策”建立帮扶工作台账，优先提供指导服务、优先推荐就业岗位、优先开展培训和就业实习。落实“一对一”帮扶责任制，高校和院系领导班子成员、就业指导教师、班主任、专业教师、辅导员等要与困难学生开展结对帮扶，确保每一个困难学生都得到有效帮助。会同人力资源社会保障部门持续做好离校未就业毕业生的跟踪帮扶和不断线服务。

(二)深入实施“宏志助航计划”

继续组织实施“中央专项彩票公益金宏志助航计划——全国高校毕业生就业能力培训项目”。各地和培训基地高校要精心组织实施，持续优化培训内容，不断提升培训实效。鼓励各地各高校配套设立省级、校级项目，扩大培训覆盖面。支持将就业能力培训与指导咨询、心理疏导、岗位推荐等统筹推进。强化培训基地管理，规范使用专项资金，试点开展项目实施效果评估。

(三)推进对口就业帮扶援助

鼓励部属高校与地方高校、东部高校与西部高校、典型经验高校与基础薄弱高校结对开展就业帮扶，推动区域间、校际间就业经验交流、就业渠道互补、就业资源共享。加强区域统筹协调，调配更多岗位资源，为基础薄弱地区和高校提供就业帮扶援助。充分发挥工会、共青团、妇联、残联等群团组织和社会公益组织作用，为困难群体毕业生提供有温度的就业服务。

项目小结

本项目主要介绍了就业形势分析的相关知识，首先介绍了高校毕业生就业形势；其次介绍了高校毕业生就业政策。通过本项目的学习，学生能够了解高校毕业生就业新挑战，从而树立正确的就业观念，提高自身就业能力。

项目习题

1. 分成几个小组，结合本专业，分析就业的大环境，讨论影响就业难的因素都有哪些方面？面对就业难，我们该怎么办？

2. 调研本专业的就业去向，思考自己如何转变就业观念，清晰规划自己未来的职业。

3. 思考自己未来就业创业的地域，掌握当地官方网站最新的就业创业政策，查询所在省份具体的优惠扶持政策。

项目六

就业资料准备

项目导读

就业准备是每个求职者在求职过程中需要做好的一系列准备工作。充分的就业准备可以提高求职成功的几率，让求职者在激烈的竞争中脱颖而出。做好就业准备是求职成功的关键。求职者应从思想、知识、信息、心理和材料等方面全面做好准备，以提高自己的竞争力，实现职业发展的目标。本项目主要介绍就业资料准备的相关知识。

学习目标

知识目标

- 了解大学生顺利就业的几种思想。
- 了解大学生必备的知识。
- 了解求职信息收集的原则、内容。
- 熟悉大学生常见的求职心理障碍。
- 掌握求职材料的内容。

技能目标

- 掌握信息收集、处理的方法。
- 掌握塑造健康求职心理的途径。
- 掌握求职信、简历的制作技巧。
- 掌握简历的投递技巧。

素质目标

- 保证学生良好的求职心态。
- 增强学生对信息收集重要性的认识。

思政目标

培养学生高度的社会责任感和使命感，能够在就业中积极投身社会服务，将实现个人价值和社会价值相结合。

通过不断学习和实践，提升学生的专业技能和综合素质，适应市场需求的变化，增强就业竞争力。

案例导入

了解工作世界的信息，解决未来工作的困惑

小肖是来自巴中园艺专业的一名新生。虽然她比较喜欢自己的专业，但是她不知道这个专业是干什么的，只听说是搞蔬菜、果树、花卉这些的，也不清楚毕业后有哪些工作可供选择，以及从事这些工作要符合哪些要求，其待遇如何。于是她来到学校就业指导中心寻求帮助，希望老师能够告诉她。

根据舒伯的生涯理论，从中知道生涯涵盖了人的一生，它包括了人一生中扮演的各种角色，也包括了工作职业在内的全部生活。但是，因为工作是个体安身立命的基础，唯有找到适合自己的职业，工作之外的生活才能正常地展开。大部分人所追求的梦想，主要是以工作的方式来实现的，因此对工作世界的探索是生涯规划的重要组成部分。

有些人在工作世界里屡屡碰壁，并且十分委屈：我已经很努力了，为什么还没有起色？那么，在抱怨之前，我们需要问问自己：我了解我将要或正在从事的职业吗？我知道这份职业在自身能力上有什么要求吗？

只有了解工作世界的信息，才能找到与自己个性相匹配的职业，也才能知道今后发展的方向。有了这些了解之后，才知道自己应该朝着哪个方向努力。

任务一　树立求职思想

大学毕业生在就业过程中，要做好充分的思想准备，克服不良观念的影响，使自己的思想更接近社会现实，从而找到适合自己的工作岗位，成功实现就业。

一、积极、主动的思想

求职、就业是实现人生理想，寻找自身价值的重要基础，也是为社会做出贡献的重要途径。它是通过个体积极主动地“求”和用人单位的“需”相匹配来实现的，因此在求职过程中，要发挥毕业生的主观能动性，克服等、靠、要的思想，抓住就业黄金期，以积极乐观的态度，以用心细心的准备，以做好求职就业。

二、做贡献、重发展的思想

不同的人有不同的择业观，对广大毕业生来说，应当树立为社会做贡献和实现人生价值相统一的就业观念，在为社会做贡献的同时，使自己的人生价值得以实现。哪里有事业，哪里能做贡献，就到哪里去。不以地域、行业、待遇为自己设定僵硬的条条框框，限制自己的发展和成长空间。要面向基层、面向西部、面向祖国最需要的地方和行业就业。

三、劳动最光荣的思想

行业只是社会分工不同，没有高低贵贱之分，只要好好干，在任何行业都可以得到社会的承认。很多杰出的人物包括一些国家领导人都是从基层做起来的，从这一点上来说，不在于干什么，而在于怎么干。在市场经济环境下应该大力提倡干一行、爱一行、钻一行的思想。

四、“适合”的择业思想

寻求适合自己的职业是现代社会人们择业的一个重要原则。在择业的标准上，不能说留在大城市、进入大单位、赚钱多、级别高就是最好的，而是适合自己的才是最好的。适合自己，也就是说最适合自己的性格、兴趣、价值观、能力。要适当确定自己的期望值，不要好高骛远，也不要妄自菲薄，更不能盲目攀比、盲目跟风。在考虑就业问题的时候要把眼前利益和长远的发展结合起来，真正找到适合自己兴趣和能力，既被社会需要又有利于自己长远发展的岗位。

五、自主创业的思想

在创业过程中，人也得到了全面发展。因此，创业是我国全面建设小康社会的必由之路，是人与社会协同发展的必然选择，是解决大学生就业问题的主要途径。当代大学生应当不满足于就业，而应致力于创业，成为创业者。

首先，创业是一种观念，是一种在自我意识的力量推动下，实现自我、超越自我的观念。

其次，创业是一种理想，是创业者睿智的理想和对理想的一种锲而不舍的追求。

再次，创业是一种实践，只有实践才能将理想、追求转化为现实的生产力。

最后，创业还是一种抉择，一条前程未卜的艰难之路的选择。创业能创造就业岗位，使无业者有业；能创造效益，包括经济效益、社会效益、生态效益等；能创造社会财富，包括物质财富和精神财富，使社会全面进步。

任务二　积累求职知识

古人云：“人生两件大事，道德文章也”，即如何做人，如何做事。我们在心中要经常问自己，“我是谁？”“我来大学干什么？”“我将成为一个什么样的人才？”现代社会对人才素质的要求越来越高，而目前高校的专业设置削弱了大学生在求职与择业时的适应性，其竞争能力和在实际工作中的创造能力也相对较弱。

随着现代科技的飞跃进步和社会发展，除了要精通自己专业范围内的知识，并在实际中有效的应用外，还要掌握并了解与本专业相关、相近的若干专业知识和技术，也就是要拓宽知识面。

一、知识准备的原则

（一）目标导向

在进行知识准备时，要明确自己的职业目标，有针对性地进行学习和提升，以便更好地实现自己的职业目标。

（二）结合兴趣

选择与自己兴趣相关的知识和技能进行学习，这样可以提高学习的积极性和效果，更容易在求职过程中发挥自己的优势。

（三）重视基础

在学习专业知识和技能时，要重视基础知识的掌握，扎实的基础知识是提高自己能力的关键。

（四）实践为主

在学习过程中，注重实践操作，通过实践来检验和巩固自己的知识和技能，提高实际操作能力。

（五）持续学习

求职过程是一个不断学习和成长的过程。在求职过程中，要保持持续学习的态度，不断学习新知识，提高自己的能力，这样才能更好地适应职场发展，找到一份满意的工作。

（六）开放心态

在学习过程中，要保持开放的心态，乐于接受新知识、新技能和新观点，不断拓展自己的知识领域。

（七）交流合作

在学习过程中，注重与他人的交流和合作，分享自己的学习经验和成果，同时也要虚心向他人学习，取长补短。

（八）综合素质

在知识准备过程中，不仅要注重专业知识和技能的提升，还要重视自己的综合素质，包括沟通能力、团队协作能力、创新能力等。

（九）适应变化

随着行业和技术的发展，知识和技能会不断更新。在知识准备过程中，要具备适应变化的能力，及时了解行业动态，更新自己的知识和技能。

（十）良好心态

在知识准备过程中，要保持积极的心态，相信自己有能力掌握新的知识和技能。遇到困难和挫折时，要积极面对，勇于挑战自己。

二、知识准备的内容

（一）宽厚扎实的基础知识

基础知识是知识大树的躯干，是知识结构的根基。大学毕业生无论选择何种职业，也不管要向哪个专业方向发展，都少不了宽厚扎实的基础知识、就像万丈高楼平地起，全靠基础来支撑。特别是随着科技和经济的高速发展，社会的产业、行业、职业结构调整的速度必然加快，大学毕业生在择业、就业上已不可能是从一而终，职业岗位随时变动的状况不可避免。要适应这种变化，必须靠扎实宽厚的基础知识。

著名数学家苏步青教授曾讲过一段极为深刻的话，即现在的学生一进大学即分系，分专业，由于急于求成，急于专业化，学生仅学到本专业的一些基础知识，只能单打一，将来毕业后适应性很差，只会守住自己的“小摊子”，换一个方向（更不用说换专业）就晕头转向，不知所措，这怎么能适应现代化建设的需要呢？大学教育的根本点，是要扩大学生的知识面，把基础知识面拓展得尽可能宽一点，这样学生就有了“后劲”。

（二）博大精深的专业知识

大学毕业生是将要从事专业性较强工作的高级专门人才。专业知识是知识结构的核心部分，也是科技人才知识结构的特色所在。无专业特色，也就不称其为科技人才。广博精深是指大学生对自己所要从事专业的知识和技术具有一定的深度，一定的范围，有质和量的要求，对概念体系、研究方法、学科历史和现状、国内外最新信息等都要了解和把握。

同时，对其专业邻近领域的知识也要有所了解和熟悉，善于将其所专的领域与其他相关知识领域紧密联系起来。专博相济，专深广博，已成为当前人才素质的重要要求。

高等学校通过“双学位班”“第二专业”“主辅修制”等培养的复合型大学生正成为社会所急需的人才。

（三）大容量的新知识储备

现代各类职业都要求从业者的知识“程度高、内容新、实用性强”。“程度高”是指知识层次高，知识面广；“内容新”是指从业者的知识结构应以反映当今科学技术发展状况的新知识、新信息为主；“实用性强”是指从业者的知识在生产、工作中有很强的实用价值。

三、知识准备的方法

(一)自我分析

进行自我分析，了解自己的优势、兴趣和职业目标。这有助于确定适合自己的行业和职位，从而更有针对性地进行知识准备。

(二)制订学习计划

根据自己的职业目标和兴趣，制订合理的学习计划，包括学习内容、时间安排、学习方法等。

(三)选择合适的学习资源

选择高质量的学习资源，如专业书籍、在线课程、培训讲座等，以提高学习效果。

(四)注重实践操作

在学习过程中，注重实践操作，通过实践来检验和巩固自己的知识和技能，提高实际操作能力。

(五)与他人交流和合作

在学习过程中，注重与他人交流和合作，分享自己的学习经验和成果，同时也要虚心向他人学习，取长补短。

(六)参加培训和证书考试

参加专业培训，考取专业证书，提高自己的专业知识和技能，增加求职竞争力。

(七)拓展知识领域

在学习过程中，不断拓展自己的知识领域，了解行业发展趋势、市场需求、竞争格局等，提高自己的综合素质。

(八)学习求职技巧

掌握求职过程中的面试技巧、简历制作技巧、自我介绍技巧等。可以通过阅读求职指导书籍、参加求职培训、观看求职视频等方式学习求职技巧。

(九)建立人际关系

通过参加行业活动、加入职业社交网站、拓展人脉资源等方式，建立自己的人际关系网络。这有助于获取更多的求职信息和机会。

(十)持续学习

在求职过程中，要保持持续学习的态度，不断学习新知识，提高自己的能力。这有助于更好地适应职场发展，找到一份满意的工作。

任务三　搜集求职信息

求职择业不仅取决于体力和能力等诸多因素，而且也取决于就业信息。一个人如果掌握了大量信息，他的择业视野就会广阔，就能比较稳妥地掌握自己的命运，争取主动权，不失良机地选择自己的位置。一个人如果视听闭塞、信息失灵，就会盲目地、糊涂地从事某种工作。随着就业制度的改革，择业者越来越清楚地认识到信息是择业的基础，是通往用人单位的桥梁，谁获得信息，就获得主动权；谁失去信息，就失去主动权。可以说，信息是关系择业兴衰、成败的大问题。

Boss 直聘

一、信息收集原则

就业信息搜集是大学生择业的第一步，它直接关系到择业最终能否实现；毕业生在搜集就业信息时，按照准确真实、适用针对、系统连续与目的原则就能获取大量有益的就业信息，为顺利实现就业打下良好的基础。

收集就业信息的原则如下。

（一）全面性原则

就业信息收集应涵盖各行各业、各个领域、各种岗位和各种类型的就业信息。这包括企事业单位、政府部门、非营利组织等各类用人单位的招聘信息，以及自主创业、灵活就业等相关信息。全面收集就业信息有助于毕业生了解不同行业和岗位的需求，拓宽就业视野，提高就业竞争力。

（二）及时性原则

就业信息收集应注重及时性，确保毕业生能够第一时间获取到最新的就业信息。这要求就业信息收集人员密切关注各类就业网站、招聘会、人才市场以及社交媒体等渠道，及时更新和发布就业信息。同时，毕业生应主动关注就业信息，及时了解市场动态，把握就业机会。

（三）准确性原则

就业信息收集应确保信息的准确性，避免提供虚假或过时的就业信息。这要求就业信息收集人员在获取信息时，要从正规渠道获取，对信息进行核实和筛选，确保信息的真实性和可靠性。同时，毕业生在查找就业信息时，也应辨别信息真伪，避免上当受骗。

（四）针对性原则

就业信息收集应根据毕业生的专业背景、兴趣爱好和个人能力等特点，提供有针对性的就业信息。这要求就业信息收集人员在收集信息时，要关注与毕业生专业相关的企业和岗位，以及符合毕业生个人兴趣和能力的就业机会。同时，毕业生也应根据自身特点，有针对性地查找和选择就业信息。

（五）实用性原则

就业信息收集应注重实用性和操作性，为毕业生提供具体、实用的就业指导和帮助。这要求就业信息收集人员在收集信息时，要关注招聘信息的具体内容，如岗位职责、任职要求、薪资待遇等，以便毕业生能够更好地了解岗位需求，提高求职成功率。同时，毕业生也应关注招聘信息的实用性，了解岗位的具体要求，提高自身的求职竞争力。

（六）个性化原则

就业信息收集应注重个性化服务，根据毕业生的个体差异提供有针对性的就业信息和指导。这要求就业信息收集人员在收集信息时，要关注毕业生的个性特点、职业规划和个人需求，为他们提供个性化的就业建议和服务。同时，毕业生也应根据自身特点，选择符合自己需求的就业信息，实现个性化就业。

（七）互动性原则

就业信息收集应注重互动与沟通，建立毕业生与用人单位之间的有效沟通渠道。这要求就业信息收集人员在收集信息时，要关注用人单位的需求和毕业生的反馈，及时解答双方的疑问，协调解决就业过程中的问题。同时，毕业生也应积极与用人单位沟通，了解岗位需求，提高求职成功率。

（八）持续性原则

就业信息收集应注重持续性，为毕业生提供长期的就业信息服务。这要求就业信息收集人员在毕业生离校后，仍要关注他们的就业状况，为他们提供持续的就业指导和帮助。同时，毕业生也应持续关注就业信息，不断提高自身能力，适应市场需求，实现稳定就业。

总之，就业信息收集是一项重要的工作，需要遵循全面性、及时性、准确性、针对性、实用性、个性化、互动性和持续性等原则，为毕业生提供高质量的就业信息服务，帮助他们顺利实现就业。

二、信息收集的内容

就业信息收集的内容主要包括以下几个方面。

（一）招聘信息

招聘信息是就业信息收集的主要内容，包括各类企事业单位、政府部门、非营利组织等用人单位的招聘岗位、人数、专业要求、学历要求、工作经验要求、薪资待遇、福利待遇、工作地点、工作时间、晋升空间等具体信息。毕业生通过了解招聘信息，可以明确自己的求职方向，提高求职效率。

（二）行业动态

就业信息收集应关注各行业的市场发展、政策法规、技术进步等动态信息，帮助毕业生了解行业发展趋势和市场需求，明确自己的职业发展方向。例如，收集有关新兴产业、行业发展前景、政策扶持等方面的信息，有助于毕业生把握市场机遇，选择有发展潜力的行业和岗位。

（三）职业指导

就业信息收集应关注职业指导方面的信息，为毕业生提供职业生涯规划、职业素养提升、求职技巧等方面的指导。例如，收集有关职业规划的理论和方法、求职面试技巧、简历制作技巧等方面的信息，有助于毕业生提高求职竞争力，顺利实现就业。

（四）就业政策

就业信息收集应关注国家和地区的就业政策，了解有关毕业生就业的优惠政策、就业服务、创业扶持等方面的信息。例如，收集有关毕业生就业见习计划、创业孵化基地、创业贷款优惠政策等方面的信息，有助于毕业生充分利用政策资源，实现就业和创业。

（五）就业市场

就业信息收集应关注就业市场的供求状况，了解人才需求量、求职者数量、薪酬水平等市场信息，帮助毕业生了解市场状况，调整求职期望值，提高求职成功率。例如，收集有关各行业人才需求量、求职者数量、薪酬水平等方面的信息，有助于毕业生明确自己的求职目标，把握求职时机。

（六）职业培训

就业信息收集应关注职业培训方面的信息，了解有关职业技能培训、职业资格认证等方面的内容。例如，收集有关职业技能培训课程、职业资格认证考试、培训补贴政策等方面的信息，有助于毕业生提高自身的职业技能和素质，增强就业竞争力。

（七）就业服务

就业信息收集应关注各类就业服务机构提供的服务内容，了解有关招聘会、人才市场、职业咨询、职业测评等方面的信息。例如，收集有关招聘会的时间、地点、参会企业等方面的信息，有助于毕业生参加招聘会，拓宽求职渠道。

（八）成功案例

就业信息收集应关注成功就业案例，了解毕业生成功就业的经验和方法，为求职者提供借鉴和参考。例如，收集有关毕业生成功求职的经验分享、面试技巧、职业发展路径等方面的信息，有助于毕业生调整求职心态，提高求职成功率。

总之，就业信息收集的内容十分丰富，包括招聘信息、行业动态、职业指导、就业政策、就业市场、职业培训、就业服务和成功案例等方面。毕业生在求职过程中，应全面收集就业信息，提高自己的求职竞争力，顺利实现就业。

三、信息收集方法

收集就业信息是大学生求职择业的一项重要任务。往往高质量的就业信息存在于广泛的信息之中。就业信息是广泛的，并不仅仅限于需求数量的概念，还包括对人的素质要求的概念以及需求单位的隶属关系、单位的性质、人才结构、发展前景等。因此，必须充分利用各种方法、运用各种手段准确地收集与择业有关的各种信息，为择业决策做好充分准备。这里介绍几种获取信息的方法供毕业生在实践中参考。

（一）通过学校毕业生就业指导机构求职

通常，各院校都设有毕业生就业指导机构（就业指导中心或就业办公室），这是高校毕业生就业工作的直接主管部门。高校毕业生就业指导机构的职责包括：向国家、地方主管部门和用人单位征集用人信息并加以整理、归纳、分析；通过各种方式组织毕业生和用人单位的供需见面会等。可以说，高校就业指导机构是学校和社会相互交换信息的窗口，是连接毕业生和用人单位的纽带。通过高校就业指导机构获取就业信息是大学生求职的主要途径。这一途径具有针对性强、可靠性高、成功率大的优点。充分利用学校这一载体，搜集就业信息。其好处尤其突出，一是用人单位发布的招聘信息比较有针对性，二是用人单位的资质和发布的信息都会经过学校的审核甄别，基本不会出现被骗事件。

（二）通过各级政府就业指导服务部门求职

毕业生除了学校渠道外，还可获得教育主管机构的有关就业信息和各地方就业指导机构的就业服务。面临人才之间的激烈竞争和用人单位的严格挑选，涉世不深、经验不足的大学毕业生难免在求职过程中遇到这样那样的问题，在此情况下，各级毕业生就业指导机构就显示出极为重要的作用，它们既是信息来源中心，又是咨询服务中心，指导毕业生顺利实现就业。例如，河南省大中专毕业生就业指导中心，负责本省大学毕业生就业服务工作。该中心建有就业市场信息库，并借助电子信箱建立“中心—高校—用人单位”之间的信息网络系统，达到信息资源的共享。另外，该中心还出版发行《就业信息简报》，向全省高校毕业生不定期地提供用人单位的简要情况及详尽的需求信息。由此可见，这一途径同样能给毕业生就业提供非常有益的帮助。

(三)通过社会各级人才市场求职

“国家政策指导，毕业生自主择业”是我国高校毕业生就业工作的目标。随着市场经济的深入发展和劳动人事制度的进一步改革，社会上各级各类人才市场、中介机构如雨后春笋般地涌现出来，同时毕业生择业的自主权越来越大，因此，通过人才市场的方式实现就业，也是毕业生求职就业的重要途径。在人才市场上，毕业生不仅可以了解到各类不同的用人单位和具体职位信息，寻求面试锻炼的机会，而且也为今后的求职转岗积累经验。

大学生应有选择地参加校园外专场招聘会，像较大规模的分科类招聘会，如师范类、综合类、理工类、医药类、外语外贸类等；或是分行业的小型专场招聘会，如金融、电子、电力、交通建筑等小规模的招聘会。而一般人才中介机构举办的招聘会，招聘单位主要是以招有工作经验的人才为主，希望招来的人才立刻能上岗工作，即使是毕业生专场，仍可能有一些并不招应届生的单位。

高校内部的系列小型供需见面会也要重视，因为这种直接到学校特别是院系的招人方式，是最有针对性、最容易使双方达成协议的，而且持续时间也较长，可选择范围较广。正确地选择招聘会，可以降低求职成本，也不用到处东奔西跑。人才市场为毕业生求职提供的有利因素是信息量大，就业机会多，交流直接，服务便利。

(四)通过社会实践或实习求职

大学生社会实践有多种方式，如勤工助学、社会服务、毕业实习等。社会实践实际上是大学生开发就业信息的重要渠道。在社会实践过程中，不仅可以通过自己的努力赢得用人单位的认可，培养社会实践能力，积累社会经验，还可以有意识、有目的地关注一些行业发展趋势、人才需求状况、具体单位和岗位的用人要求等与大学生就业相关的问题，加强对职业世界的了解，提升自己的求职意识。

毕业实习是学生正式工作之前非常宝贵的、很有价值的就业锻炼经历，通常被视为参加工作的演习，踏入社会的前奏，很多毕业生通过毕业实习实现就业。紧紧地抓住在实习单位的机会，努力表现，如果双方合适，省心省力，当然是较简洁的求职方式。同时经过一段时间的实习，对单位的领导、同事及各方面的情况都有些了解，正式进入后也便于工作的继续开展。

(五)通过大众传媒求职

处于高速发展、快速变化的信息社会，大众传媒方式，如广播、电视、报刊、杂志、网络等在人们生活中扮演着相当重要的角色，人们通过它们可以展现各种各样的信息。因此，大众传媒同样获得了招聘单位和求职者的共同青睐，招聘信息变得唾手可得。报纸招聘广告的真实有效性较大，因为登广告是需要经费的，同时广告版面的大小也可以反映出对人才的需求程度。它的不足之处在于，如果单位好，职位较好，竞争力很强，几百人争抢一个职位的情况常有。各地的报刊，包括综合报刊、晚报、专门的人才报等，都不同程度地传递着职业世界的信息。

移动网络已经越来越普遍，已成为无可比拟的、巨大的信息资源中心。越来越多的用人单位在公众号发出招聘信息，越来越多的求职者上网寻求就业信息，这样既方便，又快捷。因此，毕业生必须学会利用移动网络为自己的求职服务，这样不仅可以自由地获取各种就业信息，还可以直接把自己的简历公布在网上进行应聘。许多高校就业指导中心也建立了就业信息网或公众号为毕业生提供服务。

目前，很多企业在专业人才网站公开招聘，有一些企业还注明只收网上投递的简历。在移动互联时代，充分利用网上招聘信息、把自己的简历挂到网站人才库中、通过电子邮件投递简历到相关企业争取更多机会，是十分值得毕业生重视的求职方式。

毕业生可以通过专业的求职招聘网站、用人单位的官方网站、门户网站的求职频道等方式搜集信息，当然网上也充斥着无数的虚假信息等。因此通过网络搜集就业信息的时，请谨慎小心的选择，避免带来损失。

（六）通过各种社会关系求职

每个人都生活在自己的社会关系网中，到毕业生求职时，不要忘记利用自己的社会关系寻求就业信息。谁的社会关系网能提供史多的就业信息，谁能把住机会，谁的主动性就更大，成功的几率就更高。当然，在利用社会关系网这一途径时，必须正当，切不可不择手段。毕业生必须树立正确的求职理念；自己的主观努力是最重要的，也是最终的决定因素。

马克思主义告诉我们，人的本质是社会关系的总和。人们就是生活在一个有各种各样的人际关系组成的网状社会关系中，人们生活中的很多信息也是通过这个关系网传播的，并且该关系网中的核心部分就是由我们的亲朋好友、熟人构成的。家人、亲戚、同学与朋友建立起来的核心人际关系网，具有传递信息稳定、准确、可靠等特点已成为毕业生获取就业信息的重要渠道。

以上六种求职方法是毕业生求职的主要的、可行的、较为有效的途径。当然，在实际求职过程中，毕业生可以利用多种渠道，扩大视野，获取尽可能多的就业信息，增加可能的就业机会，选择最佳的、最适合自己的工作岗位。值得注意的是，面对众多的求职途径，毕业生切勿似无头苍蝇到处乱撞，必须有计划、有安排、有所选择地进行，这才是求职的上策。

四、信息的处理

在已经收集到的大量的就业信息中，由于信息的来源和获得的方式不尽相同，内容必然是杂乱的，有相互矛盾的，也难免有虚假不实的。求职者可结合自身的实际情况，对获得的信息进行去粗取精、去伪存真的分析、筛选、整理和鉴别，取其精华，使信息具有准确性、全面性和有效性，更好地为自己择业服务。在进行就业信息的筛选和处理的方法上可把握以下几点。

（一）有针对性地进行比较选择

把那些从“小道”得来或几经转达而未经证实的信息与有根有据的信息区别开来。

前者有待于进一步证实；后者则可以作为自己择业的参考依据。当然，在对信息进行比较的过程中，要根据自己的性格、兴趣、特长来分析，看看自己与哪些信息更吻合，哪个单位对自己的发展更有利等。

(二)对有关信息按不同内容进行整理分类

就业信息不仅仅是用人单位的需求信息，它涉及的范围很广，例如，有的是关于就业方针、政策方面的信息，有的是与自己所学专业有关的信息，有的是关于需要人员的素质要求方面的信息等。

(三)对所获得的信息进行分析

分析就业信息有三层含义：一是要识别真假，做可信程度的分析。一般来说，学校毕业生就业机构提供的信息可信度比较高，其他渠道得到的信息，因为受时间性或广泛性的影响，还需要进一步核实，才能判断可信程度。二是要进行效度分析。对信息的可用性进行鉴别，要看这条信息能否为我所用，例如，自己所得到的信息是否是政策允许范围之内的、信息中所反映的对所需生源状况及人的素质要求等。三是信息的内涵分析。信息的内涵包括用人单位的性质、要求以及限定条件等。

(四)及时反馈

当你收集到一条或更多的信息后，一定要赶快分析处理并及时向信息发出者反馈信息。只有及早准备，尽快出击，才能在人才市场的激烈竞争中争取主动。真可谓“花开堪折直须折，莫待无花空折枝”。就业信息对毕业生来说十分宝贵，当获得准确有效的信息后若能及时进行分析，则有助于在择业中做出正确选择。

(五)注意事项

1. 要注意信息的广度、效度和信度

在收集信息阶段，要注意信息的广度、效度和信度。广度是指扩大信息渠道，多方面多角度收集信息，增加信息量；效度是指信息的各种要素是否齐备，尤其是时间上的要求及与切身利益相关的要素是否清晰；信度是指信息的可靠性。一般说来，学校、院系就业指导部门提供的信息信度较高；家长和亲友提供的信息效度较高，而同学之间就业信息的交流则扩大了信息的广度。

2. 要处理好内因和外因的关系

在分析信息、拟定方案阶段，要处理好内因和外因的关系。内因就是学生选择职业的自主性。作家柳青曾经说过：“人生道路虽然漫长，但紧要处常常只有几步，特别是当人年轻的时候。”可以说，选择职业就是人生的紧要处之一，应当由学生自己决断。因为大学毕业生的自我评价、自我分析、自我判断的能力已基本形成，完全可以自主择业。外因这里是指学校、家长、同学的帮助和影响。

在分析信息、拟定和选择职业目标时，多听取亲友、老师、同学的意见，可以使

决策更加趋于正确和可行。在处理两者关系上，大学毕业生既要防止“固执己见、盲目择业”的倾向，也要克服“人云亦云，依赖他人，缺乏主见”的倾向，力求在广泛征求意见的基础上，自主确定择业目标。

3. 要做到果断、灵活

在实施决策阶段，要做到果断、灵活。由于确定决策与实施决策的时间差，客观形势可能发生了变化，甚至变化很大，这就需要大学生果断、灵活的决断。在这个阶段，学校老师和同学的帮助作用突显出来，而家长往往鞭长莫及。例如，在一次某国企宣讲会上，由于用人单位的需求变化，需要学生当场决断，及时签订协议书。很多同学在负责就业指导的老师的帮助下，果断地决策，愉快地与用人单位签订了协议。也有不少同学犹豫不决，企盼征求的父母的意见，结果失去了择业的良机。

任务四　准备求职材料

对于每一位即将毕业的大学生来说，求职材料(自荐材料)的重要性是不言而喻的，不仅是大学生求职过程的第一个环节，也是获得用人单位面试机会的最主要渠道。可见，要从众多应聘者中脱颖而出，获得用人单位的青睐，一份好的求职材料是极其关键的。一套较为完整的求职材料应包含以下七个部分。

(1)求职信。

(2)个人简历。

(3)高等学校应届毕业生就业推荐表。

(4)学习成绩单。

(5)各种获奖证书。

(6)社会实践活动的相关证明材料。

(7)有关科研成果证明及在学术期刊上发表的论文。

每位面临求职择业的大学生都应把自己的主要精力放在第(1)部分的求职信和第(2)部分的个人简历的准备上，本章内容也主要围绕前两部分进行撰写；第(3)~(7)部分的材料是客观发生后作为记录的材料，应做好收集整理的工作。

一、求职信的撰写

求职信就是一种附带个人介绍的信件，通过对自身能力的表述，引起对方的重视和兴趣。通常来讲，求职信的内容应当简明扼要、条理清晰，篇幅最好不超过一页。一份好的求职信能体现求职者清晰的思路和良好的表达能力，换言之，求职信的撰写体现了你的沟通能力和性格特征。

(一)基本内容

1. 标题

标题要醒目、简洁，通常写在正文正中上方，可直接写“求职信”或“自荐信”，在字体及字号的选择上应显得大方、美观。

2. 称呼

在求职信的开头要注意收件人的称呼，对不同的用人单位要注意用不同的称呼，例如，可以通用“尊敬的××先生/××女士/××经理”等。然后再称呼后面加一个冒号。如果在投递求职信之前已经明确对方的接收人是谁，就可以明确写“尊敬的李先生/尊敬的李女士”等。事实上，每个人是主观都喜欢看到自己的名字出现在求职信的开头，这样可以使他们在心理上感觉你是为了这个职位专门写了这样一封求职信，起码在诚意上你已经比那些统一称呼的求职者略胜一筹。

3. 正文

正文是求职信的核心部分，形式可以多样，但要对内容的措辞和行文风格进行反复揣摩，力求打动用人单位。正文部分应当包括以下内容。

(1)简单自我介绍

简要介绍个人的基本情况，这部分详细情况可在个人简历中详细说明，所以一句话带过即可。例如，“我是××大学经济管理学院金融学专业2025届本科毕业生”，简明扼要，一目了然。

(2)说明用人消息的来源

如果求职目标很明确，应尽可能地说明用人消息的来源，这样用人单位看后会很高兴的。同时要说明你对该单位的印象，表示希望到该单位从事某种职业的愿望。

(3)说明胜任应聘岗位的理由

说明胜任应聘岗位的理由是自荐信正文部分的关键部分。主要向对方说明你有知识，有经验，有专业技能，有与和应聘岗位工作相符的特长、性格和能力，并简要介绍自己在校期间的表现和获奖情况。一定要做到突出重点，针对性强。如向图书馆或档案馆求职，这是“安静”的工作，介绍自己就不能过多地说自己性格开朗活泼……而应多介绍自己细心、耐心，工作认真等；再如用人单位招聘“营销人员”，介绍自己就不能大书特书自己是如何的文静和内向了。

(4)介绍自己的潜力

进一步给对方增加印象，有针对性地介绍自己曾经担任过的各种社会工作及取得的成绩，暗示自己是可塑造的，有发展、培养的前途。如在谋求会计工作时，介绍自己使用珠算、计算机的熟练程度；向宣传或公关部门推荐自己时，要介绍自己具有书法、摄影等特长，一定要与第三部分的内容做到相辅相成。

4. 结尾

一般应写明希望对方给予答复，并盼望能有机会参加面试。如“我热切盼望着您的答复”或者“我希望能获得与您面谈的机会”等。另外写上一些简短的，表示祝愿、敬意之类的祝词，如“敬上”“此致敬礼”等，虽然只有几个字，但也有着不可忽现的作用。

5. 落款

(1)署名：应注意与信首的称呼一致，一般可以直接写为“自荐人××”的字样。当然也可以什么也不写，直接签上自己的名字。

(2)日期：应在署名的下方，规范的写法是用阿拉伯数字写，并应写全年、月、日。

求职信范例

求职信

尊敬的招聘团队：

您好！

我叫张××，通过贵公司官网得知贵公司正在招聘产品经理的职位，我对此职位非常感兴趣，并相信自己具备相关的经验和技能，能够胜任此工作。因此，我希望能有机会加入贵公司，与团队一起推动产品的发展。

我是××大学经济管理学院工商管理专业2024届毕业生。四年中，我认真学习了管理学原理、经济法、西方经济学、财务管理、人力资源管理、生产运作管理等相关课程。实习期间担任产品经理助理，负责从0到1打造并运营多款移动应用产品。

在××科技公司实习期间，我成功推动了一款社交应用的上线，该产品目前在市场上的用户量已超过500万。在此过程中，我主导了市场调研、用户需求分析、产品功能设计、项目管理以及数据分析等各个环节，积累了丰富的实践经验。我对贵公司的产品经理职位非常感兴趣，认为这是一个能够挑战自我、实现价值的舞台。我渴望能够在贵公司的优秀团队中，继续深化我的专业能力，为公司的发展贡献自己的力量。

附件中是我的简历，详细列出了我的工作经历和技能。我希望能有机会进一步与您沟通，请您考虑我的申请，并在方便的时候与我联系。

非常感谢您花时间阅读我的求职信，期待能有机会与您进一步交流。

顺祝商祺！

张××

联系方式：×××-××××-××××

邮箱：example@ email. com

(二)英文求职信

随着全球经济一体化的发展和行业环境、工作性质的需求变化，国内越来越多的用人单位对大学生的求职材料要求也越来越高。例如，日资企业需要大学生应聘者提供日语求职信、日语简历，法资企业需要大学生应聘者提供法语求职信和法语简历，德语企业需要大学生应聘者提供德语简历等。语言水平较高的大学生求职者，在求职过程中有一定优势。下面主要介绍英文求职信的写作技巧与注意事项。

在信件写作的基本注意事项上，英文求职信与中文求职信要求一样，比如态度真诚、语气诚恳、格式规范、言简意赅。但是英文求职信相对中文求职信来说，还有其他一些需要注意的问题如下。

1. 语言表达要简洁明了

在写英文求职信时，要避免使用太过复杂的句子和专业术语，用人单位不会在一份求职信上花费太多的时间。其次，语言表述简洁也能体现出你尊重用人单位，珍惜他人的时间。

2. 重视开头和结尾

在英文求职信的开头，除了对看信人的尊称外，在第一段中还需要提到求职信息获取的渠道，如 Your advertisement for a Network Maintenance Engineer in ××× interested me。在英文求职信的结尾，要提及关于希望得到面试的事情。注意，在表达自己希望得到面试的意愿的时候，切忌软弱、羞怯的表达方式，例如，If you think I can fill the position after you have read my letter，I shall be glad to talk with you.

3. 外企很看重员工的诚信度

在求职信中，如果对某种活动、某类事件你不是真正关心或爱好时，不要夸夸其谈，即使你在求职信中的谈论使你赢得面试机会，但面试中如果让招聘人觉得你在吹嘘，不懂装懂，你的诚信度会受到影响。当然，你也不会被录用。

（三）求职信的写作技巧

1. 有针对性

撰写求职信的目的是要推销自己，引起用人单位的注意，争取面试机会，所以对待不同的单位和岗位，你的求职信要量体裁衣。写求职信最忌“通用型”，这类信虽然可以大量复制，到处投递，省时省力，但给招聘单位的印象是“对我们不重视”“没有诚意”“目标不明显”，这样就很难达到应聘的目的。并且如果求职信都出自一个模板，都是来自某些大学的某一专业，都有优秀的成绩，都有广泛的兴趣，甚至有些还都有许多技能证书和一些工作实践，那么你如何能在成千上万的求职者中脱颖而出呢？

所以要想写出让招聘者满意的求职信，就必须首先了解用人单位，以及所要应聘岗位的情况，以便根据应聘工作的性质、需要和特点，有针对性地介绍自己的能力和特长。

2. 突出重点

要直奔主题，不要太啰嗦。求职信要突出招聘者感兴趣和有助于你获得面试机会的内容，对刚出校门的学生来说，对自己的专业和学习成绩简单介绍一下即可，说多了反倒无益。同时要突出你的能力和工作经验，凡是从事过的与所应聘的工作有关的活动，都可看作是工作经验。

在撰写时要突出自己的能力和特长，但一定要真实、具体，不要夸大其辞；语句要明确，不用模糊笼统的词汇，不要写没有论据的空话。

3. 篇幅适度

篇幅适度很重要，通常不要超过一页。有关实验研究表明，求职信不宜过长，洋洋洒洒几十页，招聘者看起来太累，会产生厌烦情绪，或者干脆不会去看。如果什么都写，就等于什么都没写。当然，也不能写得太短，这样既交代不清相关内容，得没有诚意。所以在内容设计、行文措辞上都要进行思考，语气要自然、自信，语言简洁，不用晦涩难懂的专业词语。

4. 注意细节

写好以后，通读几遍，不能有错别字，哪怕是一个标点符号也不能有误，要做到语句通顺、格式准确，同时排版美观、整洁。如果自己在书法方面有一定的优势，可以不选择打印，而采用手写的形式，能让人感到赏心悦目，同时也显示了自己的特长，但字体一定力求庄重得体，不要龙飞凤舞。但目前采用网络投递的方式比较普遍，因此准备电子版的求职信是必要的。

5. 态度真诚，摆正位置

写求职信前，首先应该想公司要我来干什么，或者换句话说，不应该写自己需要什么、获得该职位对自己有什么好处，而应该写自己能为公司做些什么。有了这样的态度，才能摆正位置。另外，在写求职信时，要诚恳礼貌，切忌自吹自擂、炫耀浮夸，怯懦退缩、缺乏自信也是不可取的。

6. 富有个性，有的放矢

求职者在开头应尽量避免写许多客套话、空话，要以一句简朴的“您好”直接切入主题，如“从人民日报得知贵单位招聘人才的信息”，这也能使单位主管感到单位名声在外，广告费没白花，无形中增加了好感，或者也可以用一两句富于新意的话吸引用人单位。

例如，一位在外地求学的毕业生给家乡所在单位写求职信时用“请接受一名家乡籍在外求学的学子对您的问候!”一下子就拉近了与用人单位之间的距离。求职信的核心部分是介绍自己胜任工作的条件，这并非多多益善，而是要有针对性，有的放矢。

所以，在动笔之前要着眼于现实，对用人单位的情况要有所了解，以事实与成绩恰如其分、有针对性地介绍和突出自己的特长。

(四) 撰写求职信的误区

求职信是求职者向用人单位介绍自己、表达自己就业愿望的一种专用文书，大多数用人单位都要求求职者寄送求职材料以便了解求职者的基本情况，并在此基础上确定面试人选。因此，求职信写得好坏将直接关系到求职者能否进入下一轮的角逐。但是许多求职者由于过于重视求职信的写作而陷入误区，这些误区主要表现在以下几个方面。

1. 面面俱到、篇幅太长

不少求职者认为要让用人单位充分了解自己，就必须在求职信中全方位地介绍自己。殊不知这样做恰恰会让一些用人单位并不关心的信息淹没了自己的闪光点，所以求职信应短小精练。

2. 辞藻华丽、抒情过多

如果一位求职者在求职信中这样写道：“我希望这样的人生，它在经历了无数场风雨后成为一道最壮丽的彩虹……请用您的目光告诉我海的方向……我渴望成为你们中的一员，我渴望奉献我所拥有的一切，请用真诚的心灵拥抱我最热烈的胸怀……”这些文字确实很美，但如果在求职信中出现，非但打动不了用人单位的领导，反而会给人一种哗众取宠、幼稚无知的感觉。

所以，写求职信不要过多地运用形容词，尽量使用简洁、平实的词汇，不要为了显示自己的写作水平而随意地抒发情感。

3. 行业不熟、职业不明

求职者在求职信中可以尽可能地表明自己对所应聘的岗位和行业的熟悉程度，这样可以使用人单位感受到你对期望从事的工作有一定的业务基础，或者起码可以显示出你关注该岗位。但有时候求职者明明对该行业不了解，却装出一副内行的样子班门弄斧，其结果必定适得其反。

此外，在求职信中要明确自己的目标岗位，使用人单位有针对性地进行考核和安排。有的求职者因担心有些岗位竞争激烈，不愿错过机会，在求职信中写“愿意在贵单位任何职能部门工作”之类的话，这种表达其实恰恰表明了你任何职位都不适合。

4. 过分自信、自视过高

自信是优点，但过于自信就是自负了。有的求职者根据自己在学校时的良好表现，或是某些活动中的成绩就断言自己一定能胜任某某工作，甚至大言不惭地说：“我相信我一定会比前任做得更出色，聘用我不会让您失望……”这种过分的自信导致了逻辑上的推理错误，学习成绩优异、参加校园活动丰富，也不一定就能完全胜任目前的工作。或者由于自己一贯的良好表现，而产生莫名的优越感，并自以为匠心独运地将求职信的题目改成“千里马的自白”或“通缉伯乐”等，这样未免自视过高。而且有时候由于求职人的过分自信，求职信中经常会使用“我认为”“我看”等字眼，或直接说“为什么不能给我一个面试的机会?”，这种表达方式都可能会让人事主管感觉你不成熟、自大，不能客观地对自己做出评估。

5. 忌粗心大意，礼节欠缺

求职信毕竟是有求于人，相应的书写礼节一定要做到位，给对方留下美好的第一印象。同时也不宜有文字上的错误，切忌有错字、别字、病句及文理欠通顺的现象发生。这不仅是个人人文素质的体现，更是对招聘单位的基本尊重，所以在写完求职信后要通读几遍，精雕细琢。

6. 忌平庸乏味，缺乏新意

求职信的重要目的是吸引对方，引起对方兴趣。求职者应尽量根据自身条件和特点，以及用人单位的招聘岗位的特点，准备属于自己的有特色的、有新意的求职信。总之，有特色的有新意的求职信应该察其所需，供其所求。

二、简历的撰写与投递

个人简历是对你自己的情况、经历的记载和陈述，一般按时间顺序，系统、全面地把个人身份、学历、成绩、特长等充分表达出来。个人简历可以单独拿去应聘。个人简历无固定格式，但应反映出自己的基本情况。

(一)简历的类型

求职者由于个人经历方面的差异，在决定简历内容之前，要选择一种适合自己情况的简历类型。只有这样，才能准确、恰当、清晰地提供个人信息，也有利于招聘者从堆积如山的简历里发现并认识你。对于大学毕业生来说，常用的个人简历主要有以下几种类型。

1. 完全表格式

完全表格式简历以表格的形式综合了多种资料，易于阅读，通常适用于年轻、缺乏工作经验但具有诸如所学课程、课外活动、业余爱好和临时工作等资料的求职者。

2. 半文章式简历

半文章格式使用较少的表格，而使用几项长资料的文字记载，表格的数量和文字记载的长短可根据个人的经历而变化。资历丰富的求职者也许会发现，半文章式简历对于充分的描述自己更有利。

3. 时序式简历

时序式简历依时间先后顺序编写学历和工作经历。通常按中国人的习惯是由远及近、由过去到现在的顺序写；而在国外和呈给外资企业的履历，则是由近及远、由现在到过去分阶段倒推排列介绍。内容包括工作和学习起止时间、职务、就职单位名称，以及对个人职责与业绩的简要陈述。这种方式可以充分表现你的日趋成熟、不断进步。但这种方式有时不免令人觉得累赘。尤其是有些不太重要的内容若不予列出，则在时间顺序上出现了断裂；若全面列出，则可能使人看不出重点。

(二)简历的内容

一份完整的简历一般包括以下内容。

1. 标题

标题的位置应在简历正文的顶端，居中书写，字号和字体可随意设计。一般情况下，标题可直接写成“个人简历”或“求职简历”。

2. 个人基本情况

个人基本情况主要包括姓名、性别、年龄、民族、籍贯、政治面貌、学历、院系、专业、健康状况、照片、联系方式等。这一部分写得过简或过细都是不可取的。过于简略，招聘者对你的基本情况知之甚少；过于详细，不利于通过最初的筛选；若将个人的许多隐私全盘托出，也可能给你带来负面影响，如体重、身高等。

3. 求职目标

求职目标是指要寻求的工作职位或要应聘的工作类型。确定求职目标一定要结合自己的实际情况，根据自己所学专业和经验特长去选择，切不可好高骛远。有人在这一栏里面，把自己愿意从事的职业都一一写上。这样做似乎可以给用人单位传达这样一个信息：我素质全面，什么样的职业都可以从事，可以放心大胆地聘用我。但用人单位不一定这么看。某化工公司的老板曾被一个“完美”女孩吓倒过，她的简历上称自己精通四国语言，擅长企业管理、策划、公关、财会，有超强的营销能力，耳聪目明，天资超人。应聘的职位从公关部主任到销售部经理，财务、商务助理一应俱全。一份求职材料里求职意向过多，会让人产生一种不信任感。用人单位需要的是有专业特长的你，而不是样样都懂的“万事通”。因此，求职意向最好针对较为具体的行业、部门。一份求职材料只写一个求职目标。

4. 受教育背景

对于一名刚刚毕业的大学生，工作经历有限，受教育情况就显得特别重要，写作时可以把它放在“经历”之前，以突出你的优势。内容主要包括所就读的学校、所学专业、学习的核心课程、所获学位、获得荣誉情况等。

5. 实习经历

对于刚毕业的大学生，可以将在学校所学的课程、担任过的职务、参加过的社会实践活动及活动中自己的作用等一一列举，即使是校内外实习、暑期打工这些细节也不漏过，招聘者会从中发现你的能力、特长。

6. 兴趣特长

你所具备的素质、能力与特长是招聘者非常关心的，通常应从两个方面来陈述：一是，你具备哪些素质、能力，如计算机水平、外语能力、人际交往能力、道德品质、团队协作精神等；二是，你可以为招聘者提供哪些服务，可胜任什么工作、带来什么技术。在介绍你的特点时，个人的兴趣和爱好是否要写明，取决于你所应聘工作的性质。当爱好和兴趣与工作有关，不妨多写几点，因为这些内容可能会引起招聘者格外的重视。一般情况下，还是不要详谈你的个人爱好，以免画蛇添足，得不偿失；列举兴趣与特长时要注意以下事项。

(1)写强项

弱项一定不要写，面试人员说不定对哪个项目感兴趣，有时会跟你聊两句，尤其是接连几个、十几个面试之后，有些招聘人员爱聊一些轻松的话题，一旦聊到的是你的弱项，绝大部分人会很尴尬，显出窘态，丧失自信，这对你很不利。更重要的是，招聘人员会觉得你在撒谎。

(2)强项要写也只写 2 ~ 3 点

因为极少有人能够达到十全十美。如果你觉得自己有很多强项，那么招聘经理会认为你的标准可能稍低了点儿。当然，确实有人有七八项强项，但一般人不相信个人强项特别多，所以你也没必要写那么多，以免给人轻浮的感觉。

(3)不具体的爱好不写

如体育、音乐、阅读。这些都是非常宽泛的词语，如果你是钢琴九级，而你在简历中只说自己爱好音乐，很可能会被误解为你就是爱唱歌。不具体的爱好，通常会被大家理解为你根本就没有真正的爱好。

(4)最好能写上一两项体育爱好

否则招聘经理会认为你的体质很差，不适合运动，或者你缺乏毅力不愿运动，因为有些工作需要经常出差或者加班，如此高强度的工作可能你心有余而力不足，那么可能就不会聘用你。不妨写上羽毛球等日常生活中经常玩的运动项目，既没有高抬自己大多数时间都在捡球的水平，又没有让招聘经理失望。

(三)制作简历的技巧

为使制作的简历更具针对性和吸引力，先要了解招聘单位如何选择简历。招聘单位对毕业生简历的选择。写好一份简历，首先就要知道用人单位是怎么选择简历的，他们是怎么去看桌上堆积如山的简历的，怎样才能使你的简历引起他们的注意。下面给出一些建议。

1. 简历长度

简历太长导致招聘者懒得或者没有时间去细看，结果使你劳而无功。换言之，过长的简历毫无作用，而且不容易突出重点。

简历最好不超过两页。尽可能选择你自己认为最重要的写，要使你的优点能更加鲜明。学习的课程当然要写，但要选重要的写，那些无关紧要的选修课除非跟你应聘的职位有关，否则就不必罗列了。

2. 简历内容

除了前面提及的几项，他们还会看学生的一些校园活动和兼职工作。而且他们在看完后，往往会形成对学生性格的总体印象，不大会记得你具体做过什么工作。所以，是学生会副主席还是部长并不重要，关键是你不要给人留下一个书呆子的印象。但有一种工作经历例外，所有招聘者都会重视具有与本公司相同行业的工作经历。这会是个优势，但如果说谎，也容易出局。

如果你有相关的工作经历，一定要很明白地说出。在内容的选择上，也不能一味地列举以往所担任过的职位，选几个很有代表性的就可以了。最对口的职位和工作经历是招聘者最愿意看的。

(1)言简意赅

简历一是要“简”，要阐明总体情况；二是要有针对性；三是针对应聘的职位列出自己学了什么，能做好什么，有什么实践成果和创意设想。有了这三方面的内容就足够了。简历要“简”，更要有“力"，即要有说服力，关键是让招聘者一看你的简历就认为你就是单位急需的人才。曾有一位学广告设计的毕业生，一掏出简历，用人单位当场就拍板要了他，原因很简单，他把简历设计成了一张普通名片的形式，正面是个人情况，求职意向，背面是实习作品。与厚厚的一沓资料比较，它无疑是有创意、有说服力的。

(2)强调成功经验

仅有漂亮的外表而无实际内容的简历是不会吸引人的，招聘者需要你以证据证明你的实力。所以，简历要证明你以前的成就，以及你从中得到了什么益处。强调以前的经历，一定要写上结果，如参与了某著名跨国公司组织的计算机软件竞赛活动，并获得了一等奖。切忌平铺直叙自己过去的经历，短短一份“成绩记录”，远胜于长长的

“工作经验”。

(3)坦率真诚

内容真实是简历最基本的要求。有一些求职者，为了博得用人单位对自己的好印象，不惜给自己的简历造假。例如，过分渲染自己的学业成绩和能力，甚至篡改自己的学业成绩。造假者可能一时未被人识破，但总会有水落石出的那一天，到时候，对自己的伤害更大。

(4)重点突出

由于时间的关系，招聘人员可能只会花很短的时间来审阅你的简历，因此简历一定要重点突出。应将你的能力分析和你能够胜任这份工作的理由，作为重点予以突出。

一般来说，对于不同的用人单位、不同职位的不同要求，求职者应当先进行必要的分析，有针对性地将其设计为简历的点睛之处，既要深思熟虑、写得精彩，又要巧妙布局、不落俗套。如用边框突出正文，或使用一些字体格式，如斜体、大写、下划线、首字突出等。

在简历页面上端写上一段你的能力、优势或成就的总结性陈述，然后在工作介绍中再将这些优势以工作经历和业绩的形式加以说明，也是一种突出优势的方式。

(5)用词准确

简历中最好不要使用拗口的语句和生僻的字词，更不要有病句、错别字。外文要特别注意不要出现拼写和语法错误，一般招聘人员考察应聘者的外语能力就是从其简历开始的。

同时行文也要注意准确、规范，大多数情况下，作为实用型文体，句式以简明的短句为好，文风要平实、沉稳、严肃，以叙述、说明为主，动辄引经据典、抒情议论是不可取的。

(6)用语专业

适当引用应聘职位所需主要技能的专业术语，能使简历更显深度。总之，招聘单位对不同的职位有相应的具体的素质和技能要求，若你学习掌握这些要求，那么引用一些相关专业术语在你的简历中，能体现出你是内行或具有这方面的资历。

(7)扬长避短

撰写求职简历还要考虑竞争对手给你造成的麻烦，所以要知己知彼，突出自己的长处，回避自己的短处。例如，招聘者通常看重有更多实际经验的人，作为刚刚走出校门的毕业生，不可能具有相关职业的丰富工作经历，在求职时应该更着重强调最近的教育与培训，尤其是与正在申请的工作最直接相关的课程或实践活动。再有，你可强调你具有较强的可适应性来弥补所欠缺的工作经验，以你在校期间参加过的勤工助学、实习和实践的成绩证明你“勤奋肯干”“可以迅速掌握新技能”。同时，你也可以考虑表达接受困难条件的意愿，如“愿意在周末和晚上加班”或“能够出差或外派”等。

(四)投递的方式

简历制作好后，下一步工作就是选择自己心仪的单位和心仪的岗位将简历投递出去，尽量争取获得面试的机会。对于大学生来说，目前在求职中主要投递两种简历：

纸质简历、电子简历。

1. 纸质简历的投递

(1)纸质简历适用的场合

对于大学生来说，纸质简历多数适用于高校与招聘单位合作举行的双选会现场求职、人才市场求职以及自己亲自到某些招聘单位现场求职。除此之外，大学生在参加面试的时候，也应该带上几份自己的纸质简历。

(2)纸质简历投递的注意事项

大学生在投递简历时，需要注意以下问题。

① 纸质简历可以不用设置封面，尤其是在双选会现场，多数招聘单位不大喜欢有封面的简历，这会浪费企业大量的时间。

② 纸质简历的内容不宜过多，尽量控制在一张 A4 纸以内，做到言简意赅、要点突出即可。

③ 纸质的简历在打印时尽量需要选择好的纸张打印，如果中间涉及黑色以外的颜色，就选择彩色打印，不要嫌贵，一分钱一分货，质量好的纸质简历能给人舒适的感觉。

④ 纸质简历上的照片不要用打印机打上去的电子照片，最好是自己贴个人照片上去，贴的时候要注意照片贴平、贴紧。

⑤ 纸质简历要考虑装在能容纳 A4 纸大小的文件夹中，保证纸质简历在投递时无任何折痕、污迹等。

⑥ 在投递纸质简历时，应聘者应双手呈递简历给招聘方，在呈递简历的同时可以微笑进行简短的自我介绍与自我营销。

2. 电子简历的投递

(1)电子简历适用的场合

当今社会通过网络求职已经是一种越来越普遍的求职方式，在网络上求职一般有两种方式：一是招聘单位将招聘信息发布在专业的招聘网站上，求职者只需要在招聘网站上点击相应的申请岗位按钮，就能将自己在该网站的电子简历发到相应的企业；二是招聘单位在网络上发布招聘信息，同时留下了电子简历投递的方式及时间要求等，这就要求应聘者通过电子邮件的方式将简历正确投递出去。

(2)招聘网站的电子简历投递

大学生在招聘网站上求职相对比较简单，只需要点击相应按钮即可，但是要注意的是，招聘网站发出去的电子简历一般就是自己注册时填写的个人简历。很多大学生在注册此类招聘网站时，觉得注册过于烦琐，既要设置用户名、密码等，还要根据网站的要求填写个人信息等，有不少大学生为了节约时间，在填写此部分内容时敷衍了事，三五个字就填写了一个模块，这是不可取的行为。

除此之外，大学生还应实时对网站上的个人信息进行更新，如手机换号了，就应该更新自己简历上的联系方式；有了新的实习经验，就应该增加到简历的社会实践中去等，随时让自己最新的情况呈现在简历上，这对自身的网上求职是有极大好处的。

(3)通过电子邮箱投递电子邮件

除了在招聘网站上投递电子简历外，还有的招聘单位也会在自己的官网或其他网站上面发布招聘信息，同时要求应聘者自己将电子简历投递到指定的邮箱，大学生在采取此种方法时一定要注意电子邮件的正确使用。

① 使用电子邮件发送简历时，大学生需注意自己的电子邮箱是否合适，建议尽量采用给人印象更职业的邮箱进行发送，如网易、搜狐等，同时邮箱命名应当尽可能规范，给招聘方留下良好的印象。

② 电子邮件的主题一定要明确。很多大学生在写电子邮件时，不会主动去填写邮件的主题，有的大学生也会认为反正电子邮件会将附件的名称作为邮件主题，填了也是多余的。其实这是错误的想法，正确的做法是在邮件的主题就明确邮件的目的，让对方一看邮件主题就知道你想要干什么，可以采用“院校”+“专业”+“姓名”+“应聘岗位”的方式来进行邮件主题命名。

③ 邮件的正文一定要写。很多大学生在使用电子件时，往往把需要发送的内容作为附件添加到邮件上，邮件正文什么都没写就发送出去了，这种做法是极端不可取的。大学生在利用电子邮件发送个人求职简历时，一定要按照书信体的格式来书写邮件，要有称呼、问候语、正文、署名、日期。

④ 求职简历按照招聘单位的要求进行操作。有的招聘单位要求求职者将个人求职简历作为附件添加到邮件上，求职者就不能将简历内容直接复制到邮件正文中；有的招聘单位要求将简历内容直接写到邮件正文，求职者就没必要再将简历作为附件添加到邮件上了，

⑤ 大学生在投递电子简历时可附上一份自己的求职信，通过求职信既可以表达自己对该应聘岗位的重视，也能利用求职信进行一次全面的自我营销，可以将自身的能力、优势、对应聘岗位的认知、对自我的发展等和企业做一次深入的沟通，让企业更了解你。

⑥ 大学生在制作电子简历时，最好用 Word 软件制作，尽量不要用其他的格式，如果使用其他软件可能会遇到对方不兼容难以打开或打开后发现文档出现乱码，这些都可能会使大学生失去一次本可以得到的面试机会。

3. 简历投递后的管理

很多大学生在将求职简历投递出去后就不闻不问，不再关心是否会有后续的进展，这同样是不对的。简历投递出去以后，一定要进行跟进和管理，才能让自己获得更多机会。

保持简历上填写的联系电话的手机 24 小时畅通，随时关注自己的手机是否欠费停机、电量不足、无信号等，一定避免出现招聘单位通知面试而联系不上应聘者的情况出现。

定期检查自己的电子邮箱。现在有很多招聘单位会通过电子邮件的方式通知应聘者参加面试，大学生应该在简历投递出去后定期关注自己简历上填写的电子邮箱，特别是平时不大使用电子邮件的大学生一定要养成定期查看电子邮箱的习惯。一般而言，在简历投递出去的一周内，尽量每天都要查看电子邮箱，避免遗漏接收重要信息，一周后可以两三天查看一次。

大学生可以将电子邮箱、电话号码等信息进行关联，利用时下流行的微信等社交软件，做好新信息的实时提醒。

对于自己特别想进的招聘单位或特别想从事的工作，大学生可以及时进行跟进。在投递简历时，可以向招聘方了解简历通过后得到面试通知的大概时间；如果是邮件方式投递简历，也可在正文加上相应的询问。

一般简历投出去一周左右的时间，招聘单位就会陆续通知人员面试，大学生可以在简历投出的一周后采用电话咨询或邮件咨询的方式进行跟进，争取最后的机会。

在咨询招聘方工作人员时，大学生一定要注意自己的态度，和对方通话或直接交流时要尊重对方，有礼有节地对待对方，说话时注意委婉，要给双方的交谈留有余地，不能让自己或对方难堪。

项目小结

本项目主要介绍了就业材料准备的相关知识，首先介绍了求职思想准备；其次介绍了求职知识准备、求职信息准备；最后介绍了求职材料准备的相关内容。通过本项目的学习，学生能够在就业方面做出更加充分的准备。发挥主观能动性，抓住就业黄金期，以积极进取的态度，挑战就业及创业的准备工作。

项目习题

1. 如何看待心态在就业过程中产生的作用？
2. 你认为如何利用就业信息渠道更为有效？
3. 制作一份求职材料最重要的原则是什么？
4. 请搜集一个目标岗位，根据这个岗位为自己撰写一份求职信和求职简历。

项目七

求职技巧提升

项目导读

求职技巧的提升是成功获得工作机会的关键。首先，要精心准备简历，突出重点技能、工作经验和成果，使其简洁明了且有针对性。同时，根据不同岗位需求，灵活调整简历内容。其次，面试前做好充分准备，了解公司背景、业务范围以及岗位要求，预测可能的面试问题并准备好答案。面试时，保持良好的仪态和沟通技巧，清晰表达自己的观点，展现自信和专业素养。本项目主要介绍求职技巧的提升相关知识。

学习目标

知识目标

- 了解自荐、笔试、面试的常见类型和内容。
- 掌握自荐、笔试、面试的技巧。
- 掌握仪容、仪表、仪态的基本内容。

技能目标

- 做好笔试、面试的前期准备。
- 学习必要的职场礼仪和办公软件操作技能等，增强自身竞争力。
- 面试时注意仪容、仪表，增加面试成功的几率。

素质目标

- 培养学生良好的求职心态。
- 增强学生对信息收集重要性的认识。

思政目标

- 通过社会主义核心价值观的教育，培养学生的爱国主义情怀。
- 帮助学生意识到自己作为社会主义事业建设者的重要使命。有助于学生在未来的工作中更好地服务社会，实现个人价值与社会价值的统一。

案例导入

幽默的自荐

有一家报社正在招人，但已写明需要有工作经验的，应届毕业生一律不接受。而有一位应届女大学依然走进这家报社。

问："你们需要一位好编辑吗?"(言下之意自己当然就是"好编辑"，语言是这么自信)

答："不。"(拒绝却是那么干脆)

问："那么，好记者呢?"(语言还是那么自信)

答："不。"(拒绝还是那么干脆)

问："那么，印刷工如何?"(依然是坚忍不拔)

答："不！我们现在什么空缺也没有了。"(路全部都封死了，看来是没戏了)

问："可是……那么，你们一定需要这个东西。"这位大学生从公事包里拿出一块精美的牌子，上面写着："额满，暂不雇用。"

报社主任笑了，单位也开始用一种新的眼光来审视面前这位年轻人了。

最后这位年轻人被录用为报社销售部经理。

【启示】这位年轻人所谓的自荐技巧就是自信、幽默，因为自信的语言应答不但有助于求职者吻合招聘者既定的聘用期望，而且可能重新塑造招聘者的聘用愿望。

任务一 自 荐

自荐即自我推荐，是毕业生就业的基本环节。大学生在求职择业过程中，要让用人单位认识自己、了解自己、选择自己，就必须通过多种途径和方法正确地宣传自己、展示自己、推荐自己，即成功地自荐。只有成功地自荐，才能获得进一步面试的机会。

一、准备自荐材料

应届生

自荐材料主要包括求职信、个人简历、学校推荐表、附件(证书复印件)等内容。学校推荐表在自荐材料中有举足轻重的地位，是必要的一环。可以说这是一个官方的认证，具有权威性，用人单位对此有较高信任度。把它放在自荐材料中加大了自荐材料的可信度及自荐力度。学校推荐表一般包括本人及家庭基本情况、在校期间学习成绩和奖惩情况、自我鉴定、组织意见等部分。

附件是指能证实自荐材料中所列的各方面情况的原始证明材料，它也是证明自荐材料的真实性和自荐人各种能力的有力证据。为防止投递过程中丢失，可用复印件，一般用人单位决定录用后是要看原件的，所以原件一定要妥善保存。

自荐材料是毕业生用来和用人单位取得联系最常用的办法之一。在求职择业过程中，自荐材料有着举足轻重的作用，是“敲门砖”，推荐、面试、录用都离不开它，自荐材料的好坏直接影响着就业。

(一)自荐材料的整理

(1)搜集材料。俗话说“巧妇难为无米之炊”，搜集个人自荐原始材料是一项基础性工作。搜集材料的原则就是为就业服务，以择业目标为中心，按需搜集，即围绕就业目标所需的专业特长、知识结构和能力等进行，注意专业特点、个人能力与行业特点的统一。

(2)分类整理。搜集的原始材料很多，在分类整理过程中一般按五个大方面进行专题细分：个人简历性材料、专业学习材料、特长爱好材料、社会实践材料和奖励评论性材料。

(3)编辑审查。分类整理之后就要进行编辑审查，即对分类的材料进行汇总编辑，检查一下材料是否有明显遗漏，不能出现材料残缺。同时材料含糊甚至与实际情况有出入的，一定要撤除或修补，还要对材料上是否有错别字等细节进行校对。

(4)汇总分析。经过分类整理和编辑审查后，首先要把同类型的材料集中起来；然后对材料的使用价值进行自我分析评估；最后把材料依其价值评分分清主次，一一罗列出来，以便于编写使用。

(5)合理编撰。在编撰自荐材料的过程中，要针对所应聘目标的具体情况合理取舍，有机组合，充分体现择业者的优势与特长。

(二)自荐材料的包装

当把自荐材料的主体部分在原始材料基础上，根据不同的应聘目标编写完后，就要进行包装这一工序了，即完成封面(主题)设计和自荐材料的装订工作。

封面的设计是丰富的，但其基本原则是美观、大方、醒目、整洁。封面设计要有一个主题(标题)，一个好的主题，往往能够吸引招聘者，促使招聘者想进一步了解自荐材料的具体内容。另外，封面的设计风格与自荐材料内部主体风格要一致，具有统一性、整体性。同时，封面设计中最好体现出择业者的姓名、专业、学校、联系方式等最基础的内容。在自荐材料的装订中最好采用标准纸，用计算机打印，不要用繁体字(有特殊要求除外)，装帧不要太华丽，保持整洁明快是最重要的。

二、选择自荐方式

自荐的方式有直接自荐和间接自荐两种。直接自荐是指由本人向用人单位做自我介绍、自我评价、自我推销。间接自荐是指借助中介人、中介机构或者是相关材料推荐自己，即不亲自出马，只需将自己的想法和条件告诉第三方，或形成材料就能达到推荐自己的目的。综合起来，自荐的方式可以分为以下几类。

(一)现场自荐

现场自荐方式，要求求职者必须亲临用人单位或招聘现场。其优点是直接面对用人单位，便于展示自己的风采，容易给人留下深刻印象，如果表现出色，可能会被当场录用。其缺点是涉及面有限，有时受时间、精力和地域的限制。一般来说，用人单位在和毕业生签约之前都会通过各种方式和毕业生见面，所以说，无论你以何种方式自荐，都有必要学习和掌握现场自荐的技巧。现场自荐详细划分还可以分成以下三种方式。

(1)登门自荐，即带上自荐材料亲自到用人单位推荐自己。

(2)参加人才招聘会自荐，即带上个人自荐材料到人才招聘会的现场推荐自己。

(3)实习自荐，即通过各种实习、社会实践推荐自己。

(二)信函自荐

信函自荐即书面自荐，就是通过向用人单位邮寄或呈送自荐材料的形式推销自己。这种形式不受时空限制，不受“临场发挥”和“仪表效应”的影响，又能扩大自荐范围。信函推荐特别适用于学习成绩优秀，又有较好文笔和写一手漂亮字的毕业生，也适用于因学习忙碌而没有时间上门自荐，或因路途遥远而不便于上门自荐的毕业生。这种形式用人单位乐于接受，也是毕业生求职择业过程中常用的自荐方式。

(三)电话自荐

电话自荐即通过电话推荐自己的一种求职方式。在求职过程中，电话自荐起着“敲门砖”的作用。充分利用电话接通后那短暂的时间，用最简洁明了的语言展示自己，尽可能给对方留下一个清晰、深刻、良好的印象，为面试打下良好的基础。电话自荐要注意以下几点。

(1)选择好打电话的时机，礼貌通话，把握通话时间。

(2)事先做好准备，准确表达，尽量简明扼要表达求职愿望。

(3)注意说话的语音、语调、语速等。

(4)注意控制自己的情绪。

(四)媒体自荐

媒体自荐主要是借助有关毕业生就业的人才杂志、报纸、广播或电视等媒体向社会推荐自己。这种方式覆盖面宽，受众广泛，易达到“广种薄收”的效果。部分长线专业、非通用专业或有特殊专长的毕业生采取这种方式往往会收到意想不到的效果。

(五)网络自荐

毕业生可将自己的自荐材料，甚至照片上传至专门的毕业生就业信息网站或人才招聘网站，也可以直接给用人单位的人事部门发送电子简历。这种方式受众广泛而且层次较高，供需双方可在网上及时交流、沟通，且成本相对较低。随着信息技术的飞速发展，这种自荐方式今后会被越来越多的毕业生和企业招聘人员所接受。毕业生利用网络自荐时可以采取以下几种方式。

(1)利用本校就业网站发布自己的择业信息。现在，很多高校都建立了自己的毕业生就业网站，毕业生可以方便地在学校的就业网站上发布自己的择业信息。

(2)利用专业的求职网站。很多专业的求职网站每日动态地发布大量工作职位和个人发展信息，而且专门为求职者开辟求职主页，方便求职者注册使用。

(3)利用用人单位的招聘网站。毕业生可以直接登录用人单位的网站，或者在其他网站上查找企业的网站，录入自己的求职信息。

(4)采取更为直接的方法在网上推介自己，如建立个人主页，它能充分发挥个人能力，展现张扬的个性。

(六)间接自荐

(1)学校推荐。经过学校推荐，求职者和用人单位往往容易相互认可，成功率较高。

(2)他人推荐。他人推荐是利用老师、父母、亲友推荐，从而达到自我推荐目的的一种自荐方式。他们的推荐容易引起用人单位的重视和信任。当然，父母、亲友的推荐可帮助毕业生扩大自荐的范围，对自己的成功择业也会助一臂之力。

(3)中介机构推荐。中介机构推荐是把自己的择业信息发送到社会就业中介机构，由他们向用人单位推荐的方式。这种方式最大的好处是就业中介机构对外联系广泛，择业面广。

三、自荐的技巧

大学生在自我推荐过程中，要想找到理想的职业，除靠知识、技能等“硬实力”外，还必须重视“软包装”，重视非智力因素的表现，依靠灵活的方法和技巧取胜。

(一)积极主动

求职自荐是求职者的主动行为，求职自荐信、个人简历等求职自荐材料的呈交、寄送要尽量及时进行。在了解到需求信息时，更不能迟疑，否则会错失良机。为使用人单位更全面地了解自己的情况，事先应做好各种求职自荐材料的准备。应做到：不等对方索要，主动呈交；不等对方提问，主动向对方介绍；不消极等待回音，主动询问。这样往往给人一种“态度积极、求职心切、胸有成竹”的感觉。

(二)重点突出

在介绍自己的情况时，要重点突出自己的能力和知识。可以详细介绍自己的专长、经验、能力、兴趣等，本人和家庭情况简单介绍即可。为了取得对方的信任，有时还要举例说明，比如，在校期间发表的论文、获得的奖励、承担的社会工作或某些工作经验、社会阅历等。要突出自己的优势和闪光点，与众不同的东西，才是魅力所在。平铺直叙、过分谦虚，有碍用人单位对自己的全面了解和全面评价，而且易失去求职自荐的机会。

(三)如实全面

在介绍自己各方面情况时一定要实事求是，优点不虚谈，缺点不掩饰，是一说一，客观全面，不能吹嘘或夸大，尤其是在介绍自己以往学习、工作上取得的成果时，一定要恰如其分。否则，将适得其反。同时，自我介绍材料要全面、完整，切忌丢三落四；个人基本情况、社会关系、工作简历、学习成绩、业务特长及爱好，不能缺少其中任何一项，否则会有不全面的感觉。求职自荐信、推荐表、个人简历、证明材料一应俱全，才能给用人单位以系统全面的整体印象。

(四)有的放矢

针对用人单位的具体要求，强调自己的社会经验和专业所长，这样才能使招聘者相信自己就是最理想的应聘者。如用人单位招聘文秘人员，应介绍自己文、史、哲的知识及写作才能；用人单位招聘科研人员，应介绍学习成绩和科研成果；用人单位招聘管理人员，应介绍做学生干部和在工作期间的经验及组织管理才能。强调针对性的同时，也不能抹杀相关知识才能的作用。专业特长加上广泛的知识面和兴趣爱好会更受用人单位的青睐。

四、递交自荐材料的注意事项

无论是采取直接递交还是间接递交(包括转交或以信函、电子邮件等方式投寄等)自荐材料，都要求准确、便利、快捷，要在用人单位规定的投寄时间内寄到。

(1)要明确投递对象，做到有的放矢。

(2)要逐一检查自荐材料，不要有遗漏与错误，特别是材料内容是否与投递对象一致，千万不要出现张冠李戴的现象。

(3)要注明双方联系办法。如果以信函方式，则要把投递地址写清楚。接收方若是具体人，则要把姓名写清楚、写正确。同时，职位称谓、单位的地址、名称等不要写简称。

(4)在自荐材料的明显位置必须有联系方式，以方便用人单位与自荐人联系。信封要用标准信封，在信封上也可写上联系方式。

任务二　笔　试

笔试是指用人单位采用书面形式对求职者所掌握的基本知识、专业知识、文化素养和心理健康等综合素质，进行考核和评估的方法。

笔试是求职择业中常用的一种考核方法，是考核应聘者学识水平的重要工具。这种方法可以有效地考量应聘人的基本知识、专业知识、管理知识、综合分析能力和文字表达能力等素质及能力的差异，对求职者来说是相对公平的一种考核方式，因而被越来越多的用人单位所采用。

一、笔试考核适用的情况

笔试考核主要适用于两种情况：一是应试者人数较多，需要考核的知识面较广；

二是考核一些应聘特殊岗位的求职者，如文秘、广告、公关等。现在，大企业、大单位大批量用人，国家机关选聘公务员，往往采用此种考核形式。与其他考核方法相比，笔试有以下三个显著的优点。

(1)客观性。试题依据一定的内容和客观标准拟制，成绩评定比较客观，人为干扰因素少，具有较强的区别功能。

(2)广博性。试题可以多种多样，测试范围广泛，对知识、技能和能力考核结果的可信度较高。

(3)经济性。可在同一时间不同的地点同时考核大批应试者，时间少、效率高，报考人的心理压力较小，较易发挥水平，从而提高考试的效率。

笔试的缺点主要表现在不能全面地考察应试者的工作态度、品德修养、组织管理能力、口头表达能力和操作技能等。因此，笔试虽然有效，但还必须与其他方法交叉使用。

二、笔试类型

从时间上来看，笔试可以用在面试之前，作为最初筛选的方法之一，也可以用在面试之后，作为继续考察面试合格者的一种手段。一般来说，用人单位会为应届毕业生安排以下几种笔试方式。

(一)文化基础知识考试

面试前毕业生虽然一般都会递交加盖学校公章的历年学习成绩单，但用人单位往往会从自己的实际出发，采取笔试的方法来考察毕业生的文化水平。文化考试重在考查毕业生文化基础是否扎实，文字表达能力水平的高低等，考试内容面广、题多，但难度一般不大。

(二)专业知识考试

专业知识考试主要是检验应聘者担任某一职务时，是否能达到所要求的专业知识水平和相关的实际能力。例如，招聘教师要求应聘者专业知识要过关，司法部门录用工作人员要考法律知识，国家机关招聘公务员要进行行政管理方面的测试，合格者才有可能参加面试。对于高职高专的学生，主要的还是动手能力。一些专业性很强的公司在招聘职业院校的毕业生时，是希望招聘到的员工能尽快适应岗位要求，在尽可能短的时间进入角色。专业知识考试有时很简单，比如某家公司需要项目预算或造价员，考官就会提供一张或一套图纸，让求职者在规定的时间内较为准确地完成尽可能多的计算内容。

(三)专业技术能力考试

专业技术能力考试是为了检验毕业生实际工作能力或专业技术能力。这种考试往往在特意设置的工作环境中进行，主要测试应聘人员处理问题的速度和效果，检验对知识和智力运用的程度和能力。如要求文科学生运用某一原理或某一历史知识，分析某一问题；要求理工科学生运用某一专业知识，解决某一实际问题。专业技术能力考试通常有如下几种情况。

(1)阅读一篇文章，写读后感。

(2)自编一份请求报告和会议通知。

(3)听取几个人的发言，写一份评价报告。

(4)某公司计划在5月份赴日本考察，写出需做哪些准备工作。

(5)给一个科研题目，写出科研论文的详细大纲。

(四)其他笔试类型

有的用人单位笔试可能也会采取智力测试的方式，主要测试应聘者的分析和观察问题能力、综合归纳能力、思维反映能力。他们对毕业生所学专业一般没有特别要求，但对毕业生的素质要求较高。在他们看来，专业能力可以通过公司的培训获得，因此有没有专业训练背景无关紧要，但毕业生是否具有不断接收新知识的能力和创新能力是至关重要的。

有的用人单位会进行综合能力测试，这种测试兼有智商测试的内容，但程度更高。例如，应试者要在规定的时间内对一组数据、一组资料进行分析，找出其合理的地方和存在的问题，并设计出解决问题的方案。这是对毕业生的阅读理解能力、发现问题、分析和解决问题的能力、知识面等素质的全方位测试。

三、笔试的准备

每一个大学生都是久经考场的勇士，然而面对求职测试难免紧张。因为求职测试毕竟是人生发展中的关键一步，它关系着自己能不能跨进职业大门，关系到自己的事业发展。所以毕业生必须积极应对求职考试并了解求职考试的一些技巧方法，争取考出自己应有的水平，获取成功。

(一)备好笔试用具

(1)备齐笔试可能需要的一切物品。最好能提前对照考试规则和要求，列一个物品清单，然后依照这个清单逐项进行准备。例如，可能会有准考证、身份证或工作证、笔(包括钢笔、铅笔及圆珠笔等)、尺子、橡皮擦等。当然，还要顺便检查一下物品的性能，以免在考试过程中发生钢笔没墨水等意外情况。

(2)事先熟悉考场环境和考场规则。了解一下考场的设置情况，考试起讫时间、考场的位置及布置情况及卫生间等方面的情况，重要的是要消除自己置身新环境的陌生恐慌感。

(二)了解笔试题型，做到心中有数

不同的笔试类型，有不同的考试内容，毕业生在考前应作详细的了解，针对不同情况做出相应的准备。

现在求职考试的题型越来越强调用学过的知识来解决问题。从考试准备角度讲，

知识分为两大类：一类是主要靠记忆掌握的知识，另一类是通过不断的运用来掌握的知识。实际上，现在求职考试主要是考求职者对知识的运用能力。因此，在复习过程中必须始终突出一个“用”字，通过各种实践，把所学的知识运用到工作实际中去解决各种具体的问题。

(三)了解笔试重点，进行认真复习

对所学专业知识进行必要的复习是笔试准备的重要方式。在知识与能力这二者中，知识无疑是基础，没有扎实的基础知识，也就无从谈什么能力的培养和提高，掌握知识的一个有效方法就是把零散的知识化为系统知识。但是求职笔试的题目往往范围大、内容广，使考生在复习时无从着手，存在着一定的随意性和盲目性。因此，在着手应聘笔试的复习时，应首先打破各学科的界限，认真梳理各科要点，整理成一个条理化、具体化的知识系统总纲目，然后按照这个总纲目有计划、有步骤地进行复习。凡是与求职有关的一些知识，如文史知识、科技知识、经济知识、法律知识和一般的电脑知识，均要系统地复习一遍。

一般说来，笔试都有大体的范围，可围绕这个范围翻阅有关书籍、资料，复习巩固所学过的课程内容，温故知新，做到心中有底。但一些用人单位的笔试则相对灵活，范围也比较大，没有明确相关的参考书。毕业生可围绕所应聘岗位的知识要求翻阅一些有关的图书资料。

四、笔试的技巧

笔试成绩的高低，不仅与自己的实际水平和考前复习有关，还与自己的答题技巧有关。

(一)保持良好的考试心理状态

(1)要做到适度紧张。没有一点紧张情绪，抱着无所谓或松散的心态，就考不出最佳成绩；过于紧张、情绪慌乱，更考不出最佳成绩。只有适度紧张、情绪稳定、认真审题，努力回忆学过的知识，先易后难，迅速答题，才能考出最佳成绩。

(2)要相信自己的实力。求职笔试同高考不同，高考是“一锤定音”，而求职应聘考试则有着多次机会。只要了解考试的特点，了解各类考试题目的特点和解答各类题目的方法，充分反映自己已掌握的知识，充分发挥自己的真实水平，就一定能考好。如果试卷中出现特殊的试题，考生也千万不要慌张，应该相信大家的水平相近。

(二)掌握科学的答卷方法

(1)通览全卷，确定答题步骤。笔试题型多、内容多，又要限时答好，必须合理安排答题时间。拿到试卷后，先要看清注意事项、答题要求，然后从头到尾大略看一下试题，了解题目类型、题目多少、分量轻重、难易程度，根据先易后难、先简后繁的原则确定答题步骤和答题的速度。

(2)精心审题，从容作答。在具体进行作答时，必须认真审题，切实弄清题目要

求，逐字逐句分析题意，按要求进行回答。

(3)全面复查，防止遗漏。在答完试卷后，要尽量挤出时间，进行一次全面复查，要特别注意不要漏题，更不能跑题或出现错别字、语法不通、词不达意等错误。

(三)了解正确的答题方法

要从考题的特点出发，熟悉考题的题型，了解每种题型的答题方法，防止出现不必要的差错。常用的题型有填空题、选择题、判断题、问答题、再生题、实用题、作文题等。

(1)填空题。填空题是一般试卷中不可缺少的题型，用以检查考生对各种知识所掌握的情况。答题时必须看清题目要求，是填词还是填句、填词语还是填符号。

(2)选择题。选择题一般由题干和几个备选答案(即选项)组成，要求从给出的几个备选答案中，选择一个或几个正确、恰当的答案。要答好这种题型，可用经验法，根据已掌握的知识经验填写；也可用排除法，把题目中的所有备选答案，采取逐一排除的方法，最后确定正确的答案；还可用假设法，假设某备选答案正确，代入验证，以获取正确答案；也可用计算法，通过计算来确定正确答案。

(3)判断题。判断题是对所给的命题做出明确的是或非的回答。一般判断题只有一个误点，最多两个，较多出现在易混淆、易误解的常识性知识部分。

(4)问答题。问答题要求考生对试题提出的问题做出回答，较多的是要求用简单的语句回答简单的问题。答题前先理清楚思路，按要求依序回答。答题时要对准中心，抓住重点，开门见山，简明扼要。

(5)再生题。再生题是指通过默写、听写、记录等方法来检验考生对某些知识的掌握程度和应用能力的题型。答题时要明确这类题目的内容是所学课程的重点和精华，解答的基础在于平时对字、词、句、段、篇的理解和记忆。

(6)实用题。实用题是要求考生运用所学的知识、原理来解决实际问题的题型。要根据题目的要求，选择适当方法，予以解决。解题时先找出关键词，理解题意，再认真仔细地做，确保正确无误。

(7)作文题。作文题是给出范围或特定要求，在规定的时间和空间内写完。审题要果断、正确，迅速地扣住作文题目的关键词，确定写作中心。写作提纲应简略，不要太费时间，只要能反映文章的基本思路、段落层次即可。行文时要正确计时，合理分配时间，对需要修改加工的词句，可先跳过去，留待最后解决。

(四)熟悉考场，有备无患

为了消除求职者在应试时的紧张心理而造成个人水平无法发挥的现象，求职者可以提前熟悉考场环境，做好心理准备。另外还应详细阅读考场注意事项，按照要求做好。最后还要检查考试必备的一些物品，如必备的证件、考试文具等，以备考试时使用。

五、笔试应注意的问题

(1)注意考场纪律。毕业生一定要注意按规定的时间到场，不能迟到。

(2)答题要注意字迹工整、卷面清洁。求职过程的笔试，不同于专业考试，卷面的整洁、字迹的工整是非常重要的。招聘单位往往先不看答题内容，而是从求职者的卷面来了解、联想求职者的思想、品质、工作态度等。卷面不整、字迹潦草的人，相对来讲也许是不可靠的；卷面整洁、字迹端正、一丝不苟的人，至少是态度认真、作风细致严谨的。因此，书写时，卷面力求做到字迹清楚，格式、标点正确，没有错别字。

(3)不能作弊。考试绝对不能作弊，用人单位对这一点也尤为关注。因为求职笔试不同于其他专业考试，“醉翁之意不在酒”，招聘单位在意的是应试者的诚信等基本品格。

任务三　面　试

求职面试是能否顺利踏入职业领域的过关考试，是一门与其他考试一样都应该学习、历练和认真准备的考试，是一门很有讲究的学问。通过面试，给人留下良好的印象，让招聘方记住你，进而招聘或录用你，这是顺利通过应聘面试的主要任务。

面试又叫面试测评，是一种要求被试者用口头语言来回答主试提问，以便了解被试者心理素质和潜在能力的测评方法。

一、面试的内容

从理论上讲，面试可以测评应试者任何素质，但由于人员甄选方法都有其长处和短处，扬长避短综合运用，则事半功倍，否则就很可能事倍功半。因此，在人员甄选实践中，并不是以面试去测评一个人的所有素质，而是有选择地用面试去测评它最能测评的内容。通常，面试测评的主要内容如下。

(1)仪表风度。仪表风度是指应试者的体型、外貌、气色、衣着举止、精神状态等。像国家公务员、教师、公关人员、企业经理人员等职位，对仪表风度的要求较高。研究表明，仪表端庄、衣着整洁、举止文明的人，一般做事有规律、注意自我约束、责任心强。

(2)专业知识。了解应试者掌握专业知识的深度和广度，其专业知识更新是否符合所要录用职位的要求，作为对专业知识笔试补充。面试对专业知识的考查更具灵活性和深度。所提问题也更接近空缺岗位对专业知识的需求。

(3)工作实践经验。一般根据查阅应试者的个人简历或求职登记表，做些相关的提问。查询应试者有关背景及过去工作的情况，以补充、证实其所具有的实践经验，通过工作经历与实践经验的了解，还可以考查应试者的责任感、主动性、思维力、口头表达能力及遇事的理智状况等。

(4)口头表达能力。口头表达能力是面试中应试者是否能够将自己的思想、观点、意见或建议顺畅地用语言表达出来，考查的具体内容包括：表达的逻辑性、准确性、感染力、音质、音色、音量、音调等。

(5)综合分析能力。综合分析能力是面试中，应试者是否能对主考官所提出的问题，通过分析抓住本质，并且说理透彻、分析全面、条理清晰。

(6)反应能力与应变能力。反应能力与应变能力主要看应试者对主考官所提的问题理解是否准确，回答的迅速性、准确性等；对于突发问题的反应是否机智敏捷、回答恰当；对于意外事情的处理是否得当、迅速等。

(7)人际交往能力。在面试中，通过询问应试者经常参与哪些社团活动，喜欢同哪种类型的人打交道，在各种社交场合所扮演的角色，可以了解应试者的人际交往倾向和与人相处的技巧。

(8)自我控制能力与情绪稳定性。自我控制能力对于国家公务员及许多其他类型的工作人员(如企业的管理人员)显得尤为重要。一方面，在遇到上级批评指责、工作有压力或是个人利益受到冲击时，能够克制、容忍、理智地对待，不致因情绪波动而影响工作；另一方面，工作要有耐心和韧劲。

(9)工作态度。一是了解应试者对过去学习、工作的态度；二是了解其对现应聘职位的态度。在过去学习或工作中态度不认真，做什么、做好做坏无所谓的人，在新的工作岗位也很难能勤勤恳恳、认真负责。

(10)上进心、进取心。上进心、进取心强烈的人，一般都确立有事业上的奋斗目标，并为之而积极努力，表现在努力把现有工作做好，且不安于现状，工作中常有创新。上进心不强的人，一般都安于现状，无所事事，不求有功，但求无过，对什么事都不热心。

(11)求职动机。了解应试者为何希望来本单位工作，对哪类工作最感兴趣，在工作中追求什么，判断本单位所能提供的职位或工作条件等能否满足其工作要求和期望。

(12)业余兴趣与爱好。通过了解应试者休闲时爱从事哪些运动、喜欢阅读哪些书籍、喜欢什么样的电视节目、有什么样的嗜好等，这样对录用后的工作安排非常有好处。

(13)其他。面试时主考官还会向应试者介绍本单位及招聘职位的情况与要求，讨论有关工薪、福利等应试者关心的问题，以及回答应试者可能问到的其他一些问题等。

案例

缺乏面试技能，丧失就业机遇

某职业学院旅游专业毕业生李娜面试文员岗位，面试当天她把自己的简历熟悉了一遍，没怎么准备就去了。到了现场，已经有几位应聘者到现场了，看样子都经过了一番精心准备，一个个嘴里念念有词，显然是在温习。看他们那个认真的劲儿，李娜有了竞争的真实感。面试官有两位，看上去都非常严肃，被他们眼睛一盯，李娜就慌了神，头不由自主的低了下去，把事先准备要说的话忘得一干二净，脑子里一片空白。这时候面试官让她做下自我介绍，她把自己的简历背了一遍，语调僵硬，声音也发虚，手紧张得无处安放，一说完她就知道这次面试失败了。

【启示】面试既要有充分的准备，又要讲究相应的技巧的。求职过程中如果不掌握相应的面试技巧，不做相应的准备，就因为紧张等原因在面试环节中败北。

二、面试的方式

常见的面试方式主要有模式化面试、问题式面试、压力式面试、非引导式面试、综合式面试等。

(一)模式化面试

模式化面试又称为结构面试。其做法是：先由主考官围绕选拔人才的要求，确定考察的项目和内容，列出所有题目和有关细节；再设计好面试评分细则和评分表，待面试开始后由主考官逐一发问并给出分数；最后将所有应试者按得分高低排出顺序，从而确定出拟录用人员名单或范围。其目的是为了获得有关应试者全面、真实的材料，测试和观察应试者的知识面、能力、谈吐行为、仪表风度以及沟通能力等。模式化面试的内容一般包括以下内容。

(1)应试者的学习和工作经历：学习主要是指应试者此前接受的课程学习。就工作经历而言，比较关注应试者的工作(或实习、实践、参与或组织的课外活动)经验和工作能力。

(2)应试者过去接受的教育情况：既包括正规的专业知识教育，又包括非正规的社会知识的学习，如参加过什么类型的培训活动，获得过什么证书等。目的是要考察应试者的学识、社会知识、社会阅历和发展潜力。

(3)专业知识：如专业技术水平，目的在于考察应试者岗位工作和岗位适应能力。

(4)个人的兴趣、爱好和生活习惯：目的是要考察应试者的人生观、价值观和志向。

(二)问题式面试

问题式面试是指由主考官按照事先拟定的提纲对应试者提问来进行的面试。主考官提问的，可能是一个问题或一项计划，其目的在于观察应试者在特殊环境中的表现，考核其知识、判断其解决问题的能力，从而获得有关应试者的第一手资料。

(三)压力式面试

压力式面试是指由主考官有意识地对应试者施加压力，针对某一问题或某一事件开展一连串的提问来进行的面试。在进行压力式面试的时候，主考官提出的问题不仅详细，而且刨根问底，直至无法回答，甚至有意识刺激应试者，看其在突如其来的压力下能否做出恰当的反应，以观察其涵养、机智程度和应变能力。

(四)非引导式面试

非引导式面试又称自由式面试，是指主考官与应试者通过自由式的谈话考察应试者的面试。主考官与应试者海阔天空、漫无边际地进行交谈，气氛轻松活跃，无拘无束，双方自由发表言论，各抒己见。其目的在于通过闲聊来观察应试者的谈吐、举止、知识、能力、气质和风度，对其做全方位的综合素质考察。

(五)综合式面试

综合式面试是指主考官通过多种方式来考察求职者综合能力和素质的面试。比如,用外语与应试者会话以考查其外语水平;要求应试者即时作文以考查其文字能力;要求应试者即席演讲以考查其口才表达能力;让应试者抄写一段文字以考查其书法;甚至要求应试者现场操作计算机等,都属于综合式面试。

以上是对面试方式的划分,在实际面试过程中,用人单位可能采取几种面试方式,也可能就某一方面的问题对应试者进行更广泛更深刻的考察,以达到选拔出优秀应试者目的。

三、面试的基本原则

在面试中,需要掌握三个原则:实事求是、随机应变、自圆其说。其中后两者主要体现了灵活性的特点,但必须以实事求是为前提和基础。

(一)实事求是

实事求是指在面试中应试者回答考官提问时要从本人的实际情况出发,不夸大、不缩小,正确对待和处理考官的发问。

例如,当考官问及在大学本科或研究生阶段都学过多少门课程时,如果记得清楚,就如实报告,如果记得不太准确,就说个大概数,切不可随意编出数字来。当问及自己的优点或缺点时,要简明扼要地叙述,切不可谈得过多(如列 10 多条)、过高(如说学习上异常刻苦,对专业书百读不厌)。缺点主要指的是气质等方面的不足,要抓主要的,如有时急躁或有时粗心大意等,既不可罗列过多,又不可夸张形容,更不能把属于优点范畴的现象也说成是缺点。

在面试中涉及专业知识时,更要实事求是地回答,即使对考官所提的问题回答不出来也无妨。如不知道就坦率地承认“不知道”,并表示歉意。一个人的知识面总是有限的,如果在不知道的情况下妄说,反倒会影响你的录用。当问到自己熟悉的问题时,尽量发挥得充分些。

(二)随机应变

随机应变是指面试考官要考查应试者能否随着情况的变化掌握时机,具有灵活应付的多变能力。当进入面试考场之后,如遇考官们都不发问,而是面带微笑地看着自己,使自己不知所措、心里紧张。这时候,可“主动出击”,以改变这种被动局面。可以先做自我介绍,并逐渐把重点转移到自己所精通的专业知识上,甚至可以向考官们提出一些问题,以显得自己是个谈吐清楚、头脑灵活、反应敏捷、能够随机应变的人。

(三)自圆其说

参加面试时,主考官所问的问题并不一定有什么标准答案,只要能回答得近乎“自圆其说”,便算是成功。几乎所有的面试问题都有可能被主考官深化和挖掘,因此回答问题前要尽可能想得周到些，才能不至于被动。

四、面试准备

对面临毕业的学生来说，因为缺乏经验，常常会在接到面试通知后不知所措。为了面试时能从容不迫，毕业生在面试前应做好充分准备。

(一)面试的信息准备

(1)了解用人单位的情况，以便缩小双方的距离，增加主考官对你的好感。

(2)了解竞争者的基本情况。了解此次应试者的总人数，以及准备应聘的职位的竞争人数和竞争者的基本情况，明确自己的优势和劣势。

(二)面试材料的综合准备

首先是个人的简历、学历证书、各种获奖证书、职业资格证书和学校推荐表等各种材料的准备。材料要实事求是，恰如其分；突出重点，强调个人的专长和特点；文笔流畅，注意措辞。其次是面试问题准备，这主要包括两方面：一方面对用人单位可能提出的问题做出预测，并进行模拟回答；另一方面是准备应试者在面试时要突出的问题。

(三)面试的形象准备

人的服饰仪表是一种无声的语言，体现着人的个性、情趣、修养等，同时也会影响用人单位对应试者的第一印象。因此，应试者参加面试前，必须塑造自己的最佳形象，既可以使自己更有自信，又能给对方留下更好的印象。需注意的是，面试不是选美，学生着装应以整洁大方、朝气蓬勃为准则，避免夸张、暴露的服饰。

(四)面试的心理准备

面试就好比是一场考试，在测试每个人能力的同时，也在测试每个人的心理素质和临场发挥水平。要成功面试，就必须保持正常心态。

(1)要充满信心，保持良好的状态和快乐的心情。

(2)要正确分析自我，根据自身的特长，选准适当的就业位置，保持积极主动的择业心态，敢于竞争、敢于自荐，增强心理承受能力。

(3)要有充足的睡眠，保持清醒的头脑，对可能出现的问题进行预测，回答问题前要做好通盘考虑，以良好的心态从容应试。

(4)在进入面试房间前，先深吸一口气，镇静地、有信心地步入。

五、面试技巧

(一)如何回答问题

(1)把握重点，简捷明了，条理清楚，有理有据。一般情况下回答问题要结论在先，议论在后，先将自己的中心意思表达清晰，然后再做叙述和论证。否则长篇大论，会让人不得要领。面试时间有限，如果多余的话太多，就容易走题，反倒会将主题冲淡或漏掉。

(2)讲清原委，避免抽象。用人单位提问总是想了解一些应试者的具体情况，切不可简单地仅以“是”和“否”作答。应针对所提问题的不同，有的需要解释原因，有的需要说明程度。模棱两可、含混抽象的回答，往往不会给主考官留下具体的印象。

(3)确认提问内容，切忌答非所问。面试中，如果对用人单位提出的问题，一时摸不到边际，以致不知从何答起或难以理解对方问题的含义时，可将问题复述一遍，并先谈自己对这一问题的理解，请教对方以确认内容。对不太明确的问题，一定要搞清楚，这样才会有的放矢，不致答非所问。

(4)有个人见解，有个人特色。用人单位有时接待应试者若干名，相同的问题问若干遍，类似的回答也要听若干遍。因此，用人单位会有乏味、枯燥之感。只有具有独到的个人见解和个人特色的回答，才会引起对方的兴趣和注意。

(5)知之为知之，不知为不知。面试者遇到自己不知、不懂、不会的问题时，闪烁其词、默不作声、牵强附会、不懂装懂的做法均不足取，诚恳坦率地承认自己的不足之处，反倒会赢得主试者的信任和好感。

(二)如何消除紧张

由于面试成功与否关系到求职者的前途，所以大学生面试时往往容易产生紧张情绪，有些大学生可能由于过度紧张而导致面试失败。因此必须设法消除过度的紧张情绪。下面介绍几种消除过度紧张的技巧。

(1)面试前可翻阅一本轻松活泼、有趣的杂志书籍。这时阅读书刊可以转移注意力、调整情绪、克服面试时的怯场心理，避免等待时紧张、焦虑情绪的产生。

(2)面试过程中注意控制谈话节奏。一般开始谈话时可以有意识地放慢讲话速度，等自己进入状态后再适当增加语气和语速。这样，既可以稳定自己的紧张情绪，又可以扭转面试的沉闷气氛。

(3)回答问题时，目光可以对准提问者的额头。有的人在回答问题时眼睛不知道往哪儿看。经验证明，魂不守舍、目光不定的人，使人感到不诚实；眼睛下垂的人，给人一种缺乏自信的印象；两眼直盯着提问者，会被误解为向他挑战，给人以桀骜不驯的感觉。如果面试时把目光集中在对方的额头上，既可以给对方以诚恳、自信的印象，又可以鼓起自己的勇气，消除自己的紧张情绪。

(三)如何运用语言

面试时应试者的语言表达艺术体现着自身的成熟程度和综合素养，掌握语言表达的技巧无疑是重要的。

(1)口齿清晰，语言流利，文雅大方。交谈时要注意发音准确，吐字清晰；要注意控制说话的速度，以免磕磕绊绊，影响语言的流畅。忌用口头禅，更不能有不文明的语言。

(2)语气平和，语调恰当，音量适中。面试时要注意语言、语调、语气的正确运用。打招呼时宜用上语调，加重语气并带拖音，以引起对方的注意。自我介绍时，最好多用平缓的陈述语气，不宜使用感叹语气或祈使句。声音过大令人厌烦，声音过小则难以听清，需注意听者的反应。求职面试不同于演讲，而是更接近于一般的交谈。交谈中，应随时注意听者的反应，根据对方的反应，适时地调整自己的语言、语调、语气、音量、修辞，包括陈述内容，这样才能取得良好的面试效果。

(四)如何运用手势语言

在面试中，一定要对对方的谈话表示关注，要表示出自己在聚精会神地听。对方在感到自己的谈话被人关注和理解后，才能愉快专心地听取你的谈话，并对你产生好感。一般表示关注的手势是：双手交合放在嘴前，或把手指搁在耳下；或把双手交叉，身体前倾。

六、面试的趋向

对近些年来面试实践的分析表明，面试出现了以下新的发展趋势。

(一)形式的丰富化

面试早已突破那种两个人面对面、一问一答的模式，而呈现出丰富多彩的形式。从单独面试到集体面试，从一次性面试到分阶段面试，从非结构化面试到结构化面试，从常规面试到引入了演讲、角色扮演、案例分析、无领导小组讨论等情景面试。

(二)程序的结构化

以前对面试的过程缺乏有效的把握，面试的随意性大，面试效果也得不到保证。目前许多面试的操作过程已逐步规范起来。从主考官角度，面试的起始阶段、核心阶段、收尾阶段要问些什么、要注意些什么，事先一般都有一个具体的方案，以提高对面试过程和面试结果的可控性。

(三)提问的弹性化

以前的面试基本等同于口试，主考官提出的问题一般都事先拟定好，应试者只需抽取其中一道或几道题来回答即可，主考官不再根据应试者对问题的回答情况提出新问题。主考官评定成绩仅依据事先拟定的具体标准答案，仅看回答内容的正确与否，实际上这只不过是笔试简单地口述形式而已。

现在面试中主考官问题的提问虽源于事先拟定的思路，但却是适应面试过程的需要而自然提出的，前后问题是自然相接的，问题是围绕测评的情景与测评的目的而随机出现的。最后的评分不是仅依据内容的正确与否，还要综合总体行为表现及整个素质状况评定，充分体现了因人施测与发挥主考官主观能动性的特点。

(四)面试结果的标准化

以前面试的评判方式与评判结果没有具体要求，缺少可比性。近年来面试结果的处理逐渐标准化、规范化，基本上趋于表格式、等级标度与打分形式等。

（五）面试测评内容的全面化

面试的测评内容已不仅限于仪表举止、口头表达、知识面等，现已发展到对思维能力、反应能力、心理素质、求职动机、进取精神、身体素质等全方位的测评。且由一般素质为测评依据发展到主要以拟录用职位要求为依据，包括一般素质与特殊素质在内的综合测评。

（六）面试考官的内行化

以前面试主要由组织部门的人专门主持，后来实行组织人事部门、具体用人部门和人事测评专家共同组成面试考评小组。

许多单位实行用人部门人员培训面试测评技术，人事部门培训业务专业知识，并进行面试前的集中培训，面试考官的素质有了很大提高。面试考官的素质对于提高面试的有效性、保证面试的质量有着至关重要的作用。

七、面试礼仪

求职面试礼仪是日常生活中礼仪的一个部分。只要平时注意学习和遵守日常生活礼仪，养成了良好的习惯，在求职时再注意一些重点的方面，就能给面试考官一个好印象，给自己带来更多的机会。

（一）基本形象仪态礼仪

(1)形象。求职者要注意仪表形象，第一印象都是十分重要的。当敲门以后，面试官第一眼看到的就是应试者的仪容打扮。干净、整洁的仪表不仅表示了对面试官的尊重，也体现了你对面试的重视。整洁大方是面试着装的基本原则。

(2)握手礼仪。握手是面试官和面试者建立关系的第一步。理想的面试握手将要传达双方在平等条件下的热情问候，这时的握手应是有力而短促的。建议在面试官伸出手时再与他握手。过重的握手，会使人感觉不太好，感觉紧张。如果在紧张时手会出汗，在面试前要洗洗手，避免让面试官握住一只“湿手”。握手切忌几点：用左手握、戴手套握、不专心握、坐着握、顾此失彼。

(3)站姿。求职者在面试过程中，很多时候是在站立等候。这时候的正确站姿是非常重要的，也许面试官就在观察你，看你的一言一行。站姿的正确、合适，对于男士来讲，则是英俊潇洒、精神焕发；对于女士来说，则是温文尔雅、典雅大方。

(4)坐姿。面试时，在主考官没有请你就座之前，不要急于坐下。主考官说“请坐”之后再坐，要坐在面试官提供的座位上，不要随意移动座位。座位的位置和方位是面试官预先摆好的，随意移动座位是不礼貌的。正常的坐姿应是上身正直而略向前倾，双脚自然着地，双手放在双腿上。一般来说，男士的双脚间的距离不要超过肩宽；女士双脚要并拢，尤其是在穿裙子时。不能跷二郎腿，不能不停地晃腿。如果是靠背椅，轻易不要靠椅背坐，也不要坐满，但也不宜坐得太少，一般以坐满椅子的三分之二为宜。在面试过程中，注意面部表情要自然，目光应平视，不要东张西望，目光也不可飘忽不定。在交谈过程中，礼貌的目光是平视对方鼻梁处，每次时间约在10秒，不宜直愣愣地盯着对方。

(5)走姿。正确走姿的前提是动作协调。进入面试场所时，上身要直，头部要正，目光平视前方，同时注意摆臂、步幅和步频。在行走过程中，要注意主动让路，替别人拿东西或开门。当与主考官一起行走时，注意不要走在主考官的前面，最好保持平行或略微靠后。在办公场所，要注意脚步声，不可因为脚步声而影响他人工作。

(6)手势。面试时手势不要太多，太多会分散别人的注意力。注意你的举手投足，不要弄出声响，手上不要玩纸、笔；手不要乱摸头发、胡子、耳朵……嘴里不要嚼口香糖。另外，注意说话时不要用手比划来比划去，这样往往会令人生厌。

(二)面试中的基本礼仪

(1)守时。一旦和用人单位约好面试时间后，一定要提前5～10分钟到达面试地点，以表示求职者的诚意，给对方以信任感，同时也可调整自己的心态，作一些简单的仪表准备，以免仓促上阵，手忙脚乱。

(2)镇定。进入面试场合时不要紧张。如门关着，应先敲门，得到允许后再进去。开关门动作要轻，以从容、自然为好。见面时要向招聘者主动打招呼问好致意，称呼应当得体。在用人单位没有请你坐下时，切勿急于落座。用人单位请你坐下时，应道声“谢谢”。坐下后保持良好体态，切忌大大咧咧、左顾右盼、满不在乎，以免引起反感。离去时应询问“还有什么要问的吗”，得到允许后应微笑起立，道谢并说“再见”。

(3)耐心。对用人单位的问题要逐一回答。对方给你介绍情况时，要认真聆听。为了表示你已听懂并感兴趣，可以在适当的时候点头或适当提问、答话。回答主试者的问题，口齿要清晰，声音要适度，答话要简练、完整。一般情况下不要打断用人单位的问话或抢问抢答，否则会给人急躁、鲁莽、不礼貌的印象。问话完毕，听不懂时可要求重复。当不能回答某一问题时，应如实告诉用人单位，含糊其辞和胡吹乱侃会导致面试失败。对重复的问题也要有耐心，不要表现出不耐烦。

(三)面试应避免的小动作

(1)手。如双手总是不安稳，忙个不停，做些玩弄领带、挖鼻、抚弄头发、掰关节、玩弄考官递过来的名片等动作是不合适的。

(2)脚。神经质般不住晃动、前伸、跷起等，不仅人为地制造紧张气氛，而且显得心不在焉，相当不礼貌。

(3)背。哈着腰、弓着背，没有坐相，容易让考官对你没有信心。

(4)眼。眼睛或惊慌失措、或躲躲闪闪，该正视时却目光游移不定，给人缺乏自信或者隐藏不可告人秘密的印象，极易使考官反感；另外，若死盯着考官的话，则难免给人压迫感，引起不满。

(5)脸。表情或呆滞死板、或冷漠无生气等，都会给人不好相处的感觉。一张活泼动人的脸很重要。

(6)行。有的应试者手足无措、慌里慌张，碰倒凳子打翻水，给人感觉笨手笨脚；有的反应迟钝、不知所措，明显缺乏自信。

综上所述，面试时，这些坏习惯一定要改掉，并自始至终保持斯文有礼、不卑不亢、大方得体、生动活泼的言谈举止，这样不仅提升求职者的形象，而且成功机会大增。

八、面试中应当避免的一些问题

(一)不当提问

面试过程中，主考官问求职者："请问你有什么问题要问我吗?"有的求职者马上问道："请问你们公司的规模有多大?你们公司每年的营业额是多少?你们未来5年的发展规划如何?"诸如此类的问题。事实上，一些公司在招聘前会向求职者介绍公司的情况，如果没有介绍，求职者在来面试前就应通过相关渠道如公司网站、公司宣传册来了解，而不宜在面试过程中询问。这是求职者没有把自己的位置摆正，提出的问题已经超出了求职者应当提问的范围，容易使主考官产生厌烦情绪。

(二)不当反问

如果主考官问："关于工资，你的期望值是多少?"应聘者马上反问："你们打算出多少?"这样的反问显得很不礼貌，好像是在谈判，很容易引起主考官的不快和反感。

(三)问待遇

"你们的待遇怎么样?""你们管吃住吗?电话费、车费报不报销?"有些应聘者一开始就急着问这些，不但让对方反感，而且会让对方产生"工作还没干就先提条件，何况我还没说要你呢"这样不好的想法。关心报酬待遇，这也是很多求职者选择用人单位的一个方面，也是你的权利。这无可厚非，但关键要看准时机。一般在双方通过双向选择，达成初步聘用意向时，再委婉地提出来。

(四)有熟人有关系

面试中急于表明自己的社会关系，不顾场合地说："我的某亲戚在某部门，好像是你们公司主管。""我的某关系和你们的某领导关系很好。""我和某某是同学，关系很不错。"等。这些话主考官听了也会反感。如果你说的那个人是他的主管，主考官会觉得你在以势压人，如果是这样，把你招进去的话，说不定你对他在某些方面构成了威胁；如果主考官与你所说的那个人关系不怎么好，甚至有矛盾，那么你这样说导致的结果很可能就是自我断送机会。总之，面试中尽量不要谈及与公司的社会关系。

(五)套近乎

当前，大学生的就业形势依然严峻，想找到一份理想的单位和职位的心情是可以理解的，尤其是你中意的公司和职位。但在面试中，不要与主考官攀校友、攀老乡、套近乎，甚至为了得到这份工作和职位，而阿谀奉承、唯唯诺诺，想请主考官帮忙。其实，越是如此，越容易让对方来寻找你的缺点，容易使主考官怀疑你的专业知识和能力方面的不足。

项目小结

本项目主要介绍了提升求职技巧的相关知识，首先介绍了自我推荐的方式；其次介绍了笔试准备工作求职信息准备；最后介绍了面试的相关准备。通过本项目的学习，学生能够在择业时做好相关的准备工作，提高求职成功的概率，增强自信心。此外，求职技巧的提升还有助于学生塑造个人品牌。通过注意自己的形象和言行举止，积极利用社交媒体展示自己的才华和特长，学生可以在众多竞争者中留下深刻的印象，增加被公司选中的可能性。

项目习题

1. 笔试主要分为哪些类型？如何做好笔试准备？
2. 面试需要注意哪些事项？
3. 面试的礼仪有哪些？

项目八

就业保障与就业发展

项目导读

国家为保障大学生就业权益，逐渐完善法律法规为大学生就业保驾护航。近年来，国家先后出台了《企业劳动争议处理条例》《职业介绍规定》《劳动争议调解仲裁法》《<劳动合同法>实施条例》《中华人民共和国就业促进法》《国务院关于职工工作时间规定》等法律法规，为维护大学生的合法权益提供了较为完善的法律保障。学生在就业的过程中应该提前准备，充分了解相关知识，才能在权益受到侵害时，及时、正确地保护自己的合法权益。就业发展将帮助学生从学校到职场的过渡。本项目主要介绍就业保障与就业发展相关知识，帮助学生更好地适应职场环境、实现角色转变，深入理解职业与发展的内在联系，并为自己的职业发展制订计划。

学习目标

知识目标

- 了解就业权益的内容。
- 了解就业相关法律和法规。
- 掌握劳动保障与社会保险的相关规定。

技能目标

- 熟悉国家关于大学生就业促进的政策，对就业保障有正确的理解。
- 明确自己的职业目标和发展路径，提升职业技能。

素质目标

- 树立学生终身学习的理念，不断提升自己的职业素养和能力。
- 增强学生责任心和使命感，以高度的敬业精神投入职场工作。

思政目标

- 帮助学生树立正确的就业观念，提升学生的就业能力和心理素质，从而更好地适应社会需求，实现高质量就业。
- 强化职业道德教育，培养学生的爱岗敬业精神、诚实守信的品质，塑造良好的职业形象。

案例导入

虚假个人履历订立劳动合同案例

2022 年 7 月 22 日，某公司向张某发送入职聘书，同时明确入职需完成并通过背景调查，张某回复“同意”。入职当日，张某拒绝配合公司进行背景调查，后经公司调查，张某填写的工作履历与实际情况不符。2022 年 8 月 17 日，该公司解除与张某的劳动合同。张某经仲裁程序前置后起诉至苏州市虎丘区人民法院。

法院认为，双方在入职前明确约定入职须完成并通过背景调查，张某入职当天即表示不接受公司的背景调查，且其所提供的工作履历与实际不符，该行为明显违反了诚实信用原则，公司以此为由解除劳动合同并无不当。据此，法院对张某主张的违法解除劳动合同赔偿金不予支持。张某不服一审判决，提起上诉。二审判决驳回上诉，维持原判。

任务一　就业权益保护概述

在择业过程中，毕业生往往将注意力集中在收集材料、寻找单位、准备面试等方面，却忽视了与之密切相关的就业制度、市场规范、法律法规等，没有正确行使自己的权利，履行应尽的义务。在纷纭复杂的职场中，大学毕业生的就业权益受到侵犯的情形屡见不鲜，广大毕业生应掌握一定的法律知识，尤其是就业权益保护方面的知识，这将有助于大学生用法律武器维护自己的正当权益。

一、毕业生就业相关权利及义务

大学生在就业过程中，依法享有以下权利。

(一)接受就业指导权

《中华人民共和国高等教育法》第五十九条规定：“高等学校应当为毕业生、结业生提供就业指导和服务。”《教育部关于做好 2024 届全国普通高校毕业生就业创业工作的通知》指出：高校要将就业教育和观念引导作为“三全育人”的重要内容，推动就业教育与思政教育、专业教育深度融合，在专业课教学和实习实践等育人环节强化就业教育引导。

毕业生有从学校接受就业指导的权利，各高校应切实落实就业“一把手”工程，认真落实就业工作机构、人员、经费、场地“四到位”要求。

省级教育行政部门要加强就业部门和服务机构工作力量强化大学生就业指导课程建设，修订完善课程教学要求，安排专门人员对毕业生进行就业指导，向毕业生宣传国家关于毕业生就业的有关方针、政策，对毕业生进行择业技巧的指导，引导毕业生根据国家、社会的需要，结合个人实际情况进行择业，使毕业生通过接受就业指导，准确定位、合理择业。当然，随着毕业生就业市场化程度不断加深，毕业生接受就业指导的方式逐步从被动的在学校接受就业指导转为主动的到市场，寻求和接受一些其他有益的就业指导。

(二)自主择业权

《中华人民共和国劳动法》(简称《劳动法》)规定："劳动者享有选择职业的权利，有单方解除劳动合同权利(辞职权)。"《中华人民共和国就业促进法》(简称《就业促进法》)也规定："国家倡导劳动者树立正确的择业观念，提高就业能力和创业能力，鼓励劳动者自主择业、自谋职业。"

各级人民政府和有关部门应当简化程序，提高效率，为劳动者自主择业、自谋职业提供便利。从立法上保障了劳动者的自主择业权，高校毕业生在国家就业方针、政策指导下自主选择用人单位，学校、用人单位和任何个人可以提出建议、参考、推荐和引导，但不得强迫和干涉。劳动者拥有自由选择职业的权利，有利于劳动者充分发挥自己的特长，促进社会生产力的发展。

劳动者在劳动力市场上作为就业的主体，具有支配自身劳动力的权利，可根据自身的素质、能力、志趣和爱好，以及市场资讯，选择用人单位和工作岗位。选择职业的权利是劳动者劳动权利的体现，是社会进步的一个标志。

(三)平等就业权

毕业生享有平等就业的权利。我国《劳动法》规定："劳动者就业不因民族、种族、性别、宗教信仰不同而受歧视。"《就业促进法》专章规定了公平就业。所谓平等就业权指：一是任何公民都平等地享有就业的权利和资格，不受国家、种族、性别、年龄、文化、宗教信仰、经济能力等限制；二是任何公民在求职时都需要平等地参与竞争，任何人都不享有特权或歧视任何人；三是就业能力衡量尺度的平衡，即社会对公民的劳动行为能力要以同一标准进行衡量。

(四)获取信息权

就业信息是毕业生择业成功的前提和关键，只有在充分占有信息的基础上，才能结合自身情况选择适合自己发展的用人单位。

毕业生获取信息权，应包括三方面的含义：第一，信息公开。也就是所有用人信息向全体毕业生公开。目前大部分高校建立了毕业生需求信息登记制度，凡需录用高校毕业生的用人单位，须到高校毕业生就业指导中心办理信息登记，由高校毕业生就业指导中心向毕业生发布的用人需求信息，任何单位和个人不得隐瞒或截留。第二，信息及时。也就是毕业生获取的信息必须及时有效，而不能将过时无利用价值的信息传递给学生。第三，信息全面。毕业生有权获取准确、全面的就业信息，以便对用人单位有全面的了解，从而做出符合自身要求的选择。

(五)违约求偿权

《中华人民共和国民法典》(简称《民法典》)第一百八十六条规定:“因当事人一方的违约行为,损害对方人身权益、财产权益的,受损害方有权选择请求其承担违约责任或者侵权责任。”用人单位、毕业生、学校的三方协议一经签订后任何一方不得擅自毁约和违约。对三方来说签约前,请慎重;签约后,请守信。任何一方提出变更或解除协议,均须得到另外两方的同意,并应承担违约责任。不论是毕业生还是用人单位都应按合同约定履行,任何一方违约,都需承担违约责任(不仅用人单位违约毕业生,也有毕业生违约用人单位)。若有被违约情况,守约方可及时依法维护自身合法权益。

(六)休息休假权

作为《宪法》规定的公民的基本权利,休息休假权是劳动者享有的休息和休养的权利,是劳动者在进行劳动后为解除疲劳、恢复正常的劳动能力所必需的权利。《劳动法》和《中华人民共和国劳动合同法》(简称《劳动合同法》)规定:“用人单位不得强迫或者变相强迫劳动者加班。”劳动者的休息休假可分为五种,即休息日、法定节假日、年休假、探亲假以及婚丧假。除上述法定假日外,劳动者患病或非因工负伤的,可以申请病假,并享有相应的医疗期保护权利;因工负伤或患职业病的,用人单位应当依法给予停工留薪期。

(七)社会保障权

社会保障权利是公民的基本权利,关系广大公民的切身利益,即指国家为促进经济发展和保持社会稳定,由国家依法建立并由政府主导的各种具有经济福利性的社会化的国民生活保障系统的统称。具体而言,即政府和社会应保障个人和家庭在遭受工伤、职业病、失业、疾病和老年时期维持一定的固定收入并获得其他各种补助。社会保障权主要包括社会保险权、社会福利权、社会救助权和社会优抚权四方面权利。用人单位只要与劳动者建立劳动关系,就应当根据社会保险规定的缴纳比例为劳动者缴纳法定的各种社会保险,包括医疗保险、失业保险、生育保险、养老保险、工伤保险、住房公积金等。

二、毕业生有权享受国家规定的与就业有关的其他权利

大学生在就业过程中的义务如下。

(一)服从国家需要的义务

在强调大学生自主择业的同时,也要充分认识到大学生就业不仅仅是个人行为,还必须考虑国家建设发展的需要,国家的未来在青年,大学生要为中华民族伟大复兴贡献力量。《普通高等学校毕业生就业工作暂行规定》中明确指出,毕业生有执行国家就业方针、政策和根据需要为国家服务的义务。大学生有义务到国家经济和社会发展最急需的、关系国计民生的、引领科技与时代发展的重点单位就业。积极参加国家和

地方组织的选调生及大学生服务基层项目："大学生志愿服务西部计划"；"三支一扶"（支教、支农、支医和帮扶乡村振兴）计划；"农村义务教育阶段学校教师特设岗位计划""选聘高校毕业生到村任职工作""农业技术推广服务特设岗位计划"等。

（二）向用人单位实事求是介绍个人情况的义务

毕业生在求职择业过程中，如实向用人单位介绍自己的情况，是基本的择业道德要求，也是自己应尽的义务。毕业生填写推荐表、撰写自荐信、与用人单位洽谈时，必须实事求是地介绍自己，不得弄虚作假，以利于用人单位的遴选。实践证明，毕业生只有如实介绍自己的情况，才能获得用人单位的信任。

（三）接受用人单位组织的测试或考核的义务

用人单位为了招聘到符合要求的毕业生，一般都要通过一些测试或考核方式来了解毕业生的情况，通过比较，做出是否录用的决定。因此，毕业生应予积极配合，充分展现自己的能力，接受用人单位的测试和考核。

（四）严格按照就业协议及其他合法约定履行相应的义务

《民法典》第一百一十九条规定：依法成立的合同，对当事人具有法律约束力。作为协议一方的大学生应当按照约定履行自己的义务，不得擅自变更或者解除合同。毕业生应认真履行协议或合同，不得无故擅自变更或自行解除。如果单方违约，必须主动承担违约责任。

（五）依照职责完成工作及其他的义务

1. 毕业生就业相关法律和法规

与毕业生就业有关的法律法规有《劳动合同法》《劳动法》《就业促进法》《中华人民共和国劳动争议调解仲裁法》《普通高等学校毕业生就业工作暂行规定》《国家公务员法》《教师法》《劳动力市场管理规定》等。在此只着重介绍前三部。

2. 大学生就业权益受《劳动法》保护

我国《劳动法》全面规定了劳动者在择业就业过程中的权利和相应的义务，为劳动者维护自身合法权益，规范用人单位用人行为，提供了法律依据，对于完善社会主义市场经济体制，促进劳动及社会保障体制改革；合理配置劳动力，提高劳动效率，促进社会生产力的提高；维护劳动者基本人权；解决劳动争议，保障社会安定团结；积极推动社会主义精神文明建设起重要作用。

（1）规范劳动合同关系，加强对就业学生群体的利益保护

《劳动法》中关于劳动合同的规定，对用人单位和劳动者订立、履行、变更、解除和终止劳动合同的行为进行了调整和约束。高校毕业生在劳动和求职过程中可能遇到各种各样的协议或者合同，《劳动法》强制用人单位订立书面合同，如果用人单位不签订劳动合同，则必须承担相应的违法责任。这也将保护大学生就业群体的就业权益，大大

提高毕业生就业的签约率和就业质量，一旦在就业过程中出现问题或者纠纷，高校毕业生就可以拿起《劳动法》这个武器，适时地维护自身的利益。

(2)加大对用人单位的监管力度，维护毕业生弱势群体地位

《劳动法》等相关法律法规都对用人单位的用人标准进行了有力约束。用人单位在与劳动者建立劳务关系的过程中，必须履行相应的义务，如若侵犯了劳动者的合法权益，就得承担违法责任。《劳动法》对用人单位和劳动者之间劳动关系的规定，将切实提升高校毕业生在就业中的地位，避免沦为弱势群体。

(3)明确劳动者的正当权益，促成和谐就业劳动机制

高校毕业生能否拥有和谐、健康的就业环境，取决于用人单位的用人观念、高校的人才培养理念乃至整个就业市场机制是否健全。《劳动法》对劳动者平等就业权利、取得劳动报酬权利、休息休假权利、获得劳动安全卫生保护权利、接受职业技能培训的权利、享受社会保险和福利权利、提请劳动争议处理等权利，都予以明文规定。此举不仅规范了就业市场中的劳务双方关系，还有益于高校毕业生树立起正确的就业理念，促成社会主义就业市场中的事业组织、社会团体、劳动者等各个主体都拥有明确的权责范围，共同促进市场经济发展和社会进步。

3. 大学生就业权益受《劳动合同法》保护

《劳动合同法》于 2007 年 6 月 29 日十届全国人大常委会第二十八次会议审议通过，2008 年 1 月 1 日起生效，从劳动合同的订立、履行、变更、解除到终止，《劳动合同法》明确了劳动合同双方当事人的权利和义务。这部法律的实施，对于更好地维护劳资双方的合法权益，特别是维护劳动者的合法权益，构建和发展和谐稳定的劳动关系，具有十分重要的现实意义，也让即将踏入社会的大学生的合法权益能够得到有效的保护。

(1)《劳动合同法》加重对不签订劳动合同的用工形式的惩罚力度

劳动合同是劳动关系的法律保证，是用工单位为劳动者提供的书面承诺，也是劳动者为用工单位提供劳动的书面要求，事关劳动关系双方的保护，《劳动合同法》对劳动者进行了倾斜保护，更好的维护劳动者的合法权益。

《劳动合同法》明确指出：用人单位用工日起与劳动者确定了劳动关系，应签订劳动合同，如用人单位用工日起超期限与劳动者签订劳动合同，应向劳动者按月支付双倍工资，《劳动合同法》中还具体规定了用人单位不与劳动者签订劳动合同的一些惩罚措施，纵观这些规定，法律强制规定了关于劳动合同的相关事项，使用人单位充分认识签订合同的重要性，加大用人单位的违法责任，降低劳动争议的诉讼成本，这对提高劳动合同签订率具有促进作用，增强就业的稳定性，促进劳动关系平衡，同时这也是从法律的角度强化了用工单位的契约精神，从法律的角度强化了劳动者议约能力，尤其是对于即将毕业的大学生来说，为大学毕业生就业提供了法律的倾斜保护。

(2)《劳动合同法》解决了劳动合同短期化的问题

合同短期化损害了劳动者的合法权益，对劳动者心理带来消极影响，劳动者无法获得职业稳定感和归属感，长久来说不利于和谐、稳定劳动关系的建立。

《劳动合同法》则对劳动合同终止时经济补偿金情况进行明确规定，引导用工单位

与劳动者签订无固定期限合同。《劳动合同法》规定用人单位终止合同必须支付一定金额的经济补偿金，具备一定情形的情况用人单位须与劳动者订立无固定期限合同，对于不按《劳动合同法》执行的用人单位加重违约成本。

这从一定程度上，强化了《劳动合同法》对劳动者的保护，从法律和社会责任等多方面维护劳动者的合法权益，对于即将参加工作的大学毕业生，他们更需要长期的合同期限获得职业归属感和认同感，从而将更多精力放在提高技能和为用人单位服务上。

（3）《劳动合同法》改变劳动关系中双方信息不对等的情况

《劳动合同法》规定用人单位有义务告知用人单位的实际情况，在面试情况、入职声明和规章制度中应明确告知劳动者相关内容，如工作地点、工作内容、工作条件、劳动报酬、职业危害、安全生产状况以及其他劳动者希望了解的情况。所以，大学毕业生在就业时，可相对全面了解用人单位情况，明确自身的工作内容和劳动报酬等方面的内容。《劳动合同法》在承担责任方面，强调用人单位未告知相关事项的法律责任，对于情况隐瞒或者弄虚作假的用人单位与劳动者签订的劳动合同，有关单位可判定其劳动合同无效，劳动合同无效时用人单位会付出更高的用人成本，向劳动者支付补偿及赔偿。

4. 大学生就业权益受《就业促进法》保护

《就业促进法》为促进就业，促进经济发展与扩大就业相协调，促进社会和谐稳定而制定的法律。2007 年 8 月 30 日第十届全国人民代表大会常务委员会第二十九次会议通过，自 2008 年 1 月 1 日起施行。该法共九章 69 条。《就业促进法》将经过实践检验的积极的就业政策措施上升为法律规范，是我国劳动保障法制建设取得的重大成果，进一步丰富和完善了我国劳动保障法律体系，对于促进劳动者就业、构建社会主义和谐社会，具有重要的意义。

（1）为大学生就业建立长效机制的法律保障

就业是民生之本，促进就业，关系到亿万劳动者及其家庭的切身利益，是社会和谐发展、长治久安的重要基础，因此，促进就业是安国之策。《就业促进法》规定："国家把扩大就业放在经济社会发展的突出位置，实施积极的就业政策，坚持劳动者自主择业、市场调节就业、政府促进就业的方针，多渠道扩大就业。"县级以上人民政府把扩大就业作为经济和社会发展的重要目标，促进就业和治理失业是各级人民政府的重要职责，在促进就业中承担重要职责。

（2）为大学生就业理念的转变指引了新的方向

大学生接受了高等教育，其就业要求也相对较高，而大学生所制定的较高的就业目标也成为了影响其顺利就业的主要因素之一。受到传统观念以及时代发展形势变化的影响，大部分的大学生都希望能够在离开学校后获得薪资待遇较高、工作内容较为轻松、能够满足自身兴趣爱好的工作，然而，现实生活中这样的就业目标很难实现。于是，许多大学生都陷入了尴尬的就业境况，需要他们的岗位难以满足他们的要求，他们向往的岗位却又不愿接受他们，这种情况必然会加剧大学生的就业压力。

在《就业促进法》的引导下，大学生的就业观念能够发生相应的转变，大学生可以根据自身的发展需求选择创业或就业，国家也可以为愿意自主创业的大学生提供相应的信贷或政策支持，让大学生能够有更多的机会实现人生价值。

(3)为大学生就业机制的落实打造了运作模式

《就业促进法》不仅改变了大学生的就业观念，同时也实现了对于劳动力市场发展形态的调节，更有助于协调人才与市场需求之间的关系。

《就业促进法》要求我们能够打造统一、有序的市场环境，规范市场发展秩序，调节市场发展态势。大学生人才市场可以更多的借助政府给予的支持，将更多有价值的人才供求信息输送给大学生，充分发挥市场在调节人才资源配置的过程中所具备的重要作用，形成更加轻松、自由的就业环境。

另外，《就业促进法》也明确了就业服务与就业援助的落实方案，对于存在就业困难问题的工作人员予以重点扶持，更大程度上解决了就业问题。

任务二　劳 动 争 议

劳动争议是指劳动关系的当事人之间因执行劳动法律、法规和履行劳动合同而发生的纠纷，即劳动者与所在单位之间因劳动关系中的权利义务而发生的纠纷，又称为劳动纠纷。其中有的属于既定权利的争议，即因适用《劳动法》和劳动合同、集体合同的既定内容而发生的争议；有的属于要求新的权利而出现的争议，是因制定或变更劳动条件而发生的争议。

一、劳动争议的范围

劳动争议的范围，在不同的国家有不同的规定。根据《劳动争议调解仲裁法》第2条规定，劳动争议的范围如下。

就业协议书与劳动合同的区别

(1)因确认劳动关系发生的争议。

(2)因订立、履行、变更、解除和终止劳动合同发生的争议。

(3)因除名、辞退和辞职、离职发生的争议。

(4)因工作时间、休息休假、社会保险、福利、培训以及劳动保护发生的争议。

(5)因劳动报酬、工伤医疗费、经济补偿或者赔偿金等发生的争议。

(6)法律、法规规定的其他劳动争议。

二、劳动争议的分类

劳动争议根据其主体、客体、性质和内容的不同，可以有不同的分类，对劳动争议分类研究，有助于采取有针对性的措施解决和预防劳动争议。

(1)从劳动争议主体上分，劳动争议分为个人劳动争议、集体劳动争议。个人劳动争议指劳动者个人与用人单位发生的劳动争议。集体劳动争议则分两种：一种是劳动者一方为多人，且发生争议的原因和请求是共同的。这种集体争议劳动者一方应推举代表参加法定的处理程序。在处理程序上与个人劳动争议相同，但根据《劳动争议仲裁委员会办案规则》规定，职工一方在30人以上的集体劳动争议适用特别程序。另一种为团体争议，即指以工会组织为一方，代表职工与用人单位因签订和执行集体协议而产生的争议。

(2)从劳动争议的客体上分，即从争议涉及的劳动关系上分，可分为：因执行劳动法律、法规、劳动合同和集体合同的规定而发生的劳动争议，亦称权利之争；因确定或变更劳动者的权利义务而发生的劳动争议，亦称利益争议。

(3)从劳动争议的性质上分，可以分为因参加、组织工会及罢工等行使公民权行为与用人单位产生的劳动争议和因要求增加工资、缩短工时等经济利益产生的争议。

(4)从劳动争议的内容上分，劳动争议可分为因执行国家有关工资、保险、福利、职业培训、劳动保护的规定发生的争议；因履行劳动合同发生的争议；因用人单位开除、除名、辞退职工和职工辞职、自动离职发生的争议等。还可从内容的难易程度上分为，简单的劳动争议和复杂的劳动争议。对简单的劳动争议，在处理程序上依法可以简化。

案例

确定劳动关系案例

大四学生王某某，于2024年7月8日入职某建筑公司从事全职工作，岗位是施工技术员，双方未签订任何书面协议。后王某某申请劳动仲裁，认为双方系劳动关系，要求某建筑公司支付拖欠的工资等。某建筑公司认为双方系劳务关系。劳动仲裁委不予受理后，王某某诉至法院。

法院经审理认为，不能因在校生或实习生的身份而一律否认劳动关系的建立。大学毕业生以就业为目的进入用人单位，不同于在校生以学习为目的假期实习、社会实践及勤工助学等情形，双方用工关系符合劳动关系特征的，应认定为劳动关系。本案中，王某某作为应届毕业生以就业为目的至某建筑公司工作，向公司提供了劳动，并接受公司的管理，公司向其发放了报酬，存在建立劳动关系的合意。双方存在人身上、组织上及经济上的从属性，构成劳动关系，故判决支持了王某某的诉讼请求。

任务三　劳动保障与社会保险

劳动保障是国家和社会为了保障国民的基本生活需要，提高生活水平而建立的一种保障制度，分为社会救助、社会保险、社会福利、社会优抚安置等。劳动与社会保障的主体是国家和社会，对象原则上是全体国民。随着经济体制改革的不断深化，社会保障作为一种弥补市场缺陷的政府行为正日益显示出重要的意义。

一、工时与工资

(一)工时制度

工作时间又称劳动时间，是指法律规定的劳动者在一定时间内从事生产或工作的小时数。它包括每日工作的小时数和每周工作的天数和小时数。我国实行每天8小时，每周 40 小时工作制。

在标准工作日内安排劳动者延长工作时间的，支付不低于工资的 150% 的工资报酬；休息日安排劳动者工作又不能安排补休的，支付不低于工资的 200% 的工资报酬；法定休假日安排劳动者工作的，支付不低于 300% 的工资报酬。

(二) 工资制度

1. 工资的支付原则

(1) 现金支付原则，禁止以有价证券的形式代替货币支付。

(2) 直接支付原则，工资须由用人单位直接支付给劳动者。

(3) 按月及时足额支付原则。

1. 最低工资保障制度

最低工资是指劳动者在法定工作时间内提供了正常劳动的前提下，其所在用人单位应支付的最低劳动报酬。获得最低工资，是劳动者劳动报酬权利中最基本的内容，受到国家的法律保障。

《劳动法》第四十八条规定："国家实行最低工资保障制度。最低工资的具体标准由省、自治区、直辖市人民政府规定，报国务院备案。"用人单位支付劳动者的工资不得低于当地最低工资标准。

二、社会保险

社会保险制度是在政府的管理之下，以国家为主体，依据一定的法律和规定，通过国民收入的再分配，以社会保障基金为依托，对公民在暂时或者永久性失去劳动能力以及由于各种原因生活发生困难时给予物质帮助，用以保障居民的最基本的生活需要，是现代国家最重要的社会经济制度之一。

(一) 基本养老保险制度

基本养老保险也称国家基本养老保险，它是按国家统一政策规定强制实施的为保障广大离退休人员基本生活需要的一种养老保险制度。在我国，1990 年前，企业职工实行的是单一的养老保险制度。养老保险是社会保险制度的重要组成部分，是社会保险五大险种中最重要的险种之一。

所谓养老保险(或养老保险制度)是国家和社会根据一定的法律和法规，为解决劳动者在达到国家规定的解除劳动义务的劳动年龄界限，或因年老丧失劳动能力退出劳动岗位后的基本生活而建立的一种社会保险制度。基本养老保险个人账户是社会保险经办机构按照国家规定，为每位参保职工所建立的，用以记录职工的缴费情况和记载个人账户储存额(包含本金和利息)，并作为计发和领取养老金的重要依据。

(二) 失业保险制度

失业保险制度是国家通过立法强制实行，由社会集中建立基金，对非因本人意愿中断就业而失去工资收入的劳动者提供一定时期物质帮助及再就业服务的制度。城镇国有企业、城镇集体企业、外商投资企业、城镇私营企业、城镇事业单位以及社会团体、民办非企业及有雇工的城镇个体工商户必须参加失业保险。城镇企业事业单位的缴费基数为本单位工资总额，缴费比例为本单位工资总额的2%；城镇企业事业单位职工缴费基数为本人工资，缴费比例为本人工资1%；城镇企业事业单位招用的农民合同制工人本人不缴纳失业保险费。申领失业保险金，必须同时满足以下条件。

(1)按照规定参加失业保险，所在单位和本人已按照规定履行缴费义务满1年的。

(2)非因本人意愿中断就业的。

(3)已办理失业登记，并有求职要求的。

根据《中华人民共和国失业保险条例》规定："失业人员享受失业保险待遇包括失业保险金、医疗补助金、丧葬补助金、抚恤金及职业培训和职业介绍补贴。"失业人员领取失业保险金的期限，以失业人员累计缴费时间确定，最长不超过24个月，失业保险金的标准按照低于当地最低工资标准、高于城市居民最低生活保障标准的水平，由省、自治区、直辖市人民政府确定。

(三)医疗保险制度

社会医疗保险是国家和社会根据一定的法律法规，为向保障范围内的劳动者提供患病时基本医疗需求保障而建立的社会保险制度。社会医疗保险制度是国家通过立法，强制性地由国家、单位和个人缴纳医疗保险费，建立医疗保险基金，当个人因疾病需要获得必需的医疗服务时，由社会医疗保险机构按规定提供医疗费用补偿的一种社会保险制度。医疗保险是社会进步、生产发展的必要结果。反过来，医疗保险制度的建立和完善又会进一步促进社会的进步和生产的发展。一方面医疗保险解除了劳动者的后顾之忧，使其安心工作，从而可以提高劳动生产率，促进生产的发展；另一方面也保证了劳动者的身心健康，保证了劳动力正常再生产。

社会医疗保险体系是由基本医疗保险(个人账户、统筹基金)，补充医疗保险(公务员医疗补助、企业补充医疗保险)和大额医疗费补充保险三部分组成。另外还有城镇居民医疗保险和农村合作医疗保险。

基本医疗保险制度是社会保障体系的重要组成部分，是由政府制定、用人单位和职工共同参加的一种社会保险制度。它按照财政、用人单位和职工的承受能力来确定职工的基本医疗保障水平，具有广泛性、共济性、强制性的特点。

基本医疗保险是医疗保险体系的基础，实行个人账户与统筹基金相结合，能够保障广大参保人员的基本医疗需求，主要用于支付一般的门诊、急诊、住院费用。大额医疗费补充保险属于基本医疗保险的补充形式，是借鉴商业保险机制为职工建立的大额医疗费保险形式。实践经验表明，它是参保人员必须参加的补充保险形式。资金主要用于支付基本医疗保险统筹基金最高支付限额以上部分的医疗费用。大额医疗费补充保险金由用人单位缴纳或由用人单位与其职工(包括退休)人员共同缴纳。由省社会医疗保险中心将费用集中向商业保险公司再投保，并监督赔付全过程。

（四）工伤保险制度

工伤保险是一项建立较早的社会保险制度，德国的俾斯麦政府早在 1884 年就建立了工伤保险制度。我国的工伤保险制度在 1951 年的《劳动保险条例》中已有规定，1957 年，卫生部制定的《职业病范围和职业病患者处理办法》将职业病纳入工伤保险的范围。1994 年的《劳动法》也明确规定要建立工伤保险制度。

一是，保障工伤职工的救治权与经济补偿权。工伤职工在遭受事故伤害或者患职业病以后，首先的权利是要得到及时、有效的抢救。在这方面所发生的运输、住院、检查诊断、治疗等费用，都要得到足额的保障，使受伤职工的伤害程度尽快得到有效的控制。其次，等到职工的病情稳定以后，便要按照法定的程序进行评残，确定伤残的等级，以便安排相应的一次性的和长期性的经济补偿。给工伤职工以救治和补偿，是工伤保险制度最初的目的，在目前仍然是工伤保险制度的核心。

二是，促进工伤预防与职业康复。以往的工伤保险制度一般只侧重对工伤职工的救治与赔偿，对工伤的预防与职业的康复重视不够。经过 100 多年的发展，各国的工伤保险制度已经慢慢地形成了预防、治疗、康复三合一或者三结合的结构模式，对工伤的预防以及工伤职工的职业、生活、社会、心理等康复的关注程度在不断提高。在工伤保险费率的确定上，通过行业差别费率，特别是实行单位的费率浮动，可以促使单位搞好工伤事故的预防，以降低生产成本。对工伤职工的救济，也不光停留在医疗上，而是将更多的精力放在职业能力的康复上，使社会资源获得最大的效益。

三是，分散用人单位的工伤风险。尽管随着科学技术的进步，对工伤的预防水平已越来越高，但工伤事故的发生仍在所难免。工伤保险制度建立初期，也是由于很多的单位，在工伤事故发生以后，往往元气大伤，根本无法赔偿每一个工伤职工，更谈不上进一步的发展。为分散各个雇主的风险，有必要由各个雇主都提前凑钱形成一个互助式的基金，以增强每一个雇主的抗工伤事故风险的能力。现代的工伤保险制度，仍然具有分散雇主责任的功能，并且随着时代的进步，在分散风险方面的机制已经越来越先进。在现代工伤保险制度中，通过实行行业差别费率制和单位的费率浮动制，进一步分散了行业与单位的风险。

（五）生育保险制度

生育保险的参保范围为所有企业、企业化管理的事业单位、民办非企业单位、社会团体和有雇工的城镇个体工商户。生育保险费由用人单位按规定按时足额缴纳，职工个人不缴纳生育保险费。用人单位应按本单位全体职工缴费总基数的 0.7% 缴纳生育保险费。参保单位职工从参保单位为其足额缴满 6 个月生育保险费的次月起按照规定享受生育保险待遇。

三、住房公积金

住房公积金是专门用来解决城镇职工住房问题的一种住房储金。职工个人缴存的住房公积金和职工所在单位为职工缴存的住房公积金，属于职工个人所有。住房公积金是专门用来解决职工住房问题的，它不同于职工的医疗基金、养老基金、失业保险基金等其他社会保障基金。在一个相当长的时期内，住房公积金只能用于职工的住房消费，不能用于生、老、病、死所需的费用支出。因此住房公积金的使用有严格的方向性。

对参加住房公积金制度的职工来说，说它是长期的，是指职工从参加工作的第二个月起至法定离退休(实际离退休)之时止，都有义务按月缴存住房公积金；对住房公积金制度本身来说，说它是长期的，是指住房公积金制度存在的长期性。

因为，要实现住房商品化、社会化需要几代人的不懈努力，是一项长期的工作。住房问题是永远存在的一个社会问题，住房公积金制度将是解决市民住房问题的一个基本制度。住房公积金是由职工与其所在单位缴存两部分构成的。

住房公积金不仅职工要按月缴存，职工所在单位也要按月缴存。职工缴存的部分在其工资中扣除，单位则在发放职工工资时按规定的比例为职工缴存住房公积金。两部分之和构成完整意义上的住房公积金。职工本人缴存的住房公积金和职工所在单位为职工缴存的住房公积金均属职工个人所有，是职工个人的住房储金。

四、劳动保护

劳动保护是国家和单位为保护劳动者在劳动生产过程中的安全和健康所采取的立法、组织和技术措施的总称。它是指根据国家法律、法规，依靠技术进步和科学管理，采取组织措施和技术措施，消除危及人身安全健康的不良条件和行为，防止事故和职业病，保护劳动者在劳动过程中的安全与健康，其内容包括：劳动安全、劳动卫生、女工保护、未成年工保护、工作时间与休假制度。

劳动保护的目的是为劳动者创造安全、卫生、舒适的劳动工作条件，消除和预防劳动生产过程中可能发生的伤亡、职业病和急性职业中毒，保障劳动者以健康的劳动力参加社会生产，促进劳动生产率的提高，保证社会主义现代化建设顺利进行。

保护劳动者在生产劳动过程中的安全与健康，是我国的一项基本方针，是坚持社会主义制度的本质要求，是发展生产、促进经济建设的一项根本性大事，也是社会主义物质文明和精神文明建设的一项重要内容。

(一)劳动安全保护

为了保护劳动者的劳动安全，防止和消除劳动者在劳动和生产过程中的伤亡事故，以及防止生产设备遭到破坏，我国《劳动法》和其他相关法律、法规制定了劳动安全技术规程。安全技术规程的要素包括：机器设备的安全；电气设备的安全；锅炉、压力的容器的安全；建筑工程的安全；交通道路的安全。企业必须按照这些安全技术规程使各种生产设备达到安全标准，切实保护劳动者的劳动安全。

(二)劳动卫生保护

为了保护劳动者在劳动生产过程中的身体健康，避免有毒、有害物质的危害，防止、消除职业中毒和职业病，我国制定了有关劳动卫生方面的法律、法规：《劳动法》

《环境保护法》《工厂安全卫生规程》《国务院关于加强防尘防毒工作的规定》《关于防止厂矿企业中粉尘危害的决定》《工业企业设计卫生标准》《工业企业噪声卫生标准》《防暑降温暂行办法》《中华人民共和国关于防治尘肺病条例》等。这些法律、法规都制定了相应的劳动卫生规程，主要包括以下内容：防止粉尘危害；防止有毒、有害物质的危害；防止噪声和强光的刺激；防暑降温和防冻取暖；通风和照明；个人保护用品的供给。企业必须按照这些劳动卫生规程达到劳动卫生标准，才能切实保护劳动者的身体健康。

任务四　职 业 发 展

经过对工作环境的适应、团队协作的融入以及工作效率的提升，职场新人已逐步在职场中站稳了脚跟。然而，职业发展并非一蹴而就的短暂过程，它需要进行长远的职业规划，并不断提升个人能力，以适应不断变化的市场需求和职业挑战。在这一节中，将重点探讨如何制定有效的职业规划以及如何通过不断学习和实践来提升个人能力，为未来的职业发展奠定坚实基础。

一、设定职业目标

在职业生涯规划的进程中，设定职业目标是一项至关重要的任务。职业目标不仅为个体指明了职业发展的方向，同时也为其提供了衡量职业进展的明确标准。这一过程涵盖了自我认知与规划、职业目标设定与晋升机制的理解，以及行动计划与实施方案的制定等多个层面，它们共同构成了职业生涯规划的核心框架。

（一）自我认知与规划

自我认知是职业生涯规划的逻辑起点，它涉及对个体兴趣、能力、价值观以及职业倾向的深入剖析。个体在入职后，随着对工作环境、职责要求以及行业动态的逐渐熟悉，往往需要对原有的职业生涯规划进行必要的调整。这种调整并非简单的修改，而是基于对自身更深层次的认识和理解，对职业目标进行更加精准的定位。

在自我认知的过程中，生涯规划的相关理论发挥着不可或缺的作用。例如，人职匹配理论强调个体特质与职业环境之间的契合度，为个体选择合适的职业方向提供了理论依据。职业锚理论则关注个体在职业发展过程中所坚守的核心技能或价值观，有助于个体在面临职业选择时保持清晰的目标和定位。这些理论不仅为个体提供了自我认知的工具，也为其制定职业目标提供了有力的支撑。

规划则是基于自我认知的结果，对职业发展的路径和策略进行系统的安排。在规划过程中，个体需要充分考虑自身的优势和不足，结合行业发展趋势和市场需求，制定出既具有挑战性又切实可行的职业目标。同时，规划还需要具备足够的灵活性，以应对职业发展过程中可能出现的各种变化和挑战。

（二）职业目标设定与晋升机制

职业目标的设定是职业生涯规划中的关键环节。一个明确的职业目标不仅能够为个体提供清晰的方向指引，还能够激发其内在的动力和潜能。在设定职业目标时，个体需要运用 SMART 原则，确保目标具有具体性、可衡量性、可达成性、相关性和时限性。此外，目标还需要与个体的长期规划和价值观相契合，以确保其在职业发展过程中的一致性和连贯性。

在职业发展的过程中，晋升是实现职业目标的重要途径之一。不同的职业领域和组织结构往往具有不同的晋升机制，如职位晋升、职称晋升、薪资晋升等。这些机制不仅反映了组织对个体职业发展的认可和支持，同时也为个体提供了职业成长的空间和机会。了解并理解这些晋升机制的类型和运作方式，对于个体选择合适的晋升路线至关重要。

在选择晋升路线时，个体需要综合考虑自身的职业目标、能力水平、组织需求以及市场趋势等因素。一方面，个体需要评估自身在当前职位上的表现和能力，确定自身是否具备晋升所需的技能和素质；另一方面，个体还需要了解组织对晋升的要求和标准，以及市场对该职位的需求和期望。通过综合这些因素的分析和判断，个体可以选择出既符合自身职业目标又符合组织和市场需求的晋升路线。

（三）行动计划与实施方案

制定行动计划和实施方案是将职业目标转化为具体行动的关键步骤。行动计划是对实现职业目标所需的具体行动和步骤进行详细的规划和安排。在制定行动计划时，个体需要明确每个阶段的具体任务和时间节点，确保计划的可行性和有效性。同时，个体还需要考虑可能遇到的困难和挑战，并制定相应的应对措施和预案。

实施方案则是将行动计划转化为具体行动和操作的过程，个体还需要建立有效的监控和评估机制，定期对计划的执行情况进行检查和评估，以便及时调整和优化实施方案。

为了提高行动计划和实施方案的可行性和有效性，个体可以借鉴生涯规划中的一些方法和工具。例如，目标分解法可以帮助个体将长期目标分解为短期目标，从而更容易实现和监控；时间管理法可以帮助个体合理安排时间，确保每个任务都能按时完成；SWOT 分析法可以帮助个体识别自身的优势、劣势、机会和威胁，从而制定更加有针对性的行动计划。

此外，个体还需要注重行动计划和实施方案的灵活性。在职业发展过程中，可能会遇到各种不可预测的变化和挑战，因此个体需要保持足够的灵活性和应变能力，随时调整和优化行动计划和实施方案。

（四）职业目标设定与生涯发展阶段的契合

职业目标的设定并非一蹴而就，而是需要随着个体生涯发展阶段的变化而不断调整和完善。个体的生涯发展阶段通常包括探索期、建立期、维持期和衰退期。在不同的阶段，个体的职业目标、职业兴趣、能力和需求都会有所不同。因此，在制定职业目标时，个体需要充分考虑自己所处的生涯发展阶段，确保目标的设定与阶段特征相契合。

在探索期，个体往往处于职业选择的初级阶段，对多种职业领域和角色进行尝试和探索。此时，职业目标的设定应更加注重个人兴趣、价值观和潜能的挖掘，为未来的职业发展奠定基础。

进入建立期后，个体开始专注于某一职业领域的发展，并努力提升自己的职业能力和水平。此时，职业目标的设定应更加具体和明确，注重个人职业发展与组织需求的结合，为晋升和职业发展创造更多机会。

在维持期，个体已经在职业领域中建立了稳定的地位，积累了丰富的经验和资源。此时，职业目标的设定应更加注重职业成就的提升和职业生涯的深化。个体可能需要关注如何拓展职业领域、提升专业影响力，以及如何保持与行业的同步发展，以确保在竞争激烈的职场中保持领先地位。

具体来说，个体可以设定一些与职业发展相关的长期目标，如成为行业内的专家或领导者，参与重要项目或研究，或者获得高级职位或荣誉。同时，个体还需要关注自身的职业满意度和幸福感，确保在追求职业成就的同时，也能保持工作与生活的平衡。

在设定这些目标时，个体需要充分考虑自身的实际情况和能力水平，确保目标的可行性和挑战性。同时，个体还需要制订具体的行动计划，明确实现目标所需的步骤和资源，并制定相应的时间表，以确保目标的顺利实现。

此外，在维持期，个体还需要关注职业发展的可持续性。随着行业的变化和技术的更新，个体需要不断学习和提升自己的能力，以适应新的职业环境和要求。通过参加培训、研讨会或自学等方式，个体可以不断更新自己的知识和技能，为未来的职业发展做好充分的准备。

(五)职业目标设定与职业转型的关联

在职业生涯中，个体可能会面临职业转型的需求或机会。职业转型可能是由于行业变革、技术更新、个人兴趣变化或职业瓶颈等多种原因所导致。在职业转型的过程中，职业目标的设定显得尤为重要。

(1)个体需要对自身的职业兴趣、能力和价值观进行深入的分析和评估，以确定适合的职业转型方向。通过自我反思、职业咨询或市场调研等方式，个体可以更加清晰地认识自己的优势和不足，以及市场对新职业的需求和趋势。

(2)个体需要设定明确的职业转型目标。这些目标应该既符合个人的兴趣和价值观，又具备实际可行性。例如，个体可以设定在某个时间节点内完成新职业的学习和培训，获得相关的证书或资格，或者在新职业领域中找到合适的工作机会。

(3)个体还需要制订详细的行动计划，包括学习计划、求职策略、人际关系建立等方面。通过制订具体的步骤和时间表，个体可以更有条理地推进职业转型的进程，并确保目标的顺利实现。

(4)个体需要保持开放的心态和积极的态度，勇于面对职业转型中的挑战和困难。职业转型是一个充满不确定性和风险的过程，但也是一个充满机遇和成长的过程。通过不断学习和实践，个体可以逐渐适应新的职业环境，实现职业生涯的顺利转型。

综上所述，设定职业目标是职业生涯规划中的重要环节。通过深入进行自我认知与规划，理解并选择合适的晋升机制，制订具有可行性和挑战性的行动计划和实施方案，以及关注生涯发展阶段与职业转型的影响，个体可以更好地规划自己的职业发展路径，实现职业生涯的顺利发展和成功转型。在职业目标设定与实施的过程中，个体还需要不断学习和提升自己的能力，以适应不断变化的市场需求和职业环境，为未来的职业发展奠定坚实的基础。

二、提升职业技能

在现代职场环境中，提升职业技能对于个体职业发展的重要性日益凸显。职业技能的提升不仅是实现个人职业目标的关键所在，也是应对职场竞争、适应职业变化的重要手段。因此，对职业技能进行持续的学习和提升，对于个体而言具有深远的意义。

(一)专业技能与知识体系构建：职业发展的基石

专业技能与知识体系是个体在职场中的核心竞争力所在。专业技能涵盖了特定职业领域所需的技术、方法和操作能力，是完成工作任务、提高工作效率的基础。而知识体系则是个体在职业领域内所积累的理论知识、实践经验和行业洞察的综合体现，它为个体提供了解决问题的思路和框架，指导着个体在职业发展道路上的决策和行动。

构建扎实的专业技能与知识体系，首先需要个体对自身所从事的职业领域有深入的了解和认识。通过系统的学习和实践，个体可以逐步掌握职业所需的核心技能和知识，形成自己独特的专业优势。同时，随着职业领域的发展和变化，个体还需要保持敏锐的洞察力，及时关注行业动态和技术趋势，不断更新和完善自己的技能和知识库。

此外，构建专业技能与知识体系还需要注重跨学科的学习和整合。现代职场中，许多问题往往涉及多个领域的知识和技能，需要个体具备跨学科的思维和解决问题的能力。因此，个体应积极拓宽自己的知识视野，学习相关领域的知识和技能，形成综合性的知识结构和能力体系。

(二)持续学习与自我提升：职业发展的动力源泉

持续学习与自我提升是职业发展的重要动力源泉。随着科技的不断进步和职业领域的快速发展，知识和技能的更新速度日益加快。个体只有保持持续学习的状态，才能跟上时代的步伐，不被职场淘汰。

持续学习不仅意味着个体要不断更新自己的专业知识和技能，还要关注职场文化和人际关系的培养。通过参加培训课程、阅读专业文献、参与行业交流等方式，个体可以获取最新的行业信息和知识，提升自己的专业素养。同时，个体还应注重培养自己的沟通能力和团队协作能力，以适应职场的复杂性和多变性。

自我提升则是个体通过反思和总结实践经验，不断优化自己的行为和思维方式的过程。个体应时刻保持对工作的热情和好奇心，勇于尝试新的方法和思路，挑战自己的极限。通过不断反思和总结，个体可以发现自己的不足之处并寻求改进的方法，从而实现自我超越和职业发展。

(三)具体方法与实践策略：实现持续学习与自我提升的途径

要实现持续学习与自我提升，个体需要采取一系列具体的方法和实践策略。

(1)制订个人学习计划是关键。个体应根据自己的职业目标和发展需求，明确需要学习的知识和技能领域，并制订相应的学习计划。这包括确定学习目标、选择学习资源和制订学习时间表等。通过有计划地学习，个体可以更加高效地掌握新的知识和技能。

(2)积极参与行业交流和培训活动是有效途径。通过参加行业会议、研讨会或专业培训课程，个体可以了解最新的行业动态和技术发展，与同行交流经验和心得，从而拓宽视野并获取新的学习机会。此外，与行业内的专家建立联系，进行一对一的指导和交流，也是提升职业技能的重要方式。

(3)利用在线学习平台和资源进行自主学习是现代职场中常见的学习方式。随着互联网技术的发展，越来越多的在线学习平台和资源应运而生。个体可以利用这些平台，随时随地进行学习。通过在线课程、教学视频、专业博客等形式的学习，个体可以系统地掌握知识和技能，提升自己的专业素养。

(4)实践经验和反思总结是提升职业技能不可或缺的部分。个体应在工作中不断尝试新的方法和思路，积累实践经验。同时，对自己的工作表现进行反思和总结，发现不足之处并制定改进措施。通过不断实践和反思，个体可以不断优化自己的行为和思维方式，提升工作效率和质量。

(5)注重培养创新思维和解决问题的能力。在快速发展的职场环境中，问题和挑战层出不穷。个体需要具备创新思维和解决问题的能力，以应对各种复杂情况。通过培养自己的逻辑思维、批判性思维和创造性思维等能力，个体可以更好地应对职场挑战并实现职业发展。

综上所述，提升职业技能对于个体职业发展具有重要意义。通过构建专业技能与知识体系、持续学习与自我提升以及采取具体方法与实践策略，个体可以不断提升自身的职业竞争力并实现职业目标。在现代职场中，保持对学习的热情和好奇心，不断追求进步和提升，是每个职场人士应有的态度。只有通过不断学习和提升，个体才能在激烈的职场竞争中脱颖而出，实现个人价值和职业发展的双赢局面。

项目小结

本项目主要介绍了就业保障与就业发展的相关知识，首先介绍了就业权益保护；其次介绍了劳动争议的基本知识；再次介绍了劳动保障与社会保险；最后介绍了职业发展。通过本项目的学习，学生能够提升学生的就业能力，掌握职业技能，并在实践中提升自己的职业素养和“软技能”，如沟通技巧和团队协作能力。这些能力在求职过程中非常重要，能够帮助学生更好地适应职场。

项目习题

1. 国家逐步加强大学生就业权益保护的目的是什么？

2. 劳动争议的处理程序，劳动仲裁是否是解决劳动争议案件的必经程序。

3. 假设你刚加入一家大型企业，发现与同事之间存在沟通障碍和难以融入的问题。请设计一套方案，帮助自己建立与同事之间的良好关系，并提高自己的工作效率和团队协作能力。

附　录

附录 1　霍兰德职业兴趣测评

请根据对每一题目的第一印象解答，不必仔细推敲，答案没有好坏、对错之分。具体填写方法是，根据自己的情况回答“是”或“否”。

1. 我喜欢把一件事情做完后再做另一件事。（　　）
2. 在工作中我喜欢独自筹划，不愿受别人干涉。（　　）
3. 在集体讨论中，我往往保持沉默。（　　）
4. 我喜欢做戏剧、音乐、歌舞、新闻采访等方面的工作。（　　）
5. 每次写信我都一挥而就，不再重复。（　　）
6. 我经常不停地思考某一问题，直到想出正确的答案。（　　）
7. 对别人借我的和我借别人的东西，我都能记得很清楚。（　　）
8. 我喜欢抽象思维的工作，不喜欢动手的工作。（　　）
9. 我喜欢成为人们注意的焦点。（　　）
10. 我喜欢不时地夸耀一下自己取得的成就。（　　）
11. 我曾经渴望有机会参加探险。（　　）
12. 当我一个人独处时，会感到更愉快。（　　）
13. 我喜欢在做事情前，对此事情作出细致的安排。（　　）
14. 我讨厌修理自行车、电器一类的工作。（　　）
15. 我喜欢参加各种各样的聚会。（　　）
16. 我愿意从事工资少但是比较稳定的职业。（　　）
17. 音乐能使我陶醉。（　　）
18. 我办事很少思前想后。（　　）
19. 我喜欢经常请示上级。（　　）
20. 我喜欢需要运用智力的游戏。（　　）
21. 我很难做需要持续集中注意力的工作。（　　）
22. 我喜欢亲自动手制作一些东西，从中得到乐趣。（　　）
23. 我的动手能力很差。（　　）

24. 和不熟悉的人交谈对我来说毫不困难。 (　　)
25. 和别人谈判时，我总是很容易放弃自己的观点。 (　　)
26. 我很容易结识同性别朋友。 (　　)
27. 对于社会问题，我通常持中庸的态度。 (　　)
28. 当我开始做一件事情后，即使碰到再多的困难，我也要执着地干下去。 (　　)
29. 我是一个沉静而不易动感情的人。 (　　)
30. 当我工作时，我喜欢避免干扰。 (　　)
31. 我的理想是当一名科学家。 (　　)
32. 与言情小说相比，我更喜欢推理小说。 (　　)
33. 有些人太霸道，有时明明知道他们是对的，也要和他们对着干。 (　　)
34. 我爱幻想。 (　　)
35. 我总是主动地向别人提出自己的建议。 (　　)
36. 我喜欢使用榔头一类的工具。 (　　)
37. 我乐于解除别人的痛苦。 (　　)
38. 我更喜欢自己下了赌注的比赛或游戏。 (　　)
39. 我喜欢按部就班地完成要做的工作。 (　　)
40. 我希望能经常换不同的工作来做。 (　　)
41. 我总留有充裕的时间去赴约会。 (　　)
42. 我喜欢阅读自然科学方面的书籍和杂志。 (　　)
43. 如果掌握一门手艺并能以此为生，我会感到非常满意。 (　　)
44. 我曾渴望当一名汽车司机。 (　　)
45. 听别人谈“家中被盗”一类的事，很难引起我的同情。 (　　)
46. 如果待遇相同，我宁愿当商品推销员，而不愿当图书管理员。 (　　)
47. 我讨厌跟各类机械打交道。 (　　)
48. 我小时候经常把玩具拆开看个究竟。 (　　)
49. 当接受新任务后，我喜欢自己的独特方法去完成它。 (　　)
50. 我有文艺方面的天赋。 (　　)
51. 我喜欢把一切安排得井井有条。 (　　)
52. 我喜欢当一名教师。 (　　)
53. 和一群人在一起的时候，我总想不出恰当的话来说。 (　　)
54. 看情感影片时，我常禁不住眼圈红润。 (　　)
55. 我讨厌学数学。 (　　)
56. 在实验室里独自做实验会令我寂寞难耐。 (　　)
57. 对于急躁、爱发脾气的人，我仍能以礼相待。 (　　)
58. 遇到难解答的问题时，我常常放弃。 (　　)
59. 大家公认我是一名勤劳踏实的、愿为大家服务的人。 (　　)
60. 我喜欢在人事部门工作。 (　　)

【评分与解释】

职业人格的类型：符合以下“是”或“否”答案的记1分，不符合的记0分。计分后，请将你得分最高的三个类型从高到低排列，得到一个三位组合答案。

1. 常规型：“是”(7，19，29，39，41，51，57)，“否”(5，18，40)，具有顺从、谨慎、保守、自控、服从、规律、坚毅、实际稳重、有效率、缺乏想象力等特征，表现如下。

(1)喜欢传统性质的职业或环境，避免艺术性质的职业或情境，会以传统的能力解决工作或其他方面的问题。

(2)喜欢顺从、规律、有文书与数字能力，并重视商业与经济上的成就。

2. 现实型：“是”(2，13，22，36，43)，“否”(14，23，44，47，48)，具有顺从、坦率、谦虚、自然、坚毅、实际、有礼、害羞、稳健、节俭的特征，表现如下。

(1)喜爱实用性职业或情境，避免社会性的职业或情境，用具体实际的能力解决工作及其他方面的问题，较缺乏人际关系方面的能力。

(2)喜欢从事所喜好的工作，重视具体的事物，如金钱、权力、地位等。

3. 研究型：“是”(6，8，20，30，31，42)，“否”(21，55，56，58)，具有分析、谨慎、批评、好奇、独立、聪明、内向、条理、谦逊、精确、理性、保守的特征，表现如下。

(1)喜爱研究性的职业或情境，避免企业性的职业或情境。

(2)用研究的能力解决工作及其他方面的问题，即自觉、好学、自信，重视科学，但缺乏领导方面的才能。

4. 管理型：“是”(11，24，28，35，38，46，60)，“否”(3，16，25)，具有冒险、野心、独断、冲动、乐观、自信、追求享受、精力充沛、善于社交、获取注意、知名度等特征，表现如下。

(1)喜欢企业性质的职业或环境，避免研究性质的职业或情境，会以企业方面的能力解决工作或其他方面的问题能力。

(2)有冲动、自信、善社交、知名度高、有领导与语言能力，缺乏科学能力，但重视政治与经济上的成就。

5. 社会型：“是”(26，37，52，59)，“否”(1，12，15，27，45，53)，具有合作、友善、慷慨、助人、仁慈、负责、圆滑、善社交、善解人意、说服他人、理想主义等特征，表现如下。

(1)喜爱社会型的职业或情境，避免实用性的职业或情境，并以社交方面的能力解决工作及其他方面的问题，但缺乏机械能力与科学能力。

(2)喜欢帮助别人、了解别人，有教导别人的能力，且重视社会与伦理的活动与问题。

6. 艺术型：“是”(4，9，10，17，33，34，49，50，54)，“否”(32)，具有复杂、想象、冲动、独立、直觉、无秩序、情绪化、理想化、不顺从、有创意、富有表情、不重实际的特征，表现如下。

(1)喜爱艺术性的职业或情境，避免传统性的职业或情境。

(2)富有表达能力和直觉、独立、极具创意、不顺从(包括表演、写作、语言)，并重视审美的领域。

附录 2　WVI 职业价值观测评

下面有 52 道题目，每个题目都有 5 个备选答案（A 非常重要，B 比较重要，C 一般，D 比较不重要，E 很不重要）。请根据自己的实际情况或想法，在题目后面选出相应字母，每题只能选择一个答案。通过测验，你可以大致了解自己的职业价值观念倾向。

1. 你的工作必须经常解决新的问题。
2. 你的工作能为社会福利带来看得见的效果。
3. 你的工作奖金很高。
4. 你的工作内容经常变换。
5. 你能在你的工作范围内自由发挥。
6. 工作能使你的同学、朋友非常羡慕你。
7. 工作带有艺术性。
8. 你的工作能使人感觉到你是团体中的一分子。
9. 不论你怎么干，你总能和大多数人一样晋升和涨工资。
10. 你的工作使你有可能经常变换工作地点、场所或方式。
11. 在工作中你能接触到各种不同的人。
12. 你的工作上下班时间比较随便、自由。
13. 你的工作使你不断获得成功的感觉。
14. 你的工作赋予你高于别人的权力。
15. 在工作中，你能施行一些自己的新想法。
16. 在工作中，你不会因为身体或能力等因素被人瞧不起。
17. 你能从工作的成果中知道自己做得不错。
18. 你的工作经常要外出、参加各种集会和活动。
19. 只要你从事这份工作，就不再被调到其他意想不到的单位和工种去。
20. 你的工作能使世界更美丽。
21. 在你的工作中，不会有人常来打扰你。
22. 只要努力，工资会高于其他同年龄人，晋升或涨工资的可能性比做其他工作大得多。
23. 你的工作是一项对智力的挑战。
24. 你的工作要求你把一切事物管理得井井有条。
25. 你的工作单位有舒适的休息室、更衣室、浴室及其他设备。
26. 你的工作有可能结识各行各业的知名人物。
27. 你在工作中能和同事建立良好的关系。
28. 在别人眼中，你的工作是很重要的。
29. 在工作中，你经常接触到新鲜的事物。

30. 你的工作使你能常常帮助别人。

31. 你在工作单位中，有可能经常变换工作。

32. 你的作风使你被别人尊重。

33. 你的同事和领导人品较好，相处比较随意。

34. 你的工作会使许多人认识你。

35. 你的工作场所环境优越，如有适度的灯光，安静、清洁的工作环境，甚至恒温、恒湿等优越的条件。

36. 在工作中，你为他人服务，使他人感到很满意，你自己也很高兴。

37. 你的工作需要计划和组织别人的工作。

38. 你的工作需要敏锐的思考。

39. 你的工作可以使你获得较多的额外收入，如常发实物、常发商品的提货券、有机会购买进口货等。

40. 在工作中，你是不受别人差遣的。

41. 你的工作结果应该是一种艺术而不是一般的产品。

42. 在工作中，你不必担心因为所做的事情领导不满意而受到训斥或经济惩罚。

43. 你在工作中能与领导相处融洽。

44. 你可以看见你努力工作的成果。

45. 在工作中，你常常需要提出许多新的想法。

46. 由于你的工作，经常有许多人来感谢你。

47. 你的工作成果常常能得到上级、同事或社会的肯定。

48. 在工作中，你可能做一个负责人，虽然可能只领导几个人，但你信奉“宁做兵头，不做将尾”的俗语。

49. 你从事的工作经常在报刊、电视中被提到，因而在人们的心目中很有地位。

50. 你的工作有数量可观的夜班费、加班费、保健费或营养费。

51. 你的工作比较轻松，你在精神上也不紧张。

52. 你的工作需要和影视、戏剧、音乐、美术、文学等艺术打交道。

上面的52道题分别代表13项工作价值观，每道题选A得5分、B得4分、C得3分、D得2分、E得1分。请你根据评分表所示的评价表中每一项前面的题号计算得分总数，并将其填在每一项的得分栏中，然后在附录表1中依次列出得分最高和最低的三项。

附录表1　评分表

题号	得分	价值观	工作的目的和价值
2、30、36、46		利他主义	直接为大众的幸福和利益尽一份力
7、20、41、52		美感	能不断地追求美的东西，得到美感的享受
1、23、38、45		智力刺激	不断进行智力操作、动脑思考和学习，以探索新事物、解决新问题

（续表）

题号	得分	价值观	工作的目的和价值
13、17、44、47		成就感	不断创新，不断取得成就，不断得到领导与同事的赞扬，或不断实现自己想要做的事
5、15、21、40		独立性	能充分发挥自己的独立性和主动性，按自己的方式、步调或想法去做，不受他人的干扰
6、28、32、49		社会地位	所从事的工作在人们心目中有较高的社会地位，从而使自己得到重视与尊敬
14、24、37、48		管理	获得对他人或某事物的管理支配权，能指挥和调遣一定范围内的人或事物
3、22、39、50		经济报酬	获得优厚的报酬，使自己有足够的财力去获得自己想要的东西，使生活过得较为富足
11、18、26、34		社会交际	能和各种人交往，建立比较广泛的社会联系和关系，甚至能和知名人物结识，不管自己能力怎样，希望在工作中有一个安稳局面
9、16、19、42		安全感	为奖金、涨工资、调动工作或领导训斥等经常提心吊胆、心烦意乱
12、25、35、51		舒适	希望能将工作作为一种消遣、休息或享受的形式，追求比较舒适、轻松、自由、优越的工作条件和环境
8、27、33、43		人际关系	希望一起工作的大多数同事和领导人品较好，相处时感到愉快、自然，认为这就是很有价值的事
4、10、29、31		变异性或追求新意	希望工作内容经常变换，使工作和生活显得丰富多彩，而不单调枯燥

得分最高的三项是：__________，__________，__________；得分最低的三项：__________，__________，__________。从得分最高和最低的三项中，可以大致看出你的职业价值倾向，在选择职业时就可以加以考虑。

参考文献

[1]杨彬,孟延军,李小玺.大学生就业指导[M].5版.北京:人民邮电出版社,2024.

[2]王天玉.新就业形态从业人员劳动权益保障典型案例研究[M].北京:人民法院出版社,2023.

[3]苏文平.大学生职业生涯规划与就业创业指导[M].北京:中国人民大学出版社,2023.

[4]陈叙龙,马文玮.大学生就业指导[M].3版.北京:人民邮电出版社,2023.

[5]陈今来,徐勇军.大学生职业发展与就业指导[M].北京:中国人民大学出版社,2023.

[6]田力,黄泓嘉.大学生就业指导与实物[M].北京:清华大学出版社,2022.